TRANZLATY

Sprache ist für alle da

Η γλώσσα είναι για όλους

Der Ruf der Wildnis

Το Κάλεσμα της Άγριας Φύσης

Jack London
Τζακ Λόντον

Deutsch / ελληνικά

Ins Primitive
Στο Πρωτόγονο

Buck las keine Zeitungen
Ο Μπακ δεν διάβαζε εφημερίδες.
Hätte er die Zeitung gelesen, hätte er gewusst, dass Ärger im Anzug war.
Αν είχε διαβάσει εφημερίδες, θα ήξερε ότι θα υπήρχαν προβλήματα.
Nicht nur er selbst, sondern jeder einzelne Tidewater-Hund bekam Ärger.
Υπήρχαν προβλήματα όχι μόνο για τον ίδιο, αλλά για κάθε σκύλο της παλίρροιας.
Jeder Hund mit starken Muskeln und warmem, langem Fell würde in Schwierigkeiten geraten.
Κάθε σκύλος με δυνατούς μύες και ζεστό, μακρύ τρίχωμα θα είχε μπελάδες.
Von Puget Bay bis San Diego konnte kein Hund dem entkommen, was auf ihn zukam.
Από το Πιούτζετ Μπέι μέχρι το Σαν Ντιέγκο, κανένα σκυλί δεν μπορούσε να ξεφύγει από αυτό που ερχόταν.
Männer, die in der arktischen Dunkelheit herumtasteten, hatten ein gelbes Metall gefunden.
Άντρες, ψάχνοντας στο σκοτάδι της Αρκτικής, είχαν βρει ένα κίτρινο μέταλλο.
Dampfschiff- und Transportunternehmen waren auf der Jagd nach der Entdeckung.
Ατμοπλοϊκές και μεταφορικές εταιρείες κυνηγούσαν την ανακάλυψη.
Tausende von Männern strömten ins Nordland.
Χιλιάδες άντρες έσπευσαν στη Βόρεια Χώρα.
Diese Männer wollten Hunde, und die Hunde, die sie wollten, waren schwere Hunde.
Αυτοί οι άντρες ήθελαν σκυλιά, και τα σκυλιά που ήθελαν ήταν βαριά σκυλιά.
Hunde mit starken Muskeln, die sie zum Arbeiten brauchen.
Σκύλοι με δυνατούς μύες για να μοχθούν.

Hunde mit Pelzmantel, der sie vor Frost schützt.

Σκυλιά με γούνινο τρίχωμα για να τα προστατεύει από τον παγετό.

Buck lebte in einem großen Haus im sonnenverwöhnten Santa Clara Valley.

Ο Μπακ έμενε σε ένα μεγάλο σπίτι στην ηλιόλουστη κοιλάδα της Σάντα Κλάρα.

Der Ort, an dem Richter Miller wohnte, wurde sein Haus genannt.

Το σπίτι του Δικαστή Μίλερ ονομαζόταν το σπίτι του.

Sein Haus stand etwas abseits der Straße, halb zwischen den Bäumen versteckt.

Το σπίτι του βρισκόταν μακριά από τον δρόμο, μισοκρυμμένο ανάμεσα στα δέντρα.

Man konnte einen Blick auf die breite Veranda erhaschen, die rund um das Haus verläuft.

Μπορούσε κανείς να δει την πλατιά βεράντα που εκτεινόταν γύρω από το σπίτι.

Die Zufahrt zum Haus erfolgte über geschotterte Zufahrten.

Το σπίτι προσεγγιζόταν από χαλικόστρωτα μονοπάτια.

Die Wege schlängelten sich durch weitläufige Rasenflächen.

Τα μονοπάτια ελίσσονταν μέσα από απέραντους χλοοτάπητες.

Über ihnen waren die ineinander verschlungenen Zweige hoher Pappeln.

Από πάνω υψώνονταν τα αλληλοσυνδεόμενα κλαδιά ψηλών λεύκων.

Auf der Rückseite des Hauses ging es noch geräumiger zu.

Στο πίσω μέρος του σπιτιού τα πράγματα ήταν ακόμα πιο ευρύχωρα.

Es gab große Ställe, in denen ein Dutzend Stallknechte plauderten

Υπήρχαν μεγάλοι στάβλοι, όπου μια ντουζίνα γαμπροί κουβεντιάζονταν

Es gab Reihen von weinbewachsenen Dienstbotenhäusern

Υπήρχαν σειρές από καλύβες υπηρετών ντυμένες με κλήματα

Und es gab eine endlose und ordentliche Reihe von Toilettenhäuschen

Και υπήρχε μια ατελείωτη και τακτοποιημένη σειρά από βοηθητικά σπίτια

Lange Weinlauben, grüne Weiden, Obstgärten und Beerenfelder.

Μακριές κληματαριές με σταφύλια, πράσινα λιβάδια, οπωρώνες και χωράφια με μούρα.

Dann gab es noch die Pumpanlage für den artesischen Brunnen.

Έπειτα υπήρχε η μονάδα άντλησης για το αρτεσιανό πηγάδι.

Und da war der große Zementtank, der mit Wasser gefüllt war.

Και εκεί ήταν η μεγάλη τσιμεντένια δεξαμενή γεμάτη με νερό.

Hier nahmen die Jungs von Richter Miller ihr morgendliches Bad.

Εδώ τα αγόρια του Δικαστή Μίλερ έκαναν την πρωινή τους βουτιά.

Und auch dort kühlten sie sich am heißen Nachmittag ab.

Και δρόσησαν εκεί κάτω το ζεστό απόγευμα επίσης.

Und über dieses große Gebiet herrschte Buck über alles.

Και πάνω από αυτή τη μεγάλη επικράτεια, ο Μπακ ήταν αυτός που την κυβερνούσε ολόκληρη.

Buck wurde auf diesem Land geboren und lebte hier sein ganzes vierjähriges Leben.

Ο Μπακ γεννήθηκε σε αυτή τη γη και έζησε εδώ όλα τα τέσσερα χρόνια του.

Es gab zwar noch andere Hunde, aber die spielten keine wirkliche Rolle.

Υπήρχαν πράγματι και άλλα σκυλιά, αλλά δεν είχαν πραγματικά σημασία.

An einem so riesigen Ort wie diesem wurden andere Hunde erwartet.

Αναμένονταν και άλλα σκυλιά σε ένα μέρος τόσο απέραντο όσο αυτό.

Diese Hunde kamen und gingen oder lebten in den geschäftigen Zwingern.

Αυτά τα σκυλιά έρχονταν και έφυγαν ή ζούσαν μέσα στα πολυσύχναστα κυνοκομεία.

Manche Hunde lebten versteckt im Haus, wie Toots und Ysabel.

Μερικά σκυλιά ζούσαν κρυμμένα στο σπίτι, όπως ο Τουτς και η Ίζαμπελ.

Toots war ein japanischer Mops, Ysabel ein mexikanischer Nackthund.

Ο Τουτς ήταν ένα ιαπωνικό πανκ, η Ίζαμπελ ένα μεξικανικό άτριχο σκυλί.

Diese seltsamen Kreaturen verließen das Haus kaum.

Αυτά τα παράξενα πλάσματα σπάνια έβγαιναν έξω από το σπίτι.

Sie berührten weder den Boden noch schnüffelten sie draußen an der frischen Luft.

Δεν άγγιξαν το έδαφος, ούτε μύρισαν τον αέρα έξω.

Außerdem gab es Foxterrier, mindestens zwanzig an der Zahl.

Υπήρχαν επίσης τα φοξ τεριέ, τουλάχιστον είκοσι τον αριθμό.

Diese Terrier bellten Toots und Ysabel im Haus wild an.

Αυτά τα τεριέ γάβγιζαν μανιασμένα στον Τουτς και την Ύζαμπελ μέσα στο σπίτι.

Toots und Ysabel blieben hinter Fenstern, in Sicherheit.

Ο Τουτς και η Ίζαμπελ έμειναν πίσω από τα παράθυρα, ασφαλείς από κάθε κακό.

Sie wurden von Hausmädchen mit Besen und Wischmopps bewacht.

Τους φρουρούσαν υπηρέτριες με σκούπες και σφουγγαρίστρες.

Aber Buck war kein Haushund und auch kein Zwingerhund.

Αλλά ο Μπακ δεν ήταν σκύλος σπιτιού, ούτε ήταν σκύλος κυνοτροφείου.

Das gesamte Anwesen gehörte Buck als seinem rechtmäßigen Reich.

Ολόκληρη η περιουσία ανήκε στον Μπακ ως νόμιμο βασίλειό του.

Buck schwamm im Becken oder ging mit den Söhnen des Richters auf die Jagd.

Ο Μπακ κολυμπούσε στη δεξαμενή ή πήγε για κυνήγι με τους γιους του Δικαστή.

Er ging in den frühen oder späten Morgenstunden mit Mollie und Alice spazieren.

Περπατούσε με τη Μόλι και την Άλις τις πρώτες ή τις τελευταίες ώρες.

In kalten Nächten lag er mit dem Richter vor dem Kaminfeuer der Bibliothek.

Τις κρύες νύχτες ξάπλωνε μπροστά στη φωτιά της βιβλιοθήκης με τον Δικαστή.

Buck ließ die Enkel des Richters auf seinem starken Rücken herumreiten.

Ο Μπακ πήγαινε βόλτα τα εγγόνια του Δικαστή στη γερή του πλάτη.

Er wälzte sich mit den Jungen im Gras und bewachte sie genau.

Κυλίστηκε στο γρασίδι με τα αγόρια, φυλάσσοντάς τα στενά.

Sie wagten sich bis zum Brunnen und sogar an den Beerenfeldern vorbei.

Τόλμησαν να πάνε στο σιντριβάνι και μάλιστα πέρασαν από τα χωράφια με τα μούρα.

Unter den Foxterriern lief Buck immer mit königlichem Stolz.

Ανάμεσα στα φοξ τεριέ, ο Μπακ περπατούσε πάντα με βασιλική υπερηφάνεια.

Er ignorierte Toots und Ysabel und behandelte sie, als wären sie Luft.

Αγνόησε τον Τουτς και την Ύζαμπελ, φερόμενος τους σαν να ήταν αέρας.

Buck herrschte über alle Lebewesen auf Richter Millers Land.

Ο Μπακ κυβερνούσε όλα τα ζωντανά πλάσματα στη γη του Δικαστή Μίλερ.

Er herrschte über Tiere, Insekten, Vögel und sogar Menschen

Κυριάρχησε πάνω σε ζώα, έντομα, πουλιά, ακόμη και ανθρώπους.

Bucks Vater Elmo war ein großer und treuer Bernhardiner gewesen.

Ο πατέρας του Μπακ, ο Έλμο, ήταν ένας τεράστιος και πιστός Άγιος Βερνάρδος.

Elmo wich dem Richter nie von der Seite und diente ihm treu.

Ο Έλμο δεν έφυγε ποτέ από το πλευρό του Δικαστή και τον υπηρέτησε πιστά.

Buck schien bereit, dem edlen Beispiel seines Vaters zu folgen.

Ο Μπακ φαινόταν έτοιμος να ακολουθήσει το ευγενές παράδειγμα του πατέρα του.

Buck war nicht ganz so groß und wog hundertvierzig Pfund.

Ο Μπακ δεν ήταν τόσο μεγαλόσωμος, ζύγιζε εκατόν σαράντα κιλά.

Seine Mutter Shep war eine schöne schottische Schäferhündin gewesen.

Η μητέρα του, η Σεπ, ήταν ένα καλό σκωτσέζικο ποιμενικό σκυλί.

Aber selbst mit diesem Gewicht hatte Buck eine königliche Ausstrahlung.

Αλλά ακόμα και με αυτό το βάρος, ο Μπακ περπατούσε με βασιλική παρουσία.

Dies kam vom guten Essen und dem Respekt, der ihm immer entgegengebracht wurde.

Αυτό προερχόταν από το καλό φαγητό και τον σεβασμό που πάντα λάμβανε.

Vier Jahre lang hatte Buck wie ein verwöhnter Adliger gelebt.

Για τέσσερα χρόνια, ο Μπακ ζούσε σαν κακομαθημένος ευγενής.

Er war stolz auf sich und sogar ein wenig egoistisch.

Ήταν περήφανος για τον εαυτό του, ακόμη και ελαφρώς εγωιστής.

Diese Art von Stolz war bei den Herren abgelegener Landstriche weit verbreitet.

Αυτού του είδους η υπερηφάνεια ήταν συνηθισμένη στους άρχοντες της απομακρυσμένης υπαίθρου.

Doch Buck hat es vermieden, ein verwöhnter Haushund zu werden.

Αλλά ο Μπακ γλίτωσε από το να γίνει χαϊδεμένος σπιτόσκυλο.

Durch die Jagd und das Training blieb er schlank und stark.

Παρέμεινε αδύνατος και δυνατός μέσα από το κυνήγι και την άσκηση.

Er liebte Wasser zutiefst, wie Menschen, die in kalten Seen baden.

Αγαπούσε πολύ το νερό, όπως οι άνθρωποι που κάνουν μπάνιο σε κρύες λίμνες.

Diese Liebe zum Wasser hielt Buck stark und sehr gesund.

Αυτή η αγάπη για το νερό κράτησε τον Μπακ δυνατό και πολύ υγιή.

Dies war der Hund, zu dem Buck im Herbst 1897 geworden war.

Αυτός ήταν ο σκύλος που είχε γίνει ο Μπακ το φθινόπωρο του 1897.

Als der Klondike-Angriff die Menschen in den eisigen Norden trieb.

Όταν η απεργία του Κλοντάικ τράβηξε τους άντρες στον παγωμένο Βορρά.

Menschen aus aller Welt strömten in das kalte Land.

Άνθρωποι από όλο τον κόσμο έσπευσαν στην κρύα γη.

Buck las jedoch weder die Zeitungen noch verstand er Nachrichten.

Ο Μπακ, ωστόσο, δεν διάβαζε εφημερίδες ούτε καταλάβαινε ειδήσεις.

Er wusste nicht, dass es nicht gut war, Zeit mit Manuel zu verbringen.

Δεν ήξερε ότι ο Μανουέλ ήταν κακός άνθρωπος για να έχεις παρέα.

Manuel, der im Garten half, hatte ein großes Problem.

Ο Μανουέλ, που βοηθούσε στον κήπο, είχε ένα σοβαρό πρόβλημα.

Manuel war spielsüchtig nach der chinesischen Lotterie.

Ο Μανουέλ ήταν εθισμένος στον τζόγο στο κινεζικό λαχείο.

Er glaubte auch fest an ein festes System zum Gewinnen.

Πίστευε επίσης ακράδαντα σε ένα σταθερό σύστημα για τη νίκη.

Dieser Glaube machte sein Scheitern sicher und unvermeidlich.

Αυτή η πεποίθηση έκανε την αποτυχία του βέβαιη και αναπόφευκτη.

Um ein System zu spielen, braucht man Geld, und das fehlte Manuel.

Το να παίζεις με ένα σύστημα απαιτεί χρήματα, τα οποία ο Μανουέλ δεν είχε.

Sein Gehalt reichte kaum zum Überleben seiner Frau und seiner vielen Kinder.

Ο μισθός του μόλις που συντηρούσε τη γυναίκα του και τα πολλά παιδιά του.

In der Nacht, in der Manuel Buck verriet, war alles normal.

Τη νύχτα που ο Μανουέλ πρόδωσε τον Μπακ, τα πράγματα ήταν φυσιολογικά.

Der Richter war bei einem Treffen der Rosinenanbauervereinigung.

Ο Δικαστής βρισκόταν σε μια συνάντηση του Συνδέσμου Παραγωγών Σταφίδας.

Die Söhne des Richters waren damals damit beschäftigt, einen Sportverein zu gründen.

Οι γιοι του Δικαστή ήταν απασχολημένοι με τη δημιουργία ενός αθλητικού συλλόγου τότε.

Niemand sah, wie Manuel und Buck durch den Obstgarten gingen.

Κανείς δεν είδε τον Μάνουελ και τον Μπακ να φεύγουν μέσα από τον οπωρώνα.

Buck dachte, dieser Spaziergang sei nur ein einfacher nächtlicher Spaziergang.

Ο Μπακ νόμιζε ότι αυτή η βόλτα ήταν απλώς μια απλή νυχτερινή βόλτα.

Sie trafen nur einen Mann an der Flaggenstation im College Park.

Συνάντησαν μόνο έναν άντρα στο σταθμό σημαίας, στο Κόλετζ Παρκ.

Dieser Mann sprach mit Manuel und sie tauschten Geld aus.

Αυτός ο άντρας μίλησε στον Μανουέλ και αντάλλαξαν χρήματα.

„Verpacken Sie die Waren, bevor Sie sie ausliefern", schlug er vor

«Τυλίξτε τα εμπορεύματα πριν τα παραδώσετε», πρότεινε.

Die Stimme des Mannes war rau und ungeduldig, als er sprach.

Η φωνή του άντρα ήταν τραχιά και ανυπόμονη καθώς μιλούσε.

Manuel band Buck vorsichtig ein dickes Seil um den Hals.

Ο Μανουέλ έδεσε προσεκτικά ένα χοντρό σχοινί γύρω από το λαιμό του Μπακ.

„Verdreh das Seil, und du wirst ihn gründlich erwürgen"

«Στρέψε το σχοινί και θα τον πνίξεις πολύ»

Der Fremde gab ein Grunzen von sich und zeigte damit, dass er gut verstanden hatte.

Ο ξένος γρύλισε, δείχνοντας ότι κατάλαβε καλά.

Buck nahm das Seil an diesem Tag mit ruhiger und stiller Würde an.

Ο Μπακ δέχτηκε το σχοινί με ηρεμία και γαλήνη αξιοπρέπεια εκείνη την ημέρα.

Es war eine ungewöhnliche Tat, aber Buck vertraute den Männern, die er kannte.

Ήταν μια ασυνήθιστη πράξη, αλλά ο Μπακ εμπιστευόταν τους άντρες που γνώριζε.

Er glaubte, dass ihre Weisheit weit über sein eigenes Denken hinausging.

Πίστευε ότι η σοφία τους ξεπερνούσε κατά πολύ τη δική του σκέψη.

Doch dann wurde das Seil in die Hände des Fremden gegeben

Αλλά τότε το σχοινί δόθηκε στα χέρια του ξένου.

Buck stieß ein leises, warnendes und zugleich bedrohliches Knurren aus.

Ο Μπακ έβγαλε ένα χαμηλό γρύλισμα που προειδοποιούσε με μια ήσυχη απειλή.

Er war stolz und gebieterisch und wollte seinen Unmut zum Ausdruck bringen.

Ήταν περήφανος και επιβλητικός, και ήθελε να δείξει τη δυσαρέσκειά του.

Buck glaubte, seine Warnung würde als Befehl verstanden werden.

Ο Μπακ πίστευε ότι η προειδοποίησή του θα ερμηνευόταν ως διαταγή.

Zu seinem Entsetzen zog sich das Seil schnell um seinen dicken Hals zusammen.

Προς έκπληξή του, το σχοινί τεντώθηκε γρήγορα γύρω από τον χοντρό λαιμό του.

Ihm blieb die Luft weg und er begann in plötzlicher Wut zu kämpfen.

Ο αέρας του κόπηκε και άρχισε να πολεμάει με ξαφνική οργή.

Er sprang auf den Mann zu, der Buck schnell mitten in der Luft traf.

Όρμησε προς τον άντρα, ο οποίος συνάντησε γρήγορα τον Μπακ στον αέρα.

Der Mann packte Buck am Hals und drehte ihn geschickt in der Luft.

Ο άντρας άρπαξε τον Μπακ από το λαιμό και τον έστριψε επιδέξια στον αέρα.

Buck wurde hart zu Boden geworfen und landete flach auf dem Rücken.

Ο Μπακ ρίχτηκε με δύναμη κάτω, προσγειώνοντας ανάσκελα.

Das Seil würgte ihn nun grausam, während er wild um sich trat.

Το σχοινί τον έπνιξε τώρα άγρια ενώ κλωτσούσε άγρια.

Seine Zunge fiel heraus, seine Brust hob und senkte sich, doch er bekam keine Luft.

Η γλώσσα του έπεσε έξω, το στήθος του σφίχτηκε, αλλά δεν πήρε ανάσα.

Noch nie in seinem Leben war er mit solcher Gewalt behandelt worden.

Δεν είχε ποτέ στη ζωή του υποστεί τέτοια βία.

Auch war er noch nie zuvor von solch tiefer Wut erfüllt gewesen.

Επίσης, ποτέ πριν δεν είχε νιώσει τόσο βαθιά οργή.

Doch Bucks Kraft schwand und seine Augen wurden glasig.

Αλλά η δύναμη του Μπακ εξασθένησε και τα μάτια του έγιναν γυάλινα.

Er wurde ohnmächtig, als in der Nähe ein Zug angehalten wurde.

Λιποθύμησε ακριβώς τη στιγμή που ένα τρένο σταμάτησε εκεί κοντά.

Dann warfen ihn die beiden Männer schnell in den Gepäckwagen.

Έπειτα οι δύο άντρες τον πέταξαν γρήγορα στο βαγόνι αποσκευών.

Das nächste, was Buck spürte, war ein Schmerz in seiner geschwollenen Zunge.

Το επόμενο πράγμα που ένιωσε ο Μπακ ήταν πόνος στην πρησμένη γλώσσα του.

Er bewegte sich in einem wackelnden Wagen und war nur schwach bei Bewusstsein.

Κινούνταν μέσα σε ένα τρεμάμενο κάρο, έχοντας μόνο αμυδρά τις αισθήσεις του.

Das schrille Pfeifen eines Zuges verriet Buck seinen Standort.

Η διαπεραστική κραυγή μιας σφυρίχτρας του τρένου έδειξε στον Μπακ την τοποθεσία του.

Er war oft mit dem Richter mitgefahren und kannte das Gefühl.

Είχε συχνά ταξιδέψει με τον Δικαστή και ήξερε τι συναισθανόταν.

Es war der einzigartige Schock, wieder in einem Gepäckwagen zu reisen.

Ήταν η μοναδική εμπειρία του να ταξιδεύεις ξανά σε ένα βαγόνι αποσκευών.

Buck öffnete die Augen und sein Blick brannte vor Wut.

Ο Μπακ άνοιξε τα μάτια του και το βλέμμα του έκαιγε από οργή.

Dies war der Zorn eines stolzen Königs, der vom Thron gejagt wurde.

Αυτή ήταν η οργή ενός περήφανου βασιλιά που είχε εκδιωχθεί από τον θρόνο του.

Ein Mann wollte ihn packen, doch stattdessen schlug Buck zuerst zu.

Ένας άντρας άπλωσε το χέρι του να τον αρπάξει, αλλά ο Μπακ τον χτύπησε πρώτος.

Er versenkte seine Zähne in der Hand des Mannes und hielt sie fest.

Βύθισε τα δόντια του στο χέρι του άντρα και το κράτησε σφιχτά.

Er ließ nicht los, bis er ein zweites Mal ohnmächtig wurde.

Δεν το άφησε μέχρι που λιποθύμησε για δεύτερη φορά.

„Ja, hat Anfälle", murmelte der Mann dem Gepäckträger zu.

«Ναι, έχει κρίσεις», μουρμούρισε ο άντρας στον υπάλληλο των αποσκευών.

Der Gepäckträger hatte den Kampf gehört und war näher gekommen.

Ο μεταφορέας είχε ακούσει τον αγώνα και είχε πλησιάσει.

„Ich bringe ihn für den Chef nach Frisco", erklärte der Mann.

«Θα τον πάω στο Φρίσκο για το αφεντικό», εξήγησε ο άντρας.

„Dort gibt es einen tollen Hundearzt, der sagt, er könne sie heilen."

«Υπάρχει ένας καλός σκύλος-γιατρός εκεί που λέει ότι μπορεί να τους θεραπεύσει.»

Später in der Nacht gab der Mann seinen eigenen ausführlichen Bericht ab.

Αργότερα εκείνο το βράδυ, ο άντρας έδωσε την πλήρη δική του αφήγηση.

Er sprach aus einem Schuppen hinter einem Saloon am Hafen.

Μίλησε από ένα υπόστεγο πίσω από ένα σαλούν στις αποβάθρες.

„Ich habe nur fünfzig Dollar bekommen", beschwerte er sich beim Wirt.

«Μου έδωσαν μόνο πενήντα δολάρια», παραπονέθηκε στον υπάλληλο του σαλούν.

„Ich würde es nicht noch einmal tun, nicht einmal für tausend Dollar in bar."

«Δεν θα το ξαναέκανα, ούτε για χίλια λεφτά μετρητά.»

Seine rechte Hand war fest in ein blutiges Tuch gewickelt.

Το δεξί του χέρι ήταν σφιχτά τυλιγμένο σε ένα ματωμένο ύφασμα.

Sein Hosenbein war vom Knie bis zum Fuß weit aufgerissen.

Το μπατζάκι του παντελονιού του ήταν σκισμένο ορθάνοιχτο από το γόνατο μέχρι το πόδι.

„Wie viel hat der andere Trottel verdient?", fragte der Wirt.

«Πόσο πληρώθηκε η άλλη κούπα;» ρώτησε ο υπάλληλος του σαλούν.

„Hundert", antwortete der Mann, „einen Cent weniger würde er nicht nehmen."

«Εκατό», απάντησε ο άντρας, «δεν θα έπαιρνε ούτε σεντ λιγότερο».

„Das macht hundertfünfzig", sagte der Kneipenmann.

«Αυτό κάνει εκατόν πενήντα», είπε ο υπάλληλος του σαλούν.

„Und er ist das alles wert, sonst bin ich nicht besser als ein Dummkopf."

«Και τα αξίζει όλα, αλλιώς δεν θα είμαι καλύτερος από έναν ηλίθιο.»

Der Mann öffnete die Verpackung, um seine Hand zu untersuchen.

Ο άντρας άνοιξε τα περιτυλίγματα για να εξετάσει το χέρι του.

Die Hand war stark zerrissen und mit getrocknetem Blut verkrustet.

Το χέρι ήταν άσχημα σκισμένο και γεμάτο κρούστα από ξεραμένο αίμα.

„Wenn ich keine Tollwut bekomme ...", begann er zu sagen.

«Αν δεν πάθει υδροφοβία...» άρχισε να λέει.

„Das liegt wohl daran, dass du zum Hängen geboren wurdest", ertönte ein Lachen.

«Θα είναι επειδή γεννήθηκες για να κρεμιέσαι», ακούστηκε ένα γέλιο.

„Komm und hilf mir, bevor du gehst", wurde er gebeten.

«Έλα να με βοηθήσεις πριν φύγεις», του ζήτησαν.

Buck war von den Schmerzen in seiner Zunge und seinem Hals benommen.

Ο Μπακ ήταν ζαλισμένος από τον πόνο στη γλώσσα και το λαιμό του.

Er war halb erwürgt und konnte kaum noch aufrecht stehen.

Ήταν μισοστραγγαλισμένος και μετά βίας μπορούσε να σταθεί όρθιος.

Dennoch versuchte Buck, den Männern gegenüberzutreten, die ihm so viel Leid zugefügt hatten.

Παρόλα αυτά, ο Μπακ προσπάθησε να αντιμετωπίσει τους άντρες που τον είχαν πληγώσει τόσο πολύ.

Aber sie warfen ihn nieder und würgten ihn erneut.

Αλλά τον έριξαν κάτω και τον έπνιξαν για άλλη μια φορά.

Erst dann konnten sie sein schweres Messinghalsband absägen.

Μόνο τότε μπόρεσαν να πριονίσουν το βαρύ ορειχάλκινο κολάρο του.

Sie entfernten das Seil und stießen ihn in eine Kiste.

Αφαίρεσαν το σχοινί και τον έσπρωξαν σε ένα κλουβί.

Die Kiste war klein und hatte die Form eines groben Eisenkäfigs.

Το κλουβί ήταν μικρό και είχε το σχήμα ενός τραχιού σιδερένιου κλουβιού.

Buck lag die ganze Nacht dort, voller Zorn und verletztem Stolz.

Ο Μπακ έμεινε εκεί όλη νύχτα, γεμάτος οργή και πληγωμένη υπερηφάνεια.

Er konnte nicht einmal ansatzweise verstehen, was mit ihm geschah.

Δεν μπορούσε να αρχίσει να καταλαβαίνει τι του συνέβαινε.

Warum hielten ihn diese fremden Männer in dieser kleinen Kiste fest?

Γιατί τον κρατούσαν αυτοί οι παράξενοι άντρες σε αυτό το μικρό κλουβί;

Was wollten sie von ihm und warum diese grausame Gefangenschaft?

Τι τον ήθελαν, και γιατί αυτή η σκληρή αιχμαλωσία;

Er spürte einen dunklen Druck, das Gefühl, dass das Unglück näher rückte.

Ένιωθε μια σκοτεινή πίεση· ένα αίσθημα καταστροφής που πλησίαζε.

Es war eine vage Angst, die ihn jedoch schwer belastete.

Ήταν ένας αόριστος φόβος, αλλά κατέκλυσε έντονα την ψυχή του.

Mehrmals sprang er auf, als die Schuppentür klapperte.

Αρκετές φορές πετάχτηκε πάνω όταν η πόρτα του υπόστεγου χτύπησε με θόρυβο.

Er erwartete, dass der Richter oder die Jungen erscheinen und ihn retten würden.

Περίμενε να εμφανιστεί ο Δικαστής ή τα αγόρια και να τον σώσει.

Doch jedes Mal lugte nur das dicke Gesicht des Wirts hinein.

Αλλά μόνο το χοντρό πρόσωπο του ιδιοκτήτη του σαλούν κρυφοκοιτούσε μέσα κάθε φορά.

Das Gesicht des Mannes wurde vom schwachen Schein einer Talgkerze erhellt.

Το πρόσωπο του άντρα φωτιζόταν από την αμυδρή λάμψη ενός κεριού από ζωικό λίπος.

Jedes Mal verwandelte sich Bucks freudiges Bellen in ein leises, wütendes Knurren.

Κάθε φορά, το χαρούμενο γάβγισμα του Μπακ μεταβαλλόταν σε ένα χαμηλό, θυμωμένο γρύλισμα.

Der Wirt ließ ihn für die Nacht allein in der Kiste zurück

Ο φύλακας του σαλούν τον άφησε μόνο του για τη νύχτα στο κλουβί

Aber als er am Morgen aufwachte, kamen noch mehr Männer.

Αλλά όταν ξύπνησε το πρωί, έρχονταν κι άλλοι άντρες.

Vier Männer kamen und hoben die Kiste vorsichtig und wortlos auf.

Τέσσερις άντρες ήρθαν και μάζεψαν προσεκτικά το κιβώτιο χωρίς να πουν λέξη.

Buck wusste sofort, in welcher Situation er sich befand.

Ο Μπακ κατάλαβε αμέσως την κατάσταση στην οποία βρισκόταν.

Sie waren weitere Peiniger, die er bekämpfen und fürchten musste.

Ήταν περαιτέρω βασανιστές που έπρεπε να πολεμήσει και να φοβηθεί.

Diese Männer sahen böse, zerlumpt und sehr ungepflegt aus.

Αυτοί οι άντρες έδειχναν κακοί, ατημέλητοι και πολύ άσχημα περιποιημένοι.

Buck knurrte und stürzte sich wild durch die Gitterstäbe auf sie.

Ο Μπακ γρύλισε και τους όρμησε με μανία μέσα από τα κάγκελα.

Sie lachten nur und stießen mit langen Holzstöcken nach ihm.

Απλώς γέλασαν και τον χτυπούσαν με μακριά ξύλινα μπαστούνια.

Buck biss in die Stöcke, dann wurde ihm klar, dass es das war, was ihnen gefiel.

Ο Μπακ δάγκωσε τα ξυλάκια και μετά συνειδητοποίησε ότι αυτό τους άρεσε.

Also legte er sich ruhig hin, mürrisch und vor stiller Wut brennend.

Έτσι ξάπλωσε ήσυχα, σκυθρωπός και φλεγόμενος από ήσυχη οργή.

Sie hoben die Kiste auf einen Wagen und fuhren mit ihm weg.

Σήκωσαν το κλουβί σε ένα κάρο και τον πήραν μακριά.

Die Kiste mit Buck darin wechselte oft den Besitzer.

Το κλουβί, με τον Μπακ κλειδωμένο μέσα, άλλαζε συχνά χέρια.

Express-Büroangestellte übernahmen die Leitung und kümmerten sich kurz um ihn.

Οι υπάλληλοι του γραφείου εξπρές ανέλαβαν την ευθύνη και τον χειρίστηκαν για λίγο.

Dann transportierte ein anderer Wagen Buck durch die laute Stadt.

Έπειτα, ένα άλλο κάρο μετέφερε τον Μπακ στην άλλη άκρη της θορυβώδους πόλης.

Ein Lastwagen brachte ihn mit Kisten und Paketen auf eine Fähre.

Ένα φορτηγό τον μετέφερε με κουτιά και δέματα σε ένα φέρι.

Nach der Überquerung lud ihn der Lastwagen an einem Bahndepot ab.

Αφού διέσχισε, τό φορτηγό τον ξεφόρτωσε σε μια σιδηροδρομική αποθήκη.

Schließlich wurde Buck in einen wartenden Expresswagen gesetzt.

Επιτέλους, ο Μπακ τοποθετήθηκε σε ένα εξπρές βαγόνι που περίμενε.

Zwei Tage und Nächte lang zogen Züge den Schnellzug ab.

Επί δύο μερόνυχτα, τα τρένα τραβούσαν το εξπρές μακριά.

Buck hat während der gesamten schmerzhaften Reise weder gegessen noch getrunken.

Ο Μπακ ούτε έφαγε ούτε ήπιε σε όλο το επώδυνο ταξίδι.

Als die Expressboten versuchten, sich ihm zu nähern, knurrte er.

Όταν οι ταχυμεταφορείς προσπάθησαν να τον πλησιάσουν, γρύλισε.

Sie reagierten, indem sie ihn verspotteten und grausam hänselten.

Απάντησαν χλευάζοντάς τον και πειράζοντάς τον σκληρά.

Buck warf sich schäumend und zitternd gegen die Gitterstäbe

Ο Μπακ έπεσε στα κάγκελα, αφρίζοντας και τρέμοντας

Sie lachten laut und verspotteten ihn wie Schulhofschläger.

Γέλασαν δυνατά και τον κορόιδευαν σαν νταήδες του σχολείου.

Sie bellten wie falsche Hunde und wedelten mit den Armen.

Γάβγιζαν σαν ψεύτικα σκυλιά και χτυπούσαν τα χέρια τους.

Sie krähten sogar wie Hähne, nur um ihn noch mehr aufzuregen.

Λάλησαν κιόλας σαν κόκορες μόνο και μόνο για να τον αναστατώσουν περισσότερο.

Es war dummes Verhalten und Buck wusste, dass es lächerlich war.

Ήταν ανόητη συμπεριφορά, και ο Μπακ ήξερε ότι ήταν γελοίο.

Doch das verstärkte seine Empörung und Scham nur noch.

Αλλά αυτό μόνο βάθυνε το αίσθημα οργής και ντροπής του.

Der Hunger plagte ihn während der Reise kaum.

Δεν τον ενοχλούσε ιδιαίτερα η πείνα κατά τη διάρκεια του ταξιδιού.

Doch der Durst brachte starke Schmerzen und unerträgliches Leiden mit sich.

Αλλά η δίψα έφερε οξύ πόνο και αφόρητη ταλαιπωρία.

Sein trockener, entzündeter Hals und seine Zunge brannten vor Hitze.

Ο ξερός, φλεγόμενος λαιμός και η γλώσσα του έκαιγαν από τη ζέστη.

Dieser Schmerz schürte das Fieber, das in seinem stolzen Körper aufstieg.

Αυτός ο πόνος τροφοδότησε τον πυρετό που ανέβαινε μέσα στο περήφανο σώμα του.

Buck war während dieses Prozesses für eine einzige Sache dankbar.

Ο Μπακ ήταν ευγνώμων για ένα μόνο πράγμα κατά τη διάρκεια αυτής της δοκιμασίας.

Das Seil um seinen dicken Hals war entfernt worden.

Το σχοινί είχε αφαιρεθεί από τον χοντρό λαιμό του.

Das Seil hatte diesen Männern einen unfairen und grausamen Vorteil verschafft.

Το σχοινί είχε δώσει σε αυτούς τους άντρες ένα άδικο και σκληρό πλεονέκτημα.

Jetzt war das Seil weg und Buck schwor, dass es nie wieder zurückkommen würde.

Τώρα το σχοινί είχε εξαφανιστεί, και ο Μπακ ορκίστηκε ότι δεν θα επέστρεφε ποτέ.

Er beschloss, sich nie wieder ein Seil um den Hals legen zu lassen.

Αποφάσισε ότι κανένα σχοινί δεν θα περνούσε ποτέ ξανά γύρω από τον λαιμό του.

Zwei lange Tage und Nächte litt er ohne Essen.

Για δύο ολόκληρες μέρες και νύχτες, υπέφερε χωρίς φαγητό.

Und in diesen Stunden baute sich in ihm eine enorme Wut auf.

Και εκείνες τις ώρες, έσφιξε μέσα του μια απέραντη οργή.

Seine Augen wurden vor ständiger Wut blutunterlaufen und wild.

Τα μάτια του έγιναν κατακόκκινα και άγρια από τον συνεχή θυμό.

Er war nicht mehr Buck, sondern ein Dämon mit schnappenden Kiefern.

Δεν ήταν πια ο Μπακ, αλλά ένας δαίμονας με σαγόνια που έσπασαν.

Nicht einmal der Richter hätte dieses verrückte Wesen erkannt.

Ούτε ο Δικαστής θα αναγνώριζε αυτό το τρελό πλάσμα.

Die Expressboten atmeten erleichtert auf, als sie Seattle erreichten

Οι ταχυμεταφορείς αναστέναξαν με ανακούφιση όταν έφτασαν στο Σιάτλ

Vier Männer hoben die Kiste hoch und brachten sie in einen Hinterhof.

Τέσσερις άντρες σήκωσαν το κλουβί και το έφεραν σε μια πίσω αυλή.

Der Hof war klein und von hohen, massiven Mauern umgeben.

Η αυλή ήταν μικρή, περιτριγυρισμένη από ψηλούς και συμπαγείς τοίχους.

Ein großer Mann in einem ausgeleierten roten Pullover kam heraus.

Ένας μεγαλόσωμος άντρας βγήκε έξω φορώντας ένα κρεμασμένο κόκκινο πουκάμισο.

Mit dicker, kühner Handschrift unterschrieb er das Lieferbuch.

Υπέγραψε το βιβλίο παραδόσεων με χοντρό και τολμηρό χέρι.

Buck spürte sofort, dass dieser Mann sein nächster Peiniger war.

Ο Μπακ διαισθάνθηκε αμέσως ότι αυτός ο άντρας ήταν ο επόμενος βασανιστής του.

Er stürzte sich heftig auf die Gitterstäbe, die Augen rot vor Wut.

Όρμησε βίαια προς τα μπαρ, με μάτια κόκκινα από οργή.

Der Mann lächelte nur finster und holte ein Beil.

Ο άντρας απλώς χαμογέλασε σκυθρωπά και πήγε να φέρει ένα τσεκούρι.

Er brachte auch eine Keule in seiner dicken und starken rechten Hand mit.

Έφερε επίσης ένα ρόπαλο στο χοντρό και δυνατό δεξί του χέρι.

„Wollen Sie ihn jetzt rausholen?", fragte der Fahrer besorgt.

«Θα τον βγάλεις έξω τώρα;» ρώτησε ανήσυχος ο οδηγός.

„Sicher", sagte der Mann und rammte das Beil als Hebel in die Kiste.

«Σίγουρα», είπε ο άντρας, σφηνώνοντας το τσεκούρι στο κλουβί ως μοχλό.

Die vier Männer stoben sofort auseinander und sprangen auf die Hofmauer.

Οι τέσσερις άντρες σκορπίστηκαν αμέσως, πηδώντας πάνω στον τοίχο της αυλής.

Von ihren sicheren Plätzen oben warteten sie, um das Spektakel zu beobachten.

Από τις ασφαλείς θέσεις τους από ψηλά, περίμεναν να παρακολουθήσουν το θέαμα.

Buck stürzte sich auf das zersplitterte Holz, biss und zitterte heftig.

Ο Μπακ όρμησε στο θρυμματισμένο ξύλο, δαγκώνοντας και τρέμοντας άγρια.

Jedes Mal, wenn die Axt den Käfig traf, war Buck da, um ihn anzugreifen.

Κάθε φορά που το τσεκούρι χτυπούσε το κλουβί), ο Μπακ ήταν εκεί για να το επιτεθεί.

Er knurrte und schnappte vor wilder Wut und wollte unbedingt freigelassen werden.

Γρύλισε και ξεστόμισε από άγρια οργή, ανυπόμονος να απελευθερωθεί.

Der Mann draußen war ruhig und gelassen und konzentrierte sich auf seine Aufgabe.

Ο άντρας απέξω ήταν ήρεμος και σταθερός, αφοσιωμένος στην εργασία του.

„Also gut, du rotäugiger Teufel", sagte er, als das Loch groß war.

«Τώρα, κοκκινομάτη διάβολε», είπε όταν η τρύπα ήταν μεγάλη.

Er ließ das Beil fallen und nahm die Keule in die rechte Hand.

Άφησε κάτω το τσεκούρι και πήρε το ρόπαλο στο δεξί του χέρι.

Buck sah wirklich aus wie ein Teufel; seine Augen blutunterlaufen und lodernd.

Ο Μπακ έμοιαζε πραγματικά με διάβολο· τα μάτια του ήταν κόκκινα και φλεγόμενα.

Sein Fell sträubte sich, Schaum stand ihm vor dem Mund, seine Augen funkelten.

Το παλτό του έσφυζε από τρίχες, αφρός έκανε το στόμα του να φουσκώνει, τα μάτια του έλαμπαν.

Er spannte seine Muskeln an und sprang direkt auf den roten Pullover zu.

Σφίγγει τους μύες του και όρμησε κατευθείαν στο κόκκινο πουλόβερ.

Hundertvierzig Pfund Wut prasselten auf den ruhigen Mann zu.

Εκατόν σαράντα κιλά οργής έπεσαν πάνω στον ήρεμο άντρα.

Kurz bevor er die Zähne zusammenbiss, traf ihn ein schrecklicher Schlag.

Λίγο πριν κλείσουν τα σαγόνια του, τον χτύπησε ένα τρομερό χτύπημα.

Seine Zähne schnappten zusammen, nur Luft war im Spiel.

Τα δόντια του έσπασαν μεταξύ τους μόνο με αέρα

ein Schmerz durchfuhr seinen Körper

ένα χτύπημα πόνου αντήχησε στο σώμα του

Er machte einen Überschlag in der Luft und stürzte auf dem Rücken und der Seite zu Boden.

Πέταξε στον αέρα και έπεσε ανάσκελα και στο πλευρό του.

Er hatte noch nie zuvor einen Knüppelschlag gespürt und konnte ihn nicht begreifen.

Δεν είχε νιώσει ποτέ πριν το χτύπημα ενός ρόπαλου και δεν μπορούσε να το συλλάβει.

Mit einem kreischenden Knurren, das teils Bellen, teils Schreien war, sprang er erneut.

Με ένα στριγκό γρύλισμα, εν μέρει γάβγισμα, εν μέρει κραυγή, πήδηξε ξανά.

Ein weiterer brutaler Schlag traf ihn und schleuderte ihn zu Boden.

Ένα ακόμα βίαιο χτύπημα τον χτύπησε και τον εκσφενδόνισε στο έδαφος.

Diesmal verstand Buck – es war die schwere Keule des Mannes.

Αυτή τη φορά ο Μπακ κατάλαβε—ήταν το βαρύ ρόπαλο του άντρα.

Doch die Wut machte ihn blind, und an einen Rückzug dachte er nicht.

Αλλά η οργή τον τύφλωσε και δεν είχε καμία σκέψη για υποχώρηση.

Zwölfmal stürzte er sich in die Luft, und zwölfmal fiel er.

Δώδεκα φορές εκτοξεύτηκε και δώδεκα φορές έπεσε.

Der Holzknüppel traf ihn jedes Mal mit unbarmherziger, vernichtender Kraft.

Το ξύλινο ρόπαλο τον συνέθλιβε κάθε φορά με αδίστακτη, συντριπτική δύναμη.

Nach einem heftigen Schlag kam er benommen und langsam wieder auf die Beine.

Μετά από ένα δυνατό χτύπημα, σηκώθηκε παραπατώντας, ζαλισμένος και αργός.

Blut lief aus seinem Mund, seiner Nase und sogar seinen Ohren.

Αίμα έτρεχε από το στόμα του, τη μύτη του, ακόμη και από τα αυτιά του.

Sein einst so schönes Fell war mit blutigem Schaum verschmiert.

Το κάποτε όμορφο παλτό του ήταν λερωμένο με ματωμένο αφρό.

Dann trat der Mann vor und versetzte ihm einen heftigen Schlag auf die Nase.

Τότε ο άντρας πλησίασε και χτύπησε άσχημα στη μύτη.

Die Qualen waren schlimmer als alles, was Buck je gespürt hatte.

Η αγωνία ήταν πιο έντονη από οτιδήποτε είχε νιώσει ποτέ ο Μπακ.

Mit einem Brüllen, das eher an ein Tier als an einen Hund erinnerte, sprang er erneut zum Angriff.

Με ένα βρυχηθμό που έμοιαζε περισσότερο με θηρίο παρά με σκύλο, πήδηξε ξανά για να επιτεθεί.

Doch der Mann packte seinen Unterkiefer und drehte ihn nach hinten.

Αλλά ο άντρας έπιασε την κάτω γνάθο του και την έστριψε προς τα πίσω.

Buck überschlug sich kopfüber und stürzte erneut hart auf den Boden.

Ο Μπακ τινάχτηκε με το κεφάλι πάνω από τα πόδια του και έπεσε ξανά με δύναμη κάτω.

Ein letztes Mal stürmte Buck auf ihn zu, jetzt konnte er kaum noch stehen.

Για μια τελευταία φορά, ο Μπακ όρμησε εναντίον του, μόλις που μπορούσε να σταθεί όρθιος.

Der Mann schlug mit perfektem Timing zu und versetzte den letzten Schlag.

Ο άντρας χτύπησε με άψογο συγχρονισμό, δίνοντας το τελειωτικό χτύπημα.

Buck brach bewusstlos und regungslos zusammen.

Ο Μπακ κατέρρευσε σωρός, αναίσθητος και ακίνητος.

„Er ist kein Stümper im Hundezähmen, das sage ich", rief ein Mann.

«Δεν είναι αδιάφορος στο να σπάει σκύλους, αυτό λέω κι εγώ», φώναξε ένας άντρας.

„Druther kann den Willen eines Hundes an jedem Tag der Woche brechen."

«Ο Ντρούθερ μπορεί να σπάσει τη θέληση ενός κυνηγόσκυλου οποιαδήποτε μέρα της εβδομάδας.»

„Und zweimal an einem Sonntag!", fügte der Fahrer hinzu.

«Και δύο φορές την Κυριακή!» πρόσθεσε ο οδηγός.

Er stieg in den Wagen und ließ die Zügel knacken, um loszufahren.

Ανέβηκε στο κάρο και τράβηξε τα ηνία για να φύγει.

Buck erlangte langsam die Kontrolle über sein Bewusstsein zurück

Ο Μπακ σιγά σιγά ανέκτησε τον έλεγχο της συνείδησής του

aber sein Körper war noch zu schwach und gebrochen, um sich zu bewegen.

αλλά το σώμα του ήταν ακόμα πολύ αδύναμο και σπασμένο για να κινηθεί.

Er blieb liegen, wo er hingefallen war, und beobachtete den Mann im roten Pullover.

Ήταν ξαπλωμένος εκεί που είχε πέσει, παρακολουθώντας τον άντρα με την κόκκινη φούτερ.

„Er hört auf den Namen Buck", sagte der Mann und las laut vor.

«Απαντά στο όνομα Μπακ», είπε ο άντρας διαβάζοντας φωναχτά.

Er zitierte aus der Notiz und den Einzelheiten, die mit Bucks Kiste geschickt wurden.

Παρέθεσε απόσπασμα από το σημείωμα που στάλθηκε με το κλουβί του Μπακ και τις λεπτομέρειες.

„Also, Buck, mein Junge", fuhr der Mann freundlich fort,

«Λοιπόν, Μπακ, αγόρι μου», συνέχισε ο άντρας με φιλικό τόνο,

„Wir hatten unseren kleinen Streit, und jetzt ist es zwischen uns vorbei."

«Είχαμε τον μικρό μας καβγά, και τώρα τελείωσε μεταξύ μας.»

„Sie haben Ihren Platz kennengelernt und ich habe meinen kennengelernt", fügte er hinzu.

«Έμαθες τη θέση σου και εγώ τη δική μου», πρόσθεσε.

„Sei brav, dann wird alles gut und das Leben wird angenehm sein."

«Να είσαι καλός/ή και όλα θα πάνε καλά και η ζωή θα είναι ευχάριστη.»

„Aber wenn du böse bist, schlage ich dir die Seele aus dem Leib, verstanden?"

«Αλλά αν είσαι κακός, θα σε νικήσω μέχρι το κάρβουνο, κατάλαβες;»

Während er sprach, streckte er die Hand aus und tätschelte Bucks schmerzenden Kopf.

Καθώς μιλούσε, άπλωσε το χέρι του και χάιδεψε το πονεμένο κεφάλι του Μπακ.

Bucks Haare stellten sich bei der Berührung des Mannes auf, aber er wehrte sich nicht.

Τα μαλλιά του Μπακ σηκώθηκαν όρθια στο άγγιγμα του άντρα, αλλά δεν αντιστάθηκε.

Der Mann brachte ihm Wasser, das Buck in großen Schlucken trank.

Ο άντρας του έφερε νερό, το οποίο ο Μπακ ήπιε με μεγάλες γουλιές.

Dann kam rohes Fleisch, das Buck Stück für Stück verschlang.

Έπειτα ήρθε το ωμό κρέας, το οποίο ο Μπακ καταβρόχθιζε κομμάτι-κομμάτι.

Er wusste, dass er geschlagen war, aber er wusste auch, dass er nicht gebrochen war.

Ήξερε ότι τον είχαν ξυλοκοπήσει, αλλά ήξερε επίσης ότι δεν ήταν συντετριμμένος.

Gegen einen mit einer Keule bewaffneten Mann hatte er keine Chance.

Δεν είχε καμία πιθανότητα να αντιμετωπίσει έναν άντρα οπλισμένο με ρόπαλο.

Er hatte die Wahrheit erfahren und diese Lektion nie vergessen.

Είχε μάθει την αλήθεια και δεν το ξέχασε ποτέ.

Diese Waffe war der Beginn des Gesetzes in Bucks neuer Welt.

Αυτό το όπλο ήταν η αρχή του νόμου στον νέο κόσμο του Μπακ.

Es war der Beginn einer harten, primitiven Ordnung, die er nicht leugnen konnte.

Ήταν η αρχή μιας σκληρής, πρωτόγονης τάξης πραγμάτων που δεν μπορούσε να αρνηθεί.

Er akzeptierte die Wahrheit; seine wilden Instinkte waren nun erwacht.

Αποδέχτηκε την αλήθεια· τα άγρια ένστικτά του ήταν πλέον ξύπνια.

Die Welt war härter geworden, aber Buck stellte sich ihr tapfer.

Ο κόσμος είχε γίνει πιο σκληρός, αλλά ο Μπακ τον αντιμετώπισε με θάρρος.

Er begegnete dem Leben mit neuer Vorsicht, List und stiller Stärke.

Αντιμετώπισε τη ζωή με νέα προσοχή, πονηριά και ήρεμη δύναμη.

Weitere Hunde kamen an, an Seilen oder in Kisten festgebunden, so wie Buck.

Έφτασαν κι άλλα σκυλιά, δεμένα σε σχοινιά ή κλουβιά όπως είχε κάνει και ο Μπακ.

Einige Hunde kamen ruhig, andere tobten und kämpften wie wilde Tiere.

Μερικά σκυλιά έρχονταν ήρεμα, άλλα λυσσομανούσαν και μάλωναν σαν άγρια θηρία.

Sie alle wurden der Herrschaft des Mannes im roten Pullover unterworfen.

Όλοι τους τέθηκαν υπό την κυριαρχία του άντρα με τα κόκκινα πουλόβερ.

Jedes Mal sah Buck zu und sah, wie sich ihm die gleiche Lektion erschloss.

Κάθε φορά, ο Μπακ παρακολουθούσε και έβλεπε το ίδιο μάθημα να ξεδιπλώνεται.

Der Mann mit der Keule war das Gesetz, ein Herr, dem man gehorchen musste.

Ο άντρας με το ρόπαλο ήταν νόμος· ένας αφέντης που έπρεπε να υπακούει.

Er musste nicht gemocht werden, aber man musste ihm gehorchen.

Δεν είχε ανάγκη να τον συμπαθούν, αλλά έπρεπε να τον υπακούν.

Buck schmeichelte oder wedelte nie mit dem Schwanz, wie es die schwächeren Hunde taten.

Ο Μπακ ποτέ δεν χαϊδεύτηκε ούτε κουνούσε τα νεύρα του όπως έκαναν τα πιο αδύναμα σκυλιά.

Er sah Hunde, die geschlagen wurden und trotzdem die Hand des Mannes leckten.

Είδε σκυλιά που ήταν ξυλοκοπημένα και εξακολουθούσαν να έγλειφαν το χέρι του άντρα.

Er sah einen Hund, der überhaupt nicht gehorchte oder sich unterwarf.

Είδε ένα σκυλί που δεν υπάκουε ούτε υποτασσόταν καθόλου.

Dieser Hund kämpfte, bis er im Kampf um die Kontrolle getötet wurde.

Αυτό το σκυλί πολέμησε μέχρι που σκοτώθηκε στη μάχη για τον έλεγχο.

Manchmal kamen Fremde, um den Mann im roten Pullover zu sehen.

Ξένοι έρχονταν μερικές φορές να δουν τον άντρα με την κόκκινη φούτερ.

Sie sprachen in seltsamem Ton, flehten, feilschten und lachten.

Μιλούσαν με παράξενο τόνο, παρακαλούσαν, παζαρεύονταν και γελούσαν.

Als das Geld ausgetauscht wurde, gingen sie mit einem oder mehreren Hunden.

Όταν γινόταν ανταλλαγή χρημάτων, έφευγαν με ένα ή περισσότερα σκυλιά.

Buck fragte sich, wohin diese Hunde gingen, denn keiner kam jemals zurück.

Ο Μπακ αναρωτήθηκε πού πήγαν αυτά τα σκυλιά, γιατί κανένα δεν επέστρεψε ποτέ.

Angst vor dem Unbekannten erfüllte Buck jedes Mal, wenn ein fremder Mann kam

Ο φόβος του αγνώστου γέμιζε τον Μπακ κάθε φορά που ερχόταν ένας άγνωστος άντρας

Er war jedes Mal froh, wenn ein anderer Hund mitgenommen wurde und nicht er selbst.

Χαιρόταν κάθε φορά που έπαιρναν ένα άλλο σκυλί, αντί για τον εαυτό του.

Doch schließlich kam Buck an die Reihe, als ein fremder Mann eintraf.

Αλλά τελικά, ήρθε η σειρά του Μπακ με την άφιξη ενός παράξενου άντρα.

Er war klein, drahtig und sprach gebrochenes Englisch und fluchte.

Ήταν μικρόσωμος, νευρώδης, και μιλούσε σπαστά αγγλικά και βρισιές.

„Heilig!", schrie er, als er Bucks Gestalt erblickte.

«Σακρεντάμ!» φώναξε όταν είδε το σώμα του Μπακ.

„Das ist aber ein verdammter Rüpel! Wie viel?", fragte er laut.

«Αυτό είναι ένα καταραμένο σκυλί νταή! Ε; Πόσο;» ρώτησε φωναχτά.

„Dreihundert, und für diesen Preis ist er ein Geschenk."

«Τριακόσια, και είναι δώρο σε αυτή την τιμή»,

„Da es sich um staatliche Gelder handelt, sollten Sie sich nicht beschweren, Perrault."

«Αφού είναι χρήματα της κυβέρνησης, δεν πρέπει να παραπονιέσαι, Περό.»

Perrault grinste über den Deal, den er gerade mit dem Mann gemacht hatte.

Ο Περώ χαμογέλασε πλατιά στη συμφωνία που μόλις είχε κάνει με τον άντρα.

Aufgrund der plötzlichen Nachfrage waren die Preise für Hunde in die Höhe geschossen.

Η τιμή των σκύλων είχε εκτοξευθεί λόγω της ξαφνικής ζήτησης.

Dreihundert Dollar waren für so ein tolles Tier nicht unfair.

Τριακόσια δολάρια δεν ήταν άδικο για ένα τόσο καλό θηρίο.

Die kanadische Regierung würde bei dem Abkommen nichts verlieren

Η καναδική κυβέρνηση δεν θα έχανε τίποτα από τη συμφωνία

Auch ihre offiziellen Depeschen würden während des Transports nicht verzögert.

Ούτε οι επίσημες αποστολές τους θα καθυστερούσαν κατά τη μεταφορά.

Perrault kannte sich gut mit Hunden aus und erkannte, dass Buck etwas Seltenes war.

Ο Περό γνώριζε καλά τα σκυλιά και μπορούσε να διακρίνει ότι ο Μπακ ήταν κάτι σπάνιο.

„Einer von zehntausend", dachte er, als er Bucks Körperbau betrachtete.

«Ένας στους δέκα δέκα χιλιάδες», σκέφτηκε, καθώς μελετούσε τη σωματική διάπλαση του Μπακ.

Buck sah, wie das Geld den Besitzer wechselte, zeigte sich jedoch nicht überrascht.

Ο Μπακ είδε τα χρήματα να αλλάζουν χέρια, αλλά δεν έδειξε έκπληξη.

Bald wurden er und Curly, ein sanfter Neufundländer, weggeführt.

Σύντομα, αυτός και ο Κέρλι, ένας ευγενικός από τη Νέα Γη, οδηγήθηκαν μακριά.

Sie folgten dem kleinen Mann aus dem Hof des roten Pullovers.

Ακολούθησαν τον μικρόσωμο άντρα από την αυλή της κόκκινης πουλόβερ.

Das war das letzte Mal, dass Buck den Mann mit der Holzkeule sah.

Αυτή ήταν η τελευταία φορά που ο Μπακ είδε τον άντρα με το ξύλινο ρόπαλο.

Vom Deck der Narwhal aus beobachtete er, wie Seattle in der Ferne verschwand.

Από το κατάστρωμα του Narwhal παρακολουθούσε το Σιάτλ να χάνεται στο βάθος.

Es war auch das letzte Mal, dass er das warme Südland sah.

Ήταν επίσης η τελευταία φορά που είδε τη ζεστή Νότια Γη.

Perrault brachte sie unter Deck und ließ sie bei François zurück.

Ο Περώ τους πήρε κάτω από το κατάστρωμα και τους άφησε στον Φρανσουά.

François war ein Riese mit schwarzem Gesicht und rauen, schwieligen Händen.

Ο Φρανσουά ήταν ένας γίγαντας με μαύρο πρόσωπο και τραχιά, σκληρά χέρια.

Er war dunkelhäutig und hatte eine dunkle Hautfarbe, ein französisch-kanadischer Mischling.

Ήταν μελαχρινός και μελαχρινός· ένας ημίαιμος Γαλλοκαναδός.

Für Buck waren diese Männer von einer Art, die er noch nie zuvor gesehen hatte.

Για τον Μπακ, αυτοί οι άντρες ήταν ενός είδους που δεν είχε ξαναδεί ποτέ.

Er würde in den kommenden Tagen viele solcher Männer kennenlernen.

Θα γνώριζε πολλούς τέτοιους άντρες τις επόμενες μέρες.

Er konnte sie zwar nicht lieb gewinnen, aber er begann, sie zu respektieren.

Δεν τους συμπάθησε, αλλά τους σεβάστηκε.

Sie waren fair und weise und ließen sich von keinem Hund so leicht täuschen.

Ήταν δίκαιοι και σοφοί, και δεν ξεγελιόντουσαν εύκολα από κανένα σκυλί.

Sie beurteilten Hunde ruhig und bestraften sie nur, wenn es angebracht war.

Έκριναν τα σκυλιά ήρεμα και τιμωρούσαν μόνο όταν το άξιζαν.

Im Unterdeck der Narwhal trafen Buck und Curly zwei Hunde.

Στο κάτω κατάστρωμα του Narwhal, ο Μπακ και ο Κέρλι συνάντησαν δύο σκυλιά.

Einer war ein großer weißer Hund aus dem fernen, eisigen Spitzbergen.

Το ένα ήταν ένα μεγάλο λευκό σκυλί από το μακρινό, παγωμένο Σπιτζμπέργκεν.

Er war einmal mit einem Walfänger gesegelt und hatte sich einer Erkundungsgruppe angeschlossen.

Κάποτε είχε ταξιδέψει με ένα φαλαινοθηρικό και είχε ενταχθεί σε μια ομάδα έρευνας.

Er war auf eine schlaue, hinterhältige und listige Art freundlich.

Ήταν φιλικός με έναν ύπουλο, ύπουλο και πανούργο τρόπο.

Bei ihrer ersten Mahlzeit stahl er ein Stück Fleisch aus Bucks Pfanne.

Στο πρώτο τους γεύμα, έκλεψε ένα κομμάτι κρέας από το τηγάνι του Μπακ.

Buck sprang, um ihn zu bestrafen, aber François' Peitsche schlug zuerst zu.

Ο Μπακ πήδηξε να τον τιμωρήσει, αλλά το μαστίγιο του Φρανσουά χτύπησε πρώτο.

Der weiße Dieb schrie auf und Buck holte sich den gestohlenen Knochen zurück.

Ο λευκός κλέφτης ούρλιαξε και ο Μπακ πήρε πίσω το κλεμμένο κόκαλο.

Diese Fairness beeindruckte Buck und François verdiente sich seinen Respekt.

Αυτή η δικαιοσύνη εντυπωσίασε τον Μπακ, και ο Φρανσουά κέρδισε τον σεβασμό του.

Der andere Hund grüßte nicht und wollte auch nichts zurück.

Ο άλλος σκύλος δεν έδωσε κανέναν χαιρετό και δεν ήθελε κανέναν σε αντάλλαγμα.

Er stahl weder Essen noch beschnüffelte er die Neuankömmlinge interessiert.

Δεν έκλεβε φαγητό, ούτε μύριζε με ενδιαφέρον τους νεοφερμένους.

Dieser Hund war grimmig und ruhig, düster und bewegte sich langsam.

Αυτό το σκυλί ήταν σκυθρωπό και ήσυχο, σκυθρωπό και αργόστροφο.

Er warnte Curly, sich fernzuhalten, indem er sie einfach anstarrte.

Προειδοποίησε την Κέρλι να μείνει μακριά κοιτάζοντάς την απλώς άγρια.

Seine Botschaft war klar: Lass mich in Ruhe, sonst gibt es Ärger.

Το μήνυμά του ήταν σαφές: άσε με ήσυχο, αλλιώς θα υπάρξουν προβλήματα.

Er hieß Dave und nahm seine Umgebung kaum wahr.

Τον έλεγαν Ντέιβ και μόλις που πρόσεχε το περιβάλλον του.

Er schlief oft, aß ruhig und gähnte ab und zu.

Κοιμόταν συχνά, έτρωγε ήσυχα και χασμουριόταν πού και πού.

Das Schiff summte ständig, während unten der Propeller schlug.

Το πλοίο βούιζε συνεχώς με την προπέλα να χτυπάει από κάτω.

Die Tage vergingen, ohne dass sich viel änderte, aber das Wetter wurde kälter.

Οι μέρες περνούσαν χωρίς πολλές αλλαγές, αλλά ο καιρός κρύωνε.

Buck spürte es in seinen Knochen und bemerkte, dass es den anderen genauso ging.

Ο Μπακ το ένιωθε βαθιά μέσα του και παρατήρησε ότι το ίδιο έκαναν και οι άλλοι.

Dann blieb eines Morgens der Propeller stehen und alles war still.

Έπειτα, ένα πρωί, η προπέλα σταμάτησε και όλα ακινητοποιήθηκαν.

Eine Energie durchströmte das Schiff; etwas hatte sich verändert.

Μια ενέργεια σάρωσε το πλοίο· κάτι είχε αλλάξει.

François kam herunter, legte ihnen die Leinen an und brachte sie hoch.

Ο Φρανσουά κατέβηκε, τους έδεσε με λουριά και τους έφερε πάνω.

Buck stieg aus und fand den Boden weich, weiß und kalt.

Ο Μπακ βγήκε έξω και βρήκε το έδαφος μαλακό, λευκό και κρύο.

Er sprang erschrocken zurück und schnaubte völlig verwirrt.

Πήδηξε πίσω έντρομος και ρουθούνισε σε πλήρη σύγχυση.

Seltsames weißes Zeug fiel vom grauen Himmel.

Παράξενα λευκά πράγματα έπεφταν από τον γκρίζο ουρανό.

Er schüttelte sich, aber die weißen Flocken landeten immer wieder auf ihm.

Τινάχτηκε, αλλά οι άσπρες νιφάδες συνέχιζαν να προσγειώνονται πάνω του.

Er roch vorsichtig an dem weißen Zeug und leckte an ein paar eisigen Stückchen.

Μύρισε προσεκτικά το λευκό υλικό και έγλειψε μερικά παγωμένα κομματάκια.

Das Pulver brannte wie Feuer und verschwand dann einfach von seiner Zunge.

Η μπαρούτη έκαιγε σαν φωτιά και μετά εξαφανίστηκε αμέσως από τη γλώσσα του.

Buck versuchte es noch einmal und war verwirrt über die seltsame, verschwindende Kälte.

Ο Μπακ προσπάθησε ξανά, μπερδεμένος από το παράξενο εξαφανιζόμενο κρύο.

Die Männer um ihn herum lachten und Buck war verlegen.

Οι άντρες γύρω του γέλασαν και ο Μπακ ένιωσε αμηχανία.

Er wusste nicht warum, aber er schämte sich für seine Reaktion.

Δεν ήξερε γιατί, αλλά ντρεπόταν για την αντίδρασή του.

Es war seine erste Erfahrung mit Schnee und es verwirrte ihn.

Ήταν η πρώτη του εμπειρία με το χιόνι και τον μπέρδεψε.

Das Gesetz von Keule und Fang
Ο Νόμος του Ρόπαλου και του Κυνόδοντα

Bucks erster Tag am Strand von Dyea fühlte sich wie ein schrecklicher Albtraum an.

Η πρώτη μέρα του Μπακ στην παραλία Ντάια έμοιαζε με έναν τρομερό εφιάλτη.

Jede Stunde brachte neue Schocks und unerwartete Veränderungen für Buck.

Κάθε ώρα έφερνε νέες κρίσεις και απροσδόκητες αλλαγές για τον Μπακ.

Er war aus der Zivilisation gerissen und ins wilde Chaos gestürzt worden.

Είχε αποσυρθεί από τον πολιτισμό και είχε ριχτεί σε άγριο χάος.

Dies war kein sonniges, faules Leben mit Langeweile und Ruhe.

Αυτή δεν ήταν μια ηλιόλουστη, τεμπέλικη ζωή με πλήξη και ξεκούραση.

Es gab keinen Frieden, keine Ruhe und keinen Moment ohne Gefahr.

Δεν υπήρχε γαλήνη, ούτε ανάπαυση, ούτε στιγμή χωρίς κίνδυνο.

Überall herrschte Verwirrung und die Gefahr war immer in der Nähe.

Η σύγχυση κυριαρχούσε στα πάντα και ο κίνδυνος ήταν πάντα κοντά.

Buck musste wachsam bleiben, denn diese Männer und Hunde waren anders.

Ο Μπακ έπρεπε να παραμένει σε εγρήγορση επειδή αυτοί οι άντρες και τα σκυλιά ήταν διαφορετικά.

Sie kamen nicht aus der Stadt, sie waren wild und gnadenlos.

Δεν ήταν από πόλεις· ήταν άγριοι και ανελέητοι.

Diese Männer und Hunde kannten nur das Gesetz der Keule und der Reißzähne.

Αυτοί οι άντρες και τα σκυλιά γνώριζαν μόνο τον νόμο του μπαστουνιού και του κυνόδοντα.

Buck hatte noch nie Hunde so kämpfen sehen wie diese wilden Huskys.

Ο Μπακ δεν είχε ξαναδεί σκυλιά να μαλώνουν όπως αυτά τα άγρια χάσκι.

Seine erste Erfahrung lehrte ihn eine Lektion, die er nie vergessen würde.

Η πρώτη του εμπειρία του έδωσε ένα μάθημα που δεν θα ξεχνούσε ποτέ.

Er hatte Glück, dass er es nicht war, sonst wäre auch er gestorben.

Ήταν τυχερός που δεν ήταν αυτός, αλλιώς θα είχε πεθάνει κι αυτός.

Curly war derjenige, der litt, während Buck zusah und lernte.

Ο Κέρλι ήταν αυτός που υπέφερε ενώ ο Μπακ παρακολουθούσε και μάθαινε.

Sie hatten ihr Lager in der Nähe eines aus Baumstämmen gebauten Ladens aufgeschlagen.

Είχαν στήσει στρατόπεδο κοντά σε ένα κατάστημα φτιαγμένο από κορμούς δέντρων.

Curly versuchte, einem großen, wolfsähnlichen Husky gegenüber freundlich zu sein.

Η Κέρλι προσπάθησε να φερθεί φιλικά σε ένα μεγάλο χάσκι που έμοιαζε με λύκο.

Der Husky war kleiner als Curly, sah aber wild und böse aus.

Το χάσκι ήταν μικρότερο από το Κέρλι, αλλά φαινόταν άγριο και κακό.

Ohne Vorwarnung sprang er auf und schlug ihr ins Gesicht.

Χωρίς προειδοποίηση, πετάχτηκε και της άνοιξε το πρόσωπο.

Seine Zähne schnitten in einer Bewegung von ihrem Auge bis zu ihrem Kiefer.

Τα δόντια του έκοψαν από το μάτι της μέχρι το σαγόνι της με μια κίνηση.

So kämpften Wölfe: Sie schlugen schnell zu und sprangen weg.

Έτσι πολεμούσαν οι λύκοι—χτυπούσαν γρήγορα και πηδούσαν μακριά.

Aber es gab mehr zu lernen als nur diesen einen Angriff.

Αλλά υπήρχαν περισσότερα να μάθουμε από εκείνη τη μία επίθεση.

Dutzende Huskys stürmten herein und bildeten einen stillen Kreis.

Δεκάδες χάσκι όρμησαν μέσα και σχημάτισαν έναν σιωπηλό κύκλο.

Sie schauten aufmerksam zu und leckten sich hungrig die Lippen.

Παρακολουθούσαν προσεκτικά και έγλειφαν τα χείλη τους από την πείνα.

Buck verstand weder ihr Schweigen noch ihre begierigen Blicke.

Ο Μπακ δεν καταλάβαινε τη σιωπή τους ούτε τα ανυπόμονα μάτια τους.

Curly stürzte sich ein zweites Mal auf den Husky, um ihn anzugreifen.

Ο Κέρλι έσπευσε να επιτεθεί στο χάσκι για δεύτερη φορά.

Mit einer kräftigen Bewegung seiner Brust warf er sie um.

Χρησιμοποίησε το στήθος του για να την ρίξει κάτω με μια δυνατή κίνηση.

Sie fiel auf die Seite und konnte nicht wieder aufstehen.

Έπεσε στο πλάι και δεν μπορούσε να ξανασηκωθεί.

Darauf hatten die anderen die ganze Zeit gewartet.

Αυτό περίμεναν οι άλλοι όλο αυτό το διάστημα.

Die Huskies sprangen sie an und jaulten und knurrten wie wild.

Τα χάσκι όρμησαν πάνω της, ουρλιάζοντας και γρυλίζοντας μανιωδώς.

Sie schrie, als sie unter einem Haufen Hunde begruben.

Ούρλιαξε καθώς την έθαψαν κάτω από ένα σωρό από σκυλιά.

Der Angriff erfolgte so schnell, dass Buck vor Schreck erstarrte.

Η επίθεση ήταν τόσο γρήγορη που ο Μπακ πάγωσε στη θέση του από το σοκ.

Er sah, wie Spitz die Zunge herausstreckte, als würde er lachen.

Είδε τον Σπιτζ να βγάζει τη γλώσσα του με τρόπο που έμοιαζε με γέλιο.

François schnappte sich eine Axt und rannte direkt in die Hundegruppe hinein.

Ο Φρανσουά άρπαξε ένα τσεκούρι και έτρεξε κατευθείαν πάνω στην ομάδα των σκύλων.

Drei weitere Männer halfen mit Knüppeln, die Huskies zu vertreiben.

Τρεις άλλοι άντρες χρησιμοποίησαν ρόπαλα για να βοηθήσουν να διώξουν τα χάσκι.

In nur zwei Minuten war der Kampf vorbei und die Hunde waren verschwunden.

Σε μόλις δύο λεπτά, η μάχη τελείωσε και τα σκυλιά εξαφανίστηκαν.

Curly lag tot im roten, zertrampelten Schnee, ihr Körper war zerfetzt.

Η Κέρλι κειτόταν νεκρή στο κόκκινο, ποδοπατημένο χιόνι, με το σώμα της διαμελισμένο.

Ein dunkelhäutiger Mann stand über ihr und verfluchte die brutale Szene.

Ένας μελαχρινός άντρας στεκόταν από πάνω της, καταριόμενος την βάναυση σκηνή.

Die Erinnerung blieb bei Buck und verfolgte ihn nachts in seinen Träumen.

Η ανάμνηση έμεινε στον Μπακ και στοίχειωνε τα όνειρά του τη νύχτα.

So war es hier: keine Fairness, keine zweite Chance.

Έτσι ήταν εδώ: χωρίς δικαιοσύνη, χωρίς δεύτερη ευκαιρία.

Sobald ein Hund fiel, töteten die anderen ihn gnadenlos.

Μόλις έπεφτε ένα σκυλί, τα άλλα σκότωναν χωρίς έλεος.

Buck beschloss damals, dass er niemals zulassen würde, dass er fällt.

Ο Μπακ αποφάσισε τότε ότι δεν θα επέτρεπε ποτέ στον εαυτό του να πέσει.

Spitz streckte erneut die Zunge heraus und lachte über das Blut.

Ο Σπιτζ έβγαλε ξανά τη γλώσσα του και γέλασε με το αίμα.

Von diesem Moment an hasste Buck Spitz aus vollem Herzen.

Από εκείνη τη στιγμή και μετά, ο Μπακ μισούσε τον Σπιτζ με όλη του την καρδιά.

Bevor Buck sich von Curlys Tod erholen konnte, passierte etwas Neues.

Πριν προλάβει ο Μπακ να συνέλθει από τον θάνατο του Κέρλι, κάτι καινούργιο συνέβη.

François kam herüber und schnallte etwas um Bucks Körper.

Ο Φρανσουά ήρθε και έδεσε κάτι γύρω από το σώμα του Μπακ.

Es war ein Geschirr wie das, das auf der Ranch für Pferde verwendet wurde.

Ήταν μια ιπποσκευή σαν αυτές που χρησιμοποιούνταν στα άλογα στο ράντσο.

Buck hatte gesehen, wie Pferde arbeiteten, und nun musste auch er arbeiten.

Όπως ο Μπακ είχε δει τα άλογα να δουλεύουν, τώρα ήταν αναγκασμένος να δουλεύει κι αυτός.

Er musste François auf einem Schlitten in den nahegelegenen Wald ziehen.

Έπρεπε να τραβήξει τον Φρανσουά με ένα έλκηθρο στο κοντινό δάσος.

Anschließend musste er eine Ladung schweres Brennholz zurückziehen.

Έπειτα έπρεπε να τραβήξει πίσω ένα φορτίο βαριά καυσόξυλα.

Buck war stolz und deshalb tat es ihm weh, wie ein Arbeitstier behandelt zu werden.

Ο Μπακ ήταν περήφανος, οπότε τον πλήγωνε να του φέρονται σαν να είναι ζώο εργασίας.

Aber er war klug und versuchte nicht, gegen die neue Situation anzukämpfen.

Αλλά ήταν σοφός και δεν προσπάθησε να αντιμετωπίσει τη νέα κατάσταση.

Er akzeptierte sein neues Leben und gab bei jeder Aufgabe sein Bestes.

Αποδέχτηκε τη νέα του ζωή και έδωσε τον καλύτερό του εαυτό σε κάθε του έργο.

Alles an der Arbeit war ihm fremd und ungewohnt.

Όλα όσα αφορούσαν τη δουλειά του ήταν παράξενα και άγνωστα.

François war streng und verlangte unverzüglichen Gehorsam.

Ο Φρανσουά ήταν αυστηρός και απαιτούσε υπακοή χωρίς καθυστέρηση.

Seine Peitsche sorgte dafür, dass jeder Befehl sofort befolgt wurde.

Το μαστίγιό του φρόντιζε να ακολουθείται κάθε εντολή ταυτόχρονα.

Dave war der Schlittenführer, der Hund, der dem Schlitten hinter Buck am nächsten war.

Ο Ντέιβ ήταν ο οδηγός του έλκηθρου, ο σκύλος που βρισκόταν πιο κοντά στο έλκηθρο πίσω από τον Μπακ.

Dave biss Buck in die Hinterbeine, wenn er einen Fehler machte.

Ο Ντέιβ δάγκωσε τον Μπακ στα πίσω πόδια αν έκανε λάθος.

Spitz war der Leithund und in dieser Rolle geschickt und erfahren.

Ο Σπιτζ ήταν ο επικεφαλής σκύλος, επιδέξιος και έμπειρος στον ρόλο.

Spitz konnte Buck nicht leicht erreichen, korrigierte ihn aber trotzdem.

Ο Σπιτζ δεν μπορούσε να φτάσει εύκολα στον Μπακ, αλλά παρόλα αυτά τον διόρθωσε.

Er knurrte barsch oder zog den Schlitten auf eine Art, die Buck etwas beibrachte.

Γρύλιζε σκληρά ή τραβούσε το έλκηθρο με τρόπους που δίδαξαν τον Μπακ.

Durch dieses Training lernte Buck schneller, als alle erwartet hatten.

Υπό αυτή την εκπαίδευση, ο Μπακ έμαθε πιο γρήγορα από ό,τι περίμεναν οι πάντες.

Er hat hart gearbeitet und sowohl von François als auch von den anderen Hunden gelernt.

Δούλεψε σκληρά και έμαθε τόσο από τον Φρανσουά όσο και από τα άλλα σκυλιά.

Als sie zurückkamen, kannte Buck die wichtigsten Befehle bereits.

Όταν επέστρεψαν, ο Μπακ γνώριζε ήδη τις βασικές εντολές.

Von François hat er gelernt, beim Laut „ho" anzuhalten.

Έμαθε να σταματάει στο άκουσμα του «χο» από τον Φρανσουά.

Er lernte, wann er den Schlitten ziehen und rennen musste.

Έμαθε πότε έπρεπε να τραβάει το έλκηθρο και να τρέχει.

Er lernte, in den Kurven des Weges ohne Probleme weit abzubiegen.

Έμαθε να στρίβει φαρδιά στις στροφές του μονοπατιού χωρίς πρόβλημα.

Er lernte auch, Dave auszuweichen, wenn der Schlitten schnell bergab fuhr.

Έμαθε επίσης να αποφεύγει τον Ντέιβ όταν το έλκηθρο κατέβαινε γρήγορα προς τα κάτω.

„Das sind sehr gute Hunde", sagte François stolz zu Perrault.

«Είναι πολύ καλά σκυλιά», είπε με υπερηφάνεια ο Φρανσουά στον Περό.

„Dieser Buck zieht wie der Teufel – ich bringe ihm das so schnell bei, wie ich nur kann."

«Αυτός ο Μπακ τα σπάει όλα — τον μαθαίνω γρήγορα.»

Später am Tag kam Perrault mit zwei weiteren Huskys zurück.

Αργότερα την ίδια μέρα, ο Περό επέστρεψε με δύο ακόμη χάσκι.

Ihre Namen waren Billee und Joe und sie waren Brüder.

Τα ονόματά τους ήταν Μπίλι και Τζο και ήταν αδέρφια.

Sie stammten von derselben Mutter, waren sich aber überhaupt nicht ähnlich.

Προέρχονταν από την ίδια μητέρα, αλλά δεν ήταν καθόλου ίδιοι.

Billee war gutmütig und zu allen sehr freundlich.

Η Μπίλι ήταν γλυκιά και πολύ φιλική με όλους.

Joe war das Gegenteil – ruhig, wütend und immer am Knurren.

Ο Τζο ήταν το αντίθετο—ήσυχος, θυμωμένος και πάντα γρυλίζοντας.

Buck begrüßte sie freundlich und blieb beiden gegenüber ruhig.

Ο Μπακ τους χαιρέτησε φιλικά και ήταν ήρεμος και με τους δύο.

Dave schenkte ihnen keine Beachtung und blieb wie üblich still.

Ο Ντέιβ δεν τους έδωσε σημασία και παρέμεινε σιωπηλός όπως συνήθως.

Um seine Dominanz zu demonstrieren, griff Spitz zuerst Billee und dann Joe an.

Ο Σπιτζ επιτέθηκε πρώτα στον Μπίλι και μετά στον Τζο, για να δείξει την κυριαρχία του.

Billee wedelte mit dem Schwanz und versuchte, freundlich zu Spitz zu sein.

Ο Μπίλι κούνησε την ουρά του και προσπάθησε να φερθεί φιλικά στον Σπιτζ.

Als das nicht funktionierte, versuchte er stattdessen wegzulaufen.

Όταν αυτό δεν τα κατάφερε, προσπάθησε να φύγει τρέχοντας.

Er weinte traurig, als Spitz ihn fest in die Seite biss.

Έκλαψε λυπημένος όταν ο Σπιτζ τον δάγκωσε δυνατά στο πλάι.

Aber Joe war ganz anders und ließ sich nicht einschüchtern.

Αλλά ο Τζο ήταν πολύ διαφορετικός και αρνήθηκε να δεχτεί εκφοβισμό.

Jedes Mal, wenn Spitz näher kam, drehte sich Joe schnell um, um ihm in die Augen zu sehen.

Κάθε φορά που ο Σπιτζ πλησίαζε, ο Τζο γύριζε γρήγορα για να τον αντιμετωπίσει.

Sein Fell sträubte sich, seine Lippen kräuselten sich und seine Zähne schnappten wild.

Η γούνα του τραχύνθηκε, τα χείλη του κυρτώθηκαν και τα δόντια του έσπασαν άγρια.

Joes Augen glänzten vor Angst und Wut und forderten Spitz heraus, zuzuschlagen.

Τα μάτια του Τζο έλαμπαν από φόβο και οργή, προκαλώντας τον Σπιτζ να χτυπήσει.

Spitz gab den Kampf auf und wandte sich gedemütigt und wütend ab.

Ο Σπιτζ εγκατέλειψε τη μάχη και γύρισε την πλάτη, ταπεινωμένος και θυμωμένος.

Er ließ seine Frustration an dem armen Billee aus und jagte ihn davon.

Ξέσπασε την απογοήτευσή του στον καημένο τον Μπίλι και τον έδιωξε.

An diesem Abend fügte Perrault dem Team einen weiteren Hund hinzu.

Εκείνο το βράδυ, ο Perrault πρόσθεσε ένα ακόμη σκυλί στην ομάδα.

Dieser Hund war alt, mager und mit Kampfnarben übersät.

Αυτό το σκυλί ήταν γέρο, αδύνατο και γεμάτο ουλές μάχης.

Eines seiner Augen fehlte, doch das andere blitzte kraftvoll auf.

Το ένα του μάτι έλειπε, αλλά το άλλο έλαμπε από δύναμη.

Der neue Hund hieß Solleks, was „der Wütende" bedeutet.

Το όνομα του νέου σκύλου ήταν Σόλεκς, που σήμαινε ο Θυμωμένος.

Wie Dave verlangte Solleks nichts von anderen und gab nichts zurück.

Όπως ο Ντέιβ, ο Σόλεκς δεν ζήτησε τίποτα από τους άλλους και δεν έδωσε τίποτα πίσω.

Als Solleks langsam ins Lager ging, blieb sogar Spitz fern.

Όταν ο Σόλεκς περπατούσε αργά μέσα στο στρατόπεδο, ακόμη και ο Σπιτς έμεινε μακριά.

Er hatte eine seltsame Angewohnheit, die Buck unglücklicherweise entdeckte.

Είχε μια παράξενη συνήθεια που ο Μπακ άτυχος ανακάλυψε.

Solleks hasste es, von der Seite angesprochen zu werden, auf der er blind war.

Ο Σόλεκς μισούσε να τον πλησιάζουν από την πλευρά που ήταν τυφλός.

Buck wusste das nicht und machte diesen Fehler versehentlich.

Ο Μπακ δεν το γνώριζε αυτό και έκανε αυτό το λάθος κατά λάθος.

Solleks wirbelte herum und versetzte Buck einen schnellen, tiefen Schlag auf die Schulter.

Ο Σόλεκς γύρισε και χτύπησε τον Μπακ στον ώμο βαθιά και γρήγορα.

Von diesem Moment an kam Buck nie wieder in die Nähe von Solleks' blinder Seite.

Από εκείνη τη στιγμή και μετά, ο Μπακ δεν πλησίασε ποτέ την τυφλή πλευρά του Σόλεκς.

Für den Rest ihrer gemeinsamen Zeit gab es nie wieder Probleme.

Δεν είχαν ποτέ ξανά πρόβλημα για το υπόλοιπο του χρόνου που ήταν μαζί.

Solleks wollte nur in Ruhe gelassen werden, wie der ruhige Dave.

Ο Σόλεκς ήθελε μόνο να τον αφήσουν μόνο του, σαν τον ήσυχο Ντέιβ.

Doch Buck erfuhr später, dass jeder von ihnen ein anderes geheimes Ziel hatte.

Αλλά ο Μπακ αργότερα θα μάθαινε ότι ο καθένας τους είχε έναν άλλο μυστικό στόχο.

In dieser Nacht stand Buck vor einer neuen und beunruhigenden Herausforderung: Wie sollte er schlafen?

Εκείνο το βράδυ ο Μπακ αντιμετώπισε μια νέα και ανησυχητική πρόκληση - πώς να κοιμηθεί.

Das Zelt leuchtete warm im Kerzenlicht auf dem schneebedeckten Feld.

Η σκηνή έλαμπε θερμά από το φως των κεριών στο χιονισμένο χωράφι.

Buck ging hinein und dachte, er könnte sich dort wie zuvor ausruhen.

Ο Μπακ μπήκε μέσα, νομίζοντας ότι θα μπορούσε να ξεκουραστεί εκεί όπως πριν.

Aber Perrault und François schrien ihn an und warfen Pfannen.

Αλλά ο Περώ και ο Φρανσουά του φώναξαν και του πέταξαν τηγάνια.

Schockiert und verwirrt rannte Buck in die eisige Kälte hinaus.

Σοκαρισμένος και μπερδεμένος, ο Μπακ έτρεξε έξω στο παγωμένο κρύο.

Ein bitterkalter Wind stach ihm in die verletzte Schulter und ließ seine Pfoten erfrieren.

Ένας πικρός άνεμος τσίμπησε τον πληγωμένο ώμο του και πάγωσε τα πόδια του.

Er legte sich in den Schnee und versuchte, im Freien zu schlafen.

Ξάπλωσε στο χιόνι και προσπάθησε να κοιμηθεί έξω στο ύπαιθρο.

Doch die Kälte zwang ihn bald, heftig zitternd wieder aufzustehen.

Αλλά το κρύο σύντομα τον ανάγκασε να ξανασηκωθεί, τρέμοντας άσχημα.

Er wanderte durch das Lager und versuchte, ein wärmeres Plätzchen zu finden.

Περιπλανήθηκε μέσα στο στρατόπεδο, προσπαθώντας να βρει ένα πιο ζεστό μέρος.

Aber jede Ecke war genauso kalt wie die vorherige.

Αλλά κάθε γωνιά ήταν εξίσου κρύα με την προηγούμενη.

Manchmal sprangen ihn wilde Hunde aus der Dunkelheit an.

Μερικές φορές άγρια σκυλιά πηδούσαν καταπάνω του από το σκοτάδι.

Buck sträubte sein Fell, fletschte die Zähne und knurrte warnend.

Ο Μπακ τράβηξε τις τρίχες του, έδειξε τα δόντια του και γρύλισε προειδοποιητικά.

Er lernte schnell und die anderen Hunde zogen sich schnell zurück.

Μάθαινε γρήγορα και τα άλλα σκυλιά υποχώρησαν γρήγορα.

Trotzdem hatte er keinen Platz zum Schlafen und keine Ahnung, was er tun sollte.

Παρόλα αυτά, δεν είχε πού να κοιμηθεί και δεν είχε ιδέα τι να κάνει.

Endlich kam ihm ein Gedanke: Er sollte nach seinen Teamkollegen sehen.

Επιτέλους, του ήρθε μια σκέψη — να ελέγξει τους συμπαίκτες του.

Er kehrte in ihre Gegend zurück und war überrascht, dass sie verschwunden waren.

Επέστρεψε στην περιοχή τους και εξεπλάγη που τους διαπίστωσε ότι είχαν εξαφανιστεί.

Erneut durchsuchte er das Lager, konnte sie jedoch immer noch nicht finden.

Έψαξε ξανά το στρατόπεδο, αλλά δεν μπόρεσε να τους βρει.

Er wusste, dass sie nicht im Zelt sein durften, sonst wäre er auch dort gewesen.

Ήξερε ότι δεν μπορούσαν να είναι στη σκηνή, αλλιώς θα ήταν κι αυτός.

Wo also waren all die Hunde in diesem eisigen Lager geblieben?

Πού είχαν πάει, λοιπόν, όλα τα σκυλιά σε αυτόν τον παγωμένο καταυλισμό;

Buck, kalt und elend, umrundete langsam das Zelt.

Ο Μπακ, κρύος και άθλιος, έκανε αργά κύκλους γύρω από τη σκηνή.

Plötzlich sanken seine Vorderbeine in den weichen Schnee und er erschrak.

Ξαφνικά, τα μπροστινά του πόδια βυθίστηκαν στο μαλακό χιόνι και τον τρόμαξαν.

Etwas zappelte unter seinen Füßen und er sprang ängstlich zurück.

Κάτι στριφογύρισε κάτω από τα πόδια του και πήδηξε πίσω φοβισμένος.

Er knurrte und fauchte, ohne zu wissen, was sich unter dem Schnee verbarg.

Γρύλισε και γρύλισε, μη ξέροντας τι βρισκόταν κάτω από το χιόνι.

Dann hörte er ein freundliches kleines Bellen, das seine Angst linderte.

Τότε άκουσε ένα φιλικό μικρό γάβγισμα που απαλύνει τον φόβο του.

Er schnüffelte in der Luft und kam näher, um zu sehen, was verborgen war.

Μύρισε τον αέρα και πλησίασε για να δει τι ήταν κρυμμένο.

Unter dem Schnee lag, zu einer warmen Kugel zusammengerollt, der kleine Billee.

Κάτω από το χιόνι, κουλουριασμένη σαν μια ζεστή μπάλα, ήταν η μικρή Μπίλι.

Billee wedelte mit dem Schwanz und leckte Bucks Gesicht zur Begrüßung.

Ο Μπίλι κούνησε την ουρά του και έγλειψε το πρόσωπο του Μπακ για να τον χαιρετήσει.

Buck sah, wie Billee im Schnee einen Schlafplatz gebaut hatte.
Ο Μπακ είδε πώς η Μπίλι είχε φτιάξει ένα μέρος για ύπνο στο χιόνι.
Er hatte sich eingegraben und nutzte seine eigene Wärme, um sich warm zu halten.
Είχε σκάψει κάτω και χρησιμοποιούσε τη δική του θέρμανση για να ζεσταθεί.
Buck hatte eine weitere Lektion gelernt – so schliefen die Hunde.
Ο Μπακ είχε πάρει άλλο ένα μάθημα—έτσι κοιμόντουσαν τα σκυλιά.
Er suchte sich eine Stelle aus und begann, sein eigenes Loch in den Schnee zu graben.
Διάλεξε ένα σημείο και άρχισε να σκάβει τη δική του τρύπα στο χιόνι.
Anfangs bewegte er sich zu viel und verschwendete Energie.
Στην αρχή, κινούνταν πολύ και σπαταλούσε ενέργεια.
Doch bald erwärmte sein Körper den Raum und er fühlte sich sicher.
Αλλά σύντομα το σώμα του ζέστανε τον χώρο και ένιωσε ασφαλής.
Er rollte sich fest zusammen und schlief bald fest.
Κουλουριάστηκε σφιχτά και σε λίγο κοιμήθηκε βαθιά.
Der Tag war lang und hart gewesen und Buck war erschöpft.
Η μέρα ήταν μεγάλη και δύσκολη, και ο Μπακ ήταν εξαντλημένος.
Er schlief tief und fest, obwohl seine Träume wild waren.
Κοιμόταν βαθιά και άνετα, αν και τα όνειρά του ήταν τρελά.
Er knurrte und bellte im Schlaf und wand sich im Traum.
Γρύλιζε και γάβγιζε στον ύπνο του, στριφογυρίζοντας καθώς ονειρευόταν.

Buck wachte erst auf, als im Lager bereits Leben erwachte.
Ο Μπακ δεν ξύπνησε μέχρι που η κατασκήνωση άρχισε ήδη να ζωντανεύει.

Zuerst wusste er nicht, wo er war oder was passiert war.
Στην αρχή δεν ήξερε πού βρισκόταν ή τι είχε συμβεί.
Über Nacht war Schnee gefallen und hatte seinen Körper vollständig begraben.
Το χιόνι είχε πέσει όλη τη νύχτα και είχε θάψει εντελώς το σώμα του.
Der Schnee umgab ihn von allen Seiten dicht.
Το χιόνι σφίχτηκε γύρω του, σφιχτό από όλες τις πλευρές.
Plötzlich durchfuhr eine Welle der Angst Bucks ganzen Körper.
Ξαφνικά, ένα κύμα φόβου διαπέρασε ολόκληρο το σώμα του Μπακ.
Es war die Angst, gefangen zu sein, eine Angst aus tiefen Instinkten.
Ήταν ο φόβος της παγίδευσης, ένας φόβος που πηγάζει από βαθιά ένστικτα.
Obwohl er noch nie eine Falle gesehen hatte, lebte die Angst in ihm.
Αν και δεν είχε ξαναδεί παγίδα, ο φόβος ζούσε μέσα του.
Er war ein zahmer Hund, aber jetzt erwachten seine alten wilden Instinkte.
Ήταν ένα ήμερο σκυλί, αλλά τώρα τα παλιά, άγρια ένστικτά του ξυπνούσαν.
Bucks Muskeln spannten sich an und sein Fell stellte sich auf seinem ganzen Rücken auf.
Οι μύες του Μπακ τεντώθηκαν και η γούνα του σηκώθηκε όρθια σε όλη την πλάτη του.
Er knurrte wild und sprang senkrecht durch den Schnee nach oben.
Γρύλισε άγρια και πήδηξε κατευθείαν πάνω μέσα στο χιόνι.
Als er ins Tageslicht trat, flog Schnee in alle Richtungen.
Το χιόνι πετούσε προς κάθε κατεύθυνση καθώς αυτός όρμησε στο φως της ημέρας.
Schon vor der Landung sah Buck das Lager vor sich ausgebreitet.

Ακόμα και πριν από την προσγείωση, ο Μπακ είδε το στρατόπεδο να απλώνεται μπροστά του.

Er erinnerte sich auf einmal an alles vom Vortag.

Θυμήθηκε τα πάντα από την προηγούμενη μέρα, μονομιάς.

Er erinnerte sich daran, wie er mit Manuel spazieren gegangen war und an diesem Ort gelandet war.

Θυμόταν ότι έκανε μια βόλτα με τον Μανουέλ και κατέληξε σε αυτό το μέρος.

Er erinnerte sich daran, wie er das Loch gegraben hatte und in der Kälte eingeschlafen war.

Θυμόταν ότι έσκαψε την τρύπα και ότι αποκοιμήθηκε στο κρύο.

Jetzt war er wach und die wilde Welt um ihn herum war klar.

Τώρα ήταν ξύπνιος και ο άγριος κόσμος γύρω του ήταν καθαρός.

Ein Ruf von François begrüßte Bucks plötzliches Auftauchen.

Μια κραυγή από τον Φρανσουά χαιρέτισε την ξαφνική εμφάνιση του Μπακ.

„Was habe ich gesagt?", rief der Hundeführer Perrault laut zu.

«Τι είπα;» φώναξε δυνατά ο οδηγός του σκύλου στον Περώ.

„Dieser Buck lernt wirklich sehr schnell", fügte François hinzu.

«Αυτός ο Μπακ σίγουρα μαθαίνει πολύ γρήγορα», πρόσθεσε ο Φρανσουά.

Perrault nickte ernst und war offensichtlich mit dem Ergebnis zufrieden.

Ο Περώ ένευψε σοβαρά, φανερά ευχαριστημένος με το αποτέλεσμα.

Als Kurier für die kanadische Regierung beförderte er Depeschen.

Ως αγγελιαφόρος για την καναδική κυβέρνηση, μετέφερε αποστολές.

Er war bestrebt, die besten Hunde für seine wichtige Mission zu finden.

Ήταν πρόθυμος να βρει τα καλύτερα σκυλιά για τη σημαντική αποστολή του.

Er war besonders erfreut, dass Buck nun Teil des Teams war.

Ένιωθε ιδιαίτερα ευχαριστημένος τώρα που ο Μπακ ήταν μέλος της ομάδας.

Innerhalb einer Stunde kamen drei weitere Huskies zum Team hinzu.

Τρία ακόμη χάσκι προστέθηκαν στην ομάδα μέσα σε μία ώρα.

Damit betrug die Gesamtzahl der Hunde im Team neun.

Αυτό ανέβασε τον συνολικό αριθμό σκύλων στην ομάδα σε εννέα.

Innerhalb von fünfzehn Minuten lagen alle Hunde im Geschirr.

Μέσα σε δεκαπέντε λεπτά όλα τα σκυλιά ήταν στις ιμάντες τους.

Das Schlittenteam schwang sich den Weg hinauf in Richtung Dyea Cañon.

Η ομάδα του έλκηθρου ανηφόριζε το μονοπάτι προς την Ντιέα Κάνιον.

Buck war froh, gehen zu können, auch wenn die Arbeit, die vor ihm lag, hart war.

Ο Μπακ ένιωθε χαρούμενος που έφευγε, ακόμα κι αν η δουλειά που είχε μπροστά του ήταν δύσκολη.

Er stellte fest, dass er weder die Arbeit noch die Kälte besonders verabscheute.

Διαπίστωσε ότι δεν απεχθανόταν ιδιαίτερα την εργασία ή το κρύο.

Er war überrascht von der Begeisterung, die das gesamte Team erfüllte.

Έμεινε έκπληκτος από την προθυμία που κατέκλυσε όλη την ομάδα.

Noch überraschender war die Veränderung, die bei Dave und Solleks vor sich ging.

Ακόμα πιο εκπληκτική ήταν η αλλαγή που είχε συμβεί στον Ντέιβ και τον Σόλεκς.

Diese beiden Hunde waren völlig unterschiedlich, als sie ein Geschirr trugen.

Αυτά τα δύο σκυλιά ήταν εντελώς διαφορετικά όταν ήταν ζευγαρωμένα.

Ihre Passivität und Sorglosigkeit waren völlig verschwunden.

Η παθητικότητα και η έλλειψη ενδιαφέροντος τους είχαν εξαφανιστεί εντελώς.

Sie waren aufmerksam und aktiv und bestrebt, ihre Arbeit gut zu machen.

Ήταν σε εγρήγορση και δραστήριοι, και πρόθυμοι να κάνουν καλά τη δουλειά τους.

Sie reagierten äußerst verärgert über alles, was zu Verzögerungen oder Verwirrung führte.

Ενοχλούνταν έντονα με οτιδήποτε προκαλούσε καθυστέρηση ή σύγχυση.

Die harte Arbeit an den Zügeln stand im Mittelpunkt ihres gesamten Wesens.

Η σκληρή δουλειά στα ηνία ήταν το κέντρο ολόκληρης της ύπαρξής τους.

Das Schlittenziehen schien das Einzige zu sein, was ihnen wirklich Spaß machte.

Το τράβηγμα έλκηθρου φαινόταν να είναι το μόνο πράγμα που απολάμβαναν πραγματικά.

Dave war am Ende der Gruppe und dem Schlitten am nächsten.

Ο Ντέιβ ήταν στο πίσω μέρος της ομάδας, πιο κοντά στο έλκηθρο.

Buck landete vor Dave und Solleks zog an Buck vorbei.

Ο Μπακ τοποθετήθηκε μπροστά από τον Ντέιβ και ο Σόλεκς τον προηγήθηκε.

Die übrigen Hunde liefen in einer Reihe vorn.

Τα υπόλοιπα σκυλιά ήταν στριμωγμένα μπροστά σε μια σειρά.

Die Führungsposition an der Spitze besetzte Spitz.

Η επικεφαλής θέση στο μπροστινό μέρος καλύφθηκε από τον Spitz.

Buck war zur Einweisung zwischen Dave und Solleks platziert worden.

Ο Μπακ είχε τοποθετηθεί ανάμεσα στον Ντέιβ και τον Σόλεκς για εκπαίδευση.

Er lernte schnell und sie waren strenge und fähige Lehrer.

Αυτός μάθαινε γρήγορα, και αυτοί ήταν σταθεροί και ικανοί δάσκαλοι.

Sie ließen nie zu, dass Buck lange im Irrtum blieb.

Δεν επέτρεψαν ποτέ στον Μπακ να παραμείνει σε λάθος για πολύ.

Sie erteilten ihre Lektionen, wenn nötig, mit scharfen Zähnen.

Δίδαξαν τα μαθήματά τους με κοφτερά δόντια όταν χρειάστηκε.

Dave war fair und zeigte eine ruhige, ernste Art von Weisheit.

Ο Ντέιβ ήταν δίκαιος και έδειξε ένα ήρεμο, σοβαρό είδος σοφίας.

Er hat Buck nie ohne guten Grund gebissen.

Ποτέ δεν δάγκωσε τον Μπακ χωρίς σοβαρό λόγο.

Aber er hat es nie versäumt, zuzubeißen, wenn Buck eine Korrektur brauchte.

Αλλά ποτέ δεν παρέλειπε να δαγκώνει όταν ο Μπακ χρειαζόταν διόρθωση.

François' Peitsche war immer bereit und untermauerte ihre Autorität.

Το μαστίγιο του Φρανσουά ήταν πάντα έτοιμο και υποστήριζε την εξουσία τους.

Buck merkte bald, dass es besser war zu gehorchen, als sich zu wehren.

Ο Μπακ σύντομα κατάλαβε ότι ήταν καλύτερο να υπακούσει παρά να αντεπιτεθεί.

Einmal verhedderte sich Buck während einer kurzen Pause in den Zügeln.

Κάποτε, κατά τη διάρκεια μιας σύντομης ανάπαυσης, ο Μπακ μπλέχτηκε στα ηνία.

Er verzögerte den Start und brachte die Bewegungen des Teams durcheinander.

Καθυστέρησε την έναρξη και μπέρδεψε την κίνηση της ομάδας.

Dave und Solleks stürzten sich auf ihn und verprügelten ihn brutal.

Ο Ντέιβ και ο Σόλεκς όρμησαν πάνω του και τον ξυλοκόπησαν άγρια.

Das Gewirr wurde nur noch schlimmer, aber Buck lernte seine Lektion.

Το μπέρδεμα μόνο χειροτέρευε, αλλά ο Μπακ έμαθε καλά το μάθημά του.

Von da an hielt er die Zügel straff und arbeitete vorsichtig.

Από τότε και στο εξής, κρατούσε τα ηνία τεντωμένα και εργαζόταν προσεκτικά.

Bevor der Tag zu Ende war, hatte Buck einen Großteil seiner Aufgabe gemeistert.

Πριν τελειώσει η μέρα, ο Μπακ είχε τελειοποιήσει μεγάλο μέρος της εργασίας του.

Seine Teamkollegen hörten fast auf, ihn zu korrigieren oder zu beißen.

Οι συμπαίκτες του σχεδόν σταμάτησαν να τον διορθώνουν ή να τον δαγκώνουν.

François' Peitsche knallte immer seltener durch die Luft.

Το μαστίγιο του Φρανσουά χτυπούσε στον αέρα όλο και πιο σπάνια.

Perrault hob sogar Bucks Füße an und untersuchte sorgfältig jede Pfote.

Ο Περό σήκωσε ακόμη και τα πόδια του Μπακ και εξέτασε προσεκτικά κάθε πόδι.

Es war ein harter Tageslauf gewesen, lang und anstrengend für alle.

Ήταν μια δύσκολη μέρα τρεξίματος, μεγάλη και εξαντλητική για όλους τους.

Sie reisten den Cañon hinauf, durch Sheep Camp und an den Scales vorbei.

Ταξίδεψαν πάνω στον ποταμό Κανιόν, μέσα από το Sheep Camp και πέρασαν τις Σκέιλς.

Sie überquerten die Baumgrenze, dann Gletscher und meterhohe Schneeverwehungen.

Διέσχισαν τα όρια της δασικής έκτασης, και μετά πέρασαν παγετώνες και χιονοστιβάδες βάθους πολλών μέτρων.

Sie erklommen die große, kalte und unwirtliche Chilkoot-Wasserscheide.

Σκαρφάλωσαν το μεγάλο κρύο και απαγορευτικό χάσμα Τσίλκουτ.

Dieser hohe Bergrücken lag zwischen Salzwasser und dem gefrorenen Landesinneren.

Αυτή η ψηλή κορυφογραμμή βρισκόταν ανάμεσα στο αλμυρό νερό και το παγωμένο εσωτερικό.

Die Berge bewachten den traurigen und einsamen Norden mit Eis und steilen Anstiegen.

Τα βουνά φρουρούσαν τον θλιβερό και μοναχικό Βορρά με πάγο και απότομες ανηφόρες.

Sie kamen gut voran und erreichten eine lange Kette von Seen unterhalb der Wasserscheide.

Πέρασαν καλά σε μια μακριά αλυσίδα από λίμνες κάτω από το χώρισμα.

Diese Seen füllten die alten Krater erloschener Vulkane.

Αυτές οι λίμνες γέμιζαν τους αρχαίους κρατήρες των σβησμένων ηφαιστείων.

Spät in der Nacht erreichten sie ein großes Lager am Lake Bennett.

Αργά το ίδιο βράδυ, έφτασαν σε ένα μεγάλο στρατόπεδο στη λίμνη Μπένετ.

Tausende Goldsucher waren dort und bauten Boote für den Frühling.

Χιλιάδες χρυσοθήρες ήταν εκεί, κατασκευάζοντας βάρκες για την άνοιξη.

Das Eis würde bald aufbrechen und sie mussten bereit sein.

Ο πάγος επρόκειτο να σπάσει σύντομα και έπρεπε να είναι έτοιμοι.

Buck grub sein Loch in den Schnee und fiel in einen tiefen Schlaf.

Ο Μπακ έσκαψε την τρύπα του στο χιόνι και έπεσε σε βαθύ ύπνο.

Er schlief wie ein Arbeiter, erschöpft von einem harten Arbeitstag.

Κοιμόταν σαν εργάτης, εξαντλημένος από τη σκληρή μέρα της δουλειάς.

Doch zu früh wurde er in der Dunkelheit aus dem Schlaf gerissen.

Αλλά πολύ νωρίς στο σκοτάδι, τον ξύπνησαν.

Er wurde wieder mit seinen Kumpels angeschirrt und vor den Schlitten gespannt.

Δέθηκε ξανά με τους φίλους του και προσκολλήθηκε στο έλκηθρο.

An diesem Tag legten sie sechzig Kilometer zurück, weil der Schnee festgetreten war.

Εκείνη την ημέρα έκαναν σαράντα μίλια, επειδή το χιόνι ήταν καλά πατημένο.

Am nächsten Tag und noch viele Tage danach war der Schnee weich.

Την επόμενη μέρα, και για πολλές μέρες μετά, το χιόνι ήταν μαλακό.

Sie mussten den Weg selbst bahnen, härter arbeiten und langsamer vorankommen.

Έπρεπε να φτιάξουν το μονοπάτι μόνοι τους, δουλεύοντας σκληρότερα και κινούμενοι πιο αργά.

Normalerweise ging Perrault mit Schwimmhäuten an den Schneeschuhen vor dem Team her.

Συνήθως, ο Περό περπατούσε μπροστά από την ομάδα φορώντας χιονοπέδιλα με μεμβράνη.

Seine Schritte verdichteten den Schnee und erleichterten so die Fortbewegung des Schlittens.

Τα βήματά του γέμιζαν το χιόνι, διευκολύνοντας την κίνηση του έλκηθρου.

François, der vom Steuerstand aus steuerte, übernahm manchmal die Kontrolle.

Ο Φρανσουά, ο οποίος καθοδηγούσε από την αρχή, μερικές φορές αναλάμβανε τα ηνία.

Aber es kam selten vor, dass François die Führung übernahm

Αλλά ήταν σπάνιο ο Φρανσουά να πάρει το προβάδισμα

weil Perrault es eilig hatte, die Briefe und Pakete auszuliefern.

επειδή ο Περώ βιαζόταν να παραδώσει τα γράμματα και τα δέματα.

Perrault war stolz auf sein Wissen über Schnee und insbesondere Eis.

Ο Περώ ήταν περήφανος για τις γνώσεις του για το χιόνι, και ιδιαίτερα για τον πάγο.

Dieses Wissen war von entscheidender Bedeutung, da das Eis im Herbst gefährlich dünn war.

Αυτή η γνώση ήταν απαραίτητη, επειδή ο πάγος του φθινοπώρου ήταν επικίνδυνα λεπτός.

Wo das Wasser unter der Oberfläche schnell floss, gab es überhaupt kein Eis.

Όπου το νερό έρεε γρήγορα κάτω από την επιφάνεια, δεν υπήρχε καθόλου πάγος.

Tag für Tag wiederholte sich endlos die gleiche Routine.

Μέρα με τη μέρα, η ίδια ρουτίνα επαναλαμβανόταν ασταμάτητα.

Buck arbeitete unermüdlich von morgens bis abends in den Zügeln.

Ο Μπακ μοχθούσε ασταμάτητα στα ηνία από την αυγή μέχρι το βράδυ.

Sie verließen das Lager im Dunkeln, lange bevor die Sonne aufgegangen war.

Έφυγαν από το στρατόπεδο στο σκοτάδι, πολύ πριν ανατείλει ο ήλιος.

Als es Tag wurde, hatten sie bereits viele Kilometer zurückgelegt.

Όταν ξημέρωσε, πολλά μίλια είχαν ήδη περάσει πίσω τους.

Sie schlugen ihr Lager nach Einbruch der Dunkelheit auf, aßen Fisch und gruben sich in den Schnee ein.

Έστησαν το στρατόπεδό τους αφού νύχτωσε, τρώγοντας ψάρια και σκάβοντας στο χιόνι.

Buck war immer hungrig und mit seiner Ration nie wirklich zufrieden.

Ο Μπακ πεινούσε πάντα και ποτέ δεν ήταν πραγματικά ικανοποιημένος με τη μερίδα του.

Er erhielt jeden Tag anderthalb Pfund getrockneten Lachs.

Έπαιρνε ενάμιση κιλό αποξηραμένο σολομό κάθε μέρα.

Doch das Essen schien in ihm zu verschwinden und ließ den Hunger zurück.

Αλλά το φαγητό φαινόταν να εξαφανίζεται μέσα του, αφήνοντας πίσω του την πείνα.

Er litt unter ständigem Hunger und träumte von mehr Essen.

Υπέφερε από συνεχείς κρίσεις πείνας και ονειρευόταν περισσότερο φαγητό.

Die anderen Hunde haben nur ein Pfund abgenommen, sind aber stark geblieben.

Τα άλλα σκυλιά πήραν μόνο μια λίβρα τροφής, αλλά παρέμειναν δυνατά.

Sie waren kleiner und in das Leben im Norden hineingeboren.

Ήταν μικρότερα και είχαν γεννηθεί στη βόρεια ζωή.

Er verlor rasch die Sorgfalt, die sein früheres Leben geprägt hatte.

Γρήγορα έχασε την σχολαστικότητα που είχε σημαδέψει την παλιά του ζωή.

Er war ein gieriger Esser gewesen, aber jetzt war das nicht mehr möglich.

Ήταν λιτός στο φαγητό, αλλά τώρα αυτό δεν ήταν πλέον δυνατό.

Seine Kameraden waren zuerst fertig und raubten ihm seine noch nicht aufgegessene Ration.

Οι φίλοι του τερμάτισαν πρώτοι και του έκλεψαν την ημιτελή μερίδα του.

Als sie einmal damit anfingen, gab es keine Möglichkeit mehr, sein Essen vor ihnen zu verteidigen.

Από τη στιγμή που άρχισαν, δεν υπήρχε τρόπος να υπερασπιστεί το φαγητό του από αυτούς.

Während er zwei oder drei Hunde abwehrte, stahlen die anderen den Rest.

Ενώ αυτός πολεμούσε με δύο ή τρία σκυλιά, τα άλλα έκλεψαν τα υπόλοιπα.

Um dies zu beheben, begann er, so schnell zu essen wie die anderen.

Για να το διορθώσει αυτό, άρχισε να τρώει τόσο γρήγορα όσο έτρωγαν και οι άλλοι.

Der Hunger trieb ihn so sehr an, dass er sogar Essen zu sich nahm, das ihm nicht gehörte.

Η πείνα τον πίεζε τόσο πολύ που έτρωγε ακόμη και φαγητό που δεν ήταν δικό του.

Er beobachtete die anderen und lernte schnell aus ihren Handlungen.

Παρακολουθούσε τους άλλους και μάθαινε γρήγορα από τις πράξεις τους.

Er sah, wie Pike, ein neuer Hund, Perrault eine Scheibe Speck stahl.

Είδε τον Πάικ, ένα καινούργιο σκυλί, να κλέβει μια φέτα μπέικον από τον Περό.

Pike hatte gewartet, bis Perrault sich umdrehte, um den Speck zu stehlen.

Ο Πάικ περίμενε μέχρι να γυρίσει την πλάτη του Περώ για να κλέψει το μπέικον.

Am nächsten Tag machte Buck es Pike nach und stahl das ganze Stück.

Την επόμενη μέρα, ο Μπακ αντέγραψε τον Πάικ και έκλεψε ολόκληρο το κομμάτι.

Es folgte ein großer Aufruhr, doch Buck wurde nicht verdächtigt.

Ακολούθησε μεγάλη αναταραχή, αλλά ο Μπακ δεν ήταν ύποπτος.

Stattdessen wurde Dub bestraft, ein tollpatschiger Hund, der immer erwischt wurde.

Ο Νταμπ, ένα αδέξιο σκυλί που πάντα πιανόταν, τιμωρήθηκε αντ' αυτού.

Dieser erste Diebstahl machte Buck zu einem Hund, der in der Lage war, im Norden zu überleben.

Αυτή η πρώτη κλοπή χαρακτήρισε τον Μπακ ως σκύλο ικανό να επιβιώσει στον Βορρά.

Er zeigte, dass er sich an neue Bedingungen anpassen und schnell lernen konnte.

Έδειξε ότι μπορεί να προσαρμοστεί σε νέες συνθήκες και να μάθει γρήγορα.

Ohne diese Anpassungsfähigkeit wäre er schnell und auf schlimme Weise gestorben.

Χωρίς τέτοια προσαρμοστικότητα, θα είχε πεθάνει γρήγορα και άσχημα.

Es markierte auch den Zusammenbruch seiner moralischen Natur und seiner früheren Werte.

Σηματοδότησε επίσης την κατάρρευση της ηθικής του φύσης και των προηγούμενων αξιών του.

Im Südland hatte er nach dem Gesetz der Liebe und Güte gelebt.

Στη Νότια Χώρα, είχε ζήσει σύμφωνα με τον νόμο της αγάπης και της καλοσύνης.

Dort war es sinnvoll, Eigentum und die Gefühle anderer Hunde zu respektieren.

Εκεί ήταν λογικό να σέβονται την ιδιοκτησία και τα συναισθήματα των άλλων σκύλων.

Aber das Nordland befolgte das Gesetz der Keule und das Gesetz der Reißzähne.

Αλλά η Βόρεια Χώρα ακολουθούσε τον νόμο του κλαμπ και τον νόμο του κυνόδοντα.

Wer hier alte Werte respektierte, war dumm und würde scheitern.

Όποιος σεβόταν τις παλιές αξίες εδώ ήταν ανόητος και θα αποτύγχανε.

Buck hat das alles nicht durchdacht.

Ο Μπακ δεν τα σκέφτηκε όλα αυτά.

Er war fit und passte sich daher an, ohne darüber nachdenken zu müssen.

Ήταν σε φόρμα, κι έτσι προσαρμόστηκε χωρίς να χρειάζεται να σκεφτεί.

Sein ganzes Leben lang war er noch nie vor einem Kampf davongelaufen.

Σε όλη του τη ζωή, ποτέ δεν είχε δραπετεύσει από μια μάχη.

Doch die Holzkeule des Mannes im roten Pullover änderte diese Regel.

Αλλά το ξύλινο ρόπαλο του άντρα με το κόκκινο πουλόβερ άλλαξε αυτόν τον κανόνα.

Jetzt folgte er einem tieferen, älteren Code, der in sein Wesen eingeschrieben war.

Τώρα ακολουθούσε έναν βαθύτερο, παλαιότερο κώδικα γραμμένο στην ύπαρξή του.

Er stahl nicht aus Vergnügen, sondern aus Hunger.

Δεν έκλεβε από ευχαρίστηση, αλλά από τον πόνο της πείνας.

Er raubte nie offen, sondern stahl mit List und Sorgfalt.

Ποτέ δεν έκλεβε ανοιχτά, αλλά έκλεβε με πονηριά και προσοχή.

Er handelte aus Respekt vor der Holzkeule und aus Angst vor dem Fangzahn.

Ενήργησε από σεβασμό για το ξύλινο ρόπαλο και φόβο για το δόντι.

Kurz gesagt, er hat das getan, was einfacher und sicherer war, als es nicht zu tun.

Με λίγα λόγια, έκανε αυτό που ήταν ευκολότερο και ασφαλέστερο από το να μην το κάνει.

Seine Entwicklung – oder vielleicht seine Rückkehr zu alten Instinkten – verlief schnell.

Η ανάπτυξή του —ή ίσως η επιστροφή του στα παλιά ένστικτα— ήταν γρήγορη.

Seine Muskeln verhärteten sich, bis sie sich stark wie Eisen anfühlten.

Οι μύες του σκλήρυναν μέχρι που τους ένιωθες τόσο δυνατούς όσο σίδερο.

Schmerzen machten ihm nichts mehr aus, es sei denn, sie waren ernst.

Δεν τον ένοιαζε πια ο πόνος, εκτός αν ήταν σοβαρός.

Er wurde durch und durch effizient und verschwendete überhaupt nichts.

Έγινε αποτελεσματικός εσωτερικά και εξωτερικά, χωρίς να σπαταλάει τίποτα απολύτως.

Er konnte Dinge essen, die scheußlich, verdorben oder schwer verdaulich waren.

Μπορούσε να τρώει πράγματα που ήταν απαίσια, σάπια ή δύσπεπτα.

Was auch immer er aß, sein Magen verbrauchte das letzte bisschen davon.

Ό,τι κι αν έτρωγε, το στομάχι του χρησιμοποιούσε και την τελευταία σπιθαμή της αξίας του.

Sein Blut transportierte die Nährstoffe weit durch seinen kräftigen Körper.

Το αίμα του μετέφερε τα θρεπτικά συστατικά μακριά μέσα από το δυνατό του σώμα.

Dadurch baute er starkes Gewebe auf, das ihm eine unglaubliche Ausdauer verlieh.

Αυτό δημιούργησε ισχυρούς ιστούς που του έδωσαν απίστευτη αντοχή.

Sein Seh- und Geruchssinn wurden viel feiner als zuvor.

Η όραση και η όσφρησή του έγιναν πολύ πιο ευαίσθητες από πριν.

Sein Gehör wurde so scharf, dass er im Schlaf leise Geräusche wahrnehmen konnte.

Η ακοή του έγινε τόσο οξεία που μπορούσε να ανιχνεύσει αμυδρούς ήχους στον ύπνο.

In seinen Träumen wusste er, ob die Geräusche Sicherheit oder Gefahr bedeuteten.

Ήξερε στα όνειρά του αν οι ήχοι σήμαιναν ασφάλεια ή κίνδυνο.

Er lernte, mit den Zähnen auf das Eis zwischen seinen Zehen zu beißen.

Έμαθε να δαγκώνει τον πάγο ανάμεσα στα δάχτυλα των ποδιών του με τα δόντια του.

Wenn ein Wasserloch zufror, brach er das Eis mit seinen Beinen.

Αν πάγωνε μια τρύπα με νερό, έσπαγε τον πάγο με τα πόδια του.

Er bäumte sich auf und schlug mit seinen steifen Vorderbeinen hart auf das Eis.

Σηκώθηκε όρθιος και χτύπησε δυνατά τον πάγο με τα άκαμπτα μπροστινά του άκρα.

Seine bemerkenswerteste Fähigkeit war die Vorhersage von Windänderungen über Nacht.

Η πιο εντυπωσιακή του ικανότητα ήταν η πρόβλεψη των αλλαγών του ανέμου κατά τη διάρκεια της νύχτας.

Selbst bei Windstille suchte er sich windgeschützte Stellen aus.

Ακόμα και όταν ο αέρας ήταν ακίνητος, επέλεγε σημεία προστατευμένα από τον άνεμο.

Wo auch immer er sein Nest grub, der Wind des nächsten Tages strich an ihm vorbei.

Όπου κι αν έσκαβε τη φωλιά του, ο άνεμος της επόμενης μέρας τον προσπερνούσε.

Er landete immer gemütlich und geschützt, in Lee der Brise.

Κατέληγε πάντα άνετος και προστατευμένος, πολύ μακριά από το αεράκι.

Buck hat nicht nur durch Erfahrung gelernt – auch seine Instinkte sind zurückgekehrt.

Ο Μπακ όχι μόνο έμαθε από την εμπειρία — και τα ένστικτά του επέστρεψαν.

Die Gewohnheiten der domestizierten Generationen begannen zu verschwinden.

Οι συνήθειες των εξημερωμένων γενεών άρχισαν να εξαφανίζονται.

Er erinnerte sich vage an die alten Zeiten seiner Rasse.

Με αόριστους τρόπους, θυμόταν την αρχαιότητα της ράτσας του.

Er dachte an die Zeit zurück, als wilde Hunde in Rudeln durch die Wälder rannten.

Σκέφτηκε πίσω στην εποχή που τα άγρια σκυλιά έτρεχαν σε αγέλες μέσα στα δάση.

Sie hatten ihre Beute gejagt und getötet, während sie sie verfolgten.

Είχαν κυνηγήσει και σκοτώσει το θήραμά τους ενώ το καταδιώκουν.

Buck lernte leicht, mit Biss und Schnelligkeit zu kämpfen.

Ήταν εύκολο για τον Μπακ να μάθει πώς να πολεμά με δόντια και ταχύτητα.

Er verwendete Schnitte, Hiebe und schnelle Schnappschüsse, genau wie seine Vorfahren.

Χρησιμοποιούσε κοψίματα, πλάγιες γραμμές και γρήγορα κουμπώματα όπως οι πρόγονοί του.

Diese Vorfahren regten sich in ihm und erweckten seine wilde Natur.

Αυτοί οι πρόγονοι αναζωπύρωσαν μέσα του και ξύπνησαν την άγρια φύση του.

Ihre alten Fähigkeiten waren ihm durch die Blutlinie vererbt worden.

Οι παλιές τους δεξιότητες είχαν περάσει σε αυτόν μέσω της γραμμής αίματος.

Ihre Tricks gehörten ihm nun, ohne dass er üben oder sich anstrengen musste.

Τα κόλπα τους ήταν πλέον δικά του, χωρίς να χρειάζεται εξάσκηση ή προσπάθεια.

In stillen, kalten Nächten hob Buck die Nase und heulte.

Τις ήσυχες, κρύες νύχτες, ο Μπακ σήκωσε τη μύτη του και ούρλιαξε.

Er heulte lang und tief, so wie es die Wölfe vor langer Zeit getan hatten.

Ούρλιαξε μακρόσυρτα και βαθιά, όπως έκαναν οι λύκοι πριν από πολύ καιρό.

Durch ihn streckten seine toten Vorfahren ihre Nasen und heulten.

Μέσα από αυτόν, οι νεκροί πρόγονοί του έδειχναν τις μύτες τους και ούρλιαζαν.

Sie heulten durch die Jahrhunderte mit seiner Stimme und Gestalt.

Ούρλιαζαν μέσα στους αιώνες με τη φωνή και τη μορφή του.

Seine Kadenzen waren ihre, alte Schreie, die von Kummer und Kälte erzählten.

Οι ρυθμοί του ήταν οι δικοί τους, παλιές κραυγές που μαρτυρούσαν θλίψη και κρύο.

Sie sangen von Dunkelheit, Hunger und der Bedeutung des Winters.

Τραγούδησαν για το σκοτάδι, για την πείνα και το νόημα του χειμώνα.

Buck bewies, wie das Leben von Kräften jenseits des eigenen Ichs geprägt wird.

Ο Μπακ απέδειξε πώς η ζωή διαμορφώνεται από δυνάμεις πέρα από τον εαυτό μας,

Das uralte Lied stieg durch Buck auf und ergriff seine Seele.

Το αρχαίο τραγούδι αντηχούσε μέσα από τον Μπακ και κατέκτησε την ψυχή του.

Er fand sich selbst, weil Menschen im Norden Gold gefunden hatten.

Βρήκε τον εαυτό του επειδή οι άνθρωποι είχαν βρει χρυσό στον Βορρά.

Und er fand sich selbst, weil Manuel, der Gärtnergehilfe, Geld brauchte.

Και βρήκε τον εαυτό του επειδή ο Μανουήλ, ο βοηθός του κηπουρού, χρειαζόταν χρήματα.

Das dominante Urtier
Το Κυρίαρχο Αρχέγονο Θηρίο

In Buck war das dominante Urtier so stark wie eh und je.

Το κυρίαρχο αρχέγονο θηρίο ήταν τόσο δυνατό όσο ποτέ, στον Μπακ.

Doch das dominante Urtier hatte in ihm geschlummert.

Αλλά το κυρίαρχο αρχέγονο θηρίο είχε αδρανήσει μέσα του.

Das Leben auf dem Trail war hart, aber es stärkte das Tier in Buck.

Η ζωή στα μονοπάτια ήταν σκληρή, αλλά ενίσχυσε το θηρίο μέσα στον Μπακ.

Insgeheim wurde das Biest von Tag zu Tag stärker.

Κρυφά το θηρίο γινόταν όλο και πιο δυνατό κάθε μέρα.

Doch dieses innere Wachstum blieb der Außenwelt verborgen.

Αλλά αυτή η εσωτερική ανάπτυξη παρέμεινε κρυμμένη στον έξω κόσμο.

In Buck baute sich eine stille und ruhige Urkraft auf.

Μια ήσυχη και ήρεμη αρχέγονη δύναμη χτιζόταν μέσα στον Μπακ.

Neue Gerissenheit verlieh Buck Gleichgewicht, Ruhe und Selbstbeherrschung.

Η νέα πανουργία έδωσε στον Μπακ ισορροπία, ηρεμία και αυτοκυριαρχία.

Buck konzentrierte sich sehr auf die Anpassung und fühlte sich nie völlig entspannt.

Ο Μπακ επικεντρώθηκε έντονα στην προσαρμογή, χωρίς ποτέ να νιώσει πλήρως χαλαρός.

Er ging Konflikten aus dem Weg, fing nie Streit an und suchte auch nie Ärger.

Απέφευγε τις συγκρούσεις, δεν ξεκινούσε ποτέ καβγάδες ούτε αναζητούσε προβλήματα.

Jede Bewegung von Buck war von langsamer, stetiger Nachdenklichkeit geprägt.

Μια αργή, σταθερή σκέψη καθόριζε κάθε κίνηση του
Μπακ.

**Er vermied überstürzte Entscheidungen und plötzliche,
rücksichtslose Entschlüsse.**

Απέφευγε τις βιαστικές επιλογές και τις ξαφνικές,
απερίσκεπτες αποφάσεις.

**Obwohl Buck Spitz zutiefst hasste, zeigte er ihm gegenüber
keine Aggression.**

Αν και ο Μπακ μισούσε βαθιά τον Σπιτζ, δεν του έδειξε
καμία επιθετικότητα.

**Buck hat Spitz nie provoziert und sein Verhalten
zurückhaltend gehalten.**

Ο Μπακ δεν προκάλεσε ποτέ τον Σπιτζ, και κρατούσε τις
πράξεις του συγκρατημένες.

**Spitz hingegen spürte die wachsende Gefahr, die von Buck
ausging.**

Ο Σπιτζ, από την άλλη πλευρά, διαισθάνθηκε τον
αυξανόμενο κίνδυνο στον Μπακ.

**Er sah in Buck eine Bedrohung und eine ernsthafte
Herausforderung seiner Macht.**

Έβλεπε τον Μπακ ως απειλή και μια σοβαρή πρόκληση για
την εξουσία του.

**Er nutzte jede Gelegenheit, um zu knurren und seine
scharfen Zähne zu zeigen.**

Εκμεταλλεύτηκε κάθε ευκαιρία για να γρυλίσει και να
δείξει τα κοφτερά του δόντια.

**Er versuchte, den tödlichen Kampf zu beginnen, der
bevorstand.**

Προσπαθούσε να ξεκινήσει την θανατηφόρα μάχη που
έπρεπε να έρθει.

**Schon zu Beginn der Reise wäre es beinahe zu einem Streit
zwischen ihnen gekommen.**

Στην αρχή του ταξιδιού, παραλίγο να ξεσπάσει καβγάς
μεταξύ τους.

Doch ein unerwarteter Unfall verhinderte den Kampf.

Αλλά ένα απροσδόκητο ατύχημα σταμάτησε τον αγώνα.

An diesem Abend schlugen sie ihr Lager am bitterkalten Lake Le Barge auf.

Εκείνο το βράδυ έστησαν στρατόπεδο στην παγωμένη λίμνη Λε Μπαρζ.

Es schneite heftig und der Wind war schneidend wie ein Messer.

Το χιόνι έπεφτε δυνατά και ο άνεμος έκοβε σαν μαχαίρι.

Die Nacht war zu schnell hereingebrochen und Dunkelheit umgab sie.

Η νύχτα είχε έρθει πολύ γρήγορα και το σκοτάδι τους περικύκλωσε.

Sie hätten sich kaum einen schlechteren Ort zum Ausruhen aussuchen können.

Δύσκολα θα μπορούσαν να είχαν επιλέξει χειρότερο μέρος για ξεκούραση.

Die Hunde suchten verzweifelt nach einem Platz zum Hinlegen.

Τα σκυλιά έψαχναν απεγνωσμένα ένα μέρος να ξαπλώσουν.

Hinter der kleinen Gruppe erhob sich steil eine hohe Felswand.

Ένας ψηλός πέτρινος τοίχος υψωνόταν απότομα πίσω από τη μικρή ομάδα.

Das Zelt wurde in Dyea zurückgelassen, um die Last zu erleichtern.

Η σκηνή είχε μείνει πίσω στη Ντιάεα για να ελαφρύνει το φορτίο.

Ihnen blieb nichts anderes übrig, als das Feuer auf dem Eis selbst zu machen.

Δεν είχαν άλλη επιλογή από το να ανάψουν τη φωτιά στον ίδιο τον πάγο.

Sie breiten ihre Schlafmäntel direkt auf dem zugefrorenen See aus.

Άπλωσαν τις ρόμπες ύπνου τους κατευθείαν πάνω στην παγωμένη λίμνη.

Ein paar Stücke Treibholz gaben ihnen ein wenig Feuer.

Μερικά ξύλα που ξεβράστηκαν τους έδωσαν λίγη φωτιά.

Doch das Feuer wurde auf dem Eis entfacht und taute hindurch.

Αλλά η φωτιά άναψε πάνω στον πάγο και τον έλιωσε.

Schließlich aßen sie ihr Abendessen im Dunkeln.

Τελικά έτρωγαν το δείπνο τους στο σκοτάδι.

Buck rollte sich neben dem Felsen zusammen, geschützt vor dem kalten Wind.

Ο Μπακ κουλουριάστηκε δίπλα στον βράχο, προστατευμένος από τον κρύο άνεμο.

Der Platz war so warm und sicher, dass Buck es hasste, wegzugehen.

Το μέρος ήταν τόσο ζεστό και ασφαλές που ο Μπακ μισούσε να μετακομίσει.

Aber François hatte den Fisch aufgewärmt und verteilte die Rationen.

Αλλά ο Φρανσουά είχε ζεστάνει τα ψάρια και μοίραζε μερίδες.

Buck aß schnell fertig und ging zurück in sein Bett.

Ο Μπακ τελείωσε γρήγορα το φαγητό και επέστρεψε στο κρεβάτι του.

Aber Spitz lag jetzt dort, wo Buck sein Bett gemacht hatte.

Αλλά ο Σπιτζ ήταν τώρα ξαπλωμένος εκεί που είχε στρώσει το κρεβάτι του ο Μπακ.

Ein leises Knurren warnte Buck, dass Spitz sich weigerte, sich zu bewegen.

Ένα χαμηλό γρύλισμα προειδοποίησε τον Μπακ ότι ο Σπιτζ αρνούνταν να κουνηθεί.

Bisher hatte Buck diesen Kampf mit Spitz vermieden.

Μέχρι τώρα, ο Μπακ είχε αποφύγει αυτόν τον καβγά με τον Σπιτζ.

Doch tief in Bucks Innerem brach das Biest schließlich aus.

Αλλά βαθιά μέσα στον Μπακ, το θηρίο επιτέλους απελευθερώθηκε.

Der Diebstahl seines Schlafplatzes war zu viel für ihn.

Η κλοπή του χώρου που κοιμόταν ήταν αφόρητη.

Buck stürzte sich voller Wut und Zorn auf Spitz.

Ο Μπακ όρμησε προς τον Σπιτζ, γεμάτος θυμό και οργή.

Bis jetzt hatte Spitz gedacht, Buck sei bloß ein großer Hund.

Μέχρι στιγμής, ο Σπιτζ πίστευε ότι ο Μπακ ήταν απλώς ένα μεγάλο σκυλί.

Er glaubte nicht, dass Buck durch seinen Geist überlebt hatte.

Δεν πίστευε ότι ο Μπακ είχε επιβιώσει χάρη στο πνεύμα του.

Er erwartete Angst und Feigheit, nicht Wut und Rache.

Περίμενε φόβο και δειλία, όχι οργή και εκδίκηση.

François starrte die beiden Hunde an, als sie aus dem zerstörten Nest stürmten.

Ο Φρανσουά κοίταξε επίμονα καθώς και τα δύο σκυλιά ξεχύθηκαν από την ερειπωμένη φωλιά.

Er verstand sofort, was den wilden Kampf ausgelöst hatte.

Κατάλαβε αμέσως τι είχε ξεκινήσει την άγρια πάλη.

„Aa-ah!", rief François, um dem braunen Hund zuzujubeln.

«Αα-α!» φώναξε ο Φρανσουά υποστηρίζοντας τον καφέ σκύλο.

„Verprügelt ihn! Bei Gott, bestraft diesen hinterhältigen Dieb!"

«Δώσε του ένα ξύλο! Μα τον Θεό, τιμώρησε αυτόν τον ύπουλο κλέφτη!»

Spitz zeigte gleichermaßen Bereitschaft und wilden Kampfeswillen.

Ο Σπιτζ έδειξε ίση ετοιμότητα και έντονη προθυμία για μάχη.

Er schrie wütend auf, während er schnell im Kreis kreiste und nach einer Öffnung suchte.

Φώναξε με οργή ενώ έκανε γρήγορους κύκλους, αναζητώντας ένα άνοιγμα.

Buck zeigte den gleichen Kampfeshunger und die gleiche Vorsicht.

Ο Μπακ έδειξε την ίδια δίψα για μάχη και την ίδια προσοχή.

Auch er umkreiste seinen Gegner und versuchte, im Kampf die Oberhand zu gewinnen.

Κυκλοποίησε και τον αντίπαλό του, προσπαθώντας να αποκτήσει το πάνω χέρι στη μάχη.

Dann geschah etwas Unerwartetes und veränderte alles.

Τότε συνέβη κάτι απροσδόκητο και τα άλλαξε όλα.

Dieser Moment verzögerte den letztendlichen Kampf um die Führung.

Αυτή η στιγμή καθυστέρησε την τελική μάχη για την ηγεσία.

Bis zum Ende warteten noch viele Meilen voller Mühe und Anstrengung.

Πολλά χιλιόμετρα μονοπατιού και αγώνα περίμεναν ακόμα πριν το τέλος.

Perrault stieß einen Fluch aus, als eine Keule auf Knochen schlug.

Ο Περώ έβρισε καθώς ένα ρόπαλο χτύπησε το κόκκαλο.

Es folgte ein scharfer Schmerzensschrei, dann brach überall Chaos aus.

Ακολούθησε μια έντονη κραυγή πόνου και μετά χάος εξερράγη παντού.

Dunkle Gestalten bewegten sich im Lager; wilde Huskys, ausgehungert und wild.

Σκούρα σχήματα κινούνταν μέσα στο στρατόπεδο· άγρια χάσκι, πεινασμένα και άγρια.

Vier oder fünf Dutzend Huskys hatten das Lager von weitem erschnüffelt.

Τέσσερις ή πέντε δωδεκάδες χάσκι είχαν μυρίσει τον καταυλισμό από μακριά.

Sie hatten sich leise hineingeschlichen, während die beiden Hunde in der Nähe kämpften.

Είχαν εισχωρήσει αθόρυβα ενώ τα δύο σκυλιά μάλωναν εκεί κοντά.

François und Perrault griffen an und schwangen Knüppel auf die Eindringlinge.

Ο Φρανσουά και ο Περώ όρμησαν εναντίον των εισβολέων, κουνώντας ρόπαλα.

Die ausgehungerten Huskies zeigten ihre Zähne und wehrten sich rasend.

Τα πεινασμένα χάσκι έδειξαν δόντια και αντεπιτέθηκαν μανιωδώς.

Der Geruch von Fleisch und Brot hatte sie alle Angst vertreiben lassen.

Η μυρωδιά του κρέατος και του ψωμιού τους είχε διώξει από κάθε φόβο.

Perrault schlug einen Hund, der seinen Kopf in der Fresskiste vergraben hatte.

Ο Περώ χτύπησε ένα σκυλί που είχε θάψει το κεφάλι του στο κλουβί με τις προνύμφες.

Der Schlag war hart, die Schachtel kippte um und das Essen quoll heraus.

Το χτύπημα ήταν δυνατό και το κουτί ανατράπηκε, με το φαγητό να χύνεται έξω.

Innerhalb von Sekunden rissen sich zwanzig wilde Tiere über das Brot und das Fleisch her.

Σε δευτερόλεπτα, μια ντουζίνα άγρια θηρία όρμησαν πάνω στο ψωμί και το κρέας.

Die Keulen der Männer landeten Schlag auf Schlag, doch kein Hund ließ nach.

Τα ανδρικά κλαμπ προσγειώθηκαν χτυπήματα μετά χτυπήματα, αλλά κανένα σκυλί δεν γύρισε την πλάτη.

Sie schrien vor Schmerz, kämpften aber, bis kein Futter mehr übrig war.

Ούρλιαζαν από τον πόνο, αλλά πάλευαν μέχρι που δεν είχε απομείνει καθόλου φαγητό.

Inzwischen waren die Schlittenhunde aus ihren verschneiten Betten gesprungen.

Εν τω μεταξύ, τα σκυλιά-έλκηθρο είχαν πηδήξει από τα χιονισμένα κρεβάτια τους.

Sie wurden sofort von den bösartigen, hungrigen Huskys angegriffen.

Δέχθηκαν αμέσως επίθεση από τα άγρια πεινασμένα χάσκι.

Buck hatte noch nie zuvor so wilde und ausgehungerte Tiere gesehen.

Ο Μπακ δεν είχε ξαναδεί ποτέ τόσο άγρια και πεινασμένα πλάσματα.

Ihre Haut hing lose und verbarg kaum ihr Skelett.

Το δέρμα τους κρεμόταν χαλαρό, κρύβοντας μόλις τους σκελετούς τους.

In ihren Augen brannte ein Feuer aus Hunger und Wahnsinn

Υπήρχε μια φωτιά στα μάτια τους, από την πείνα και την τρέλα

Sie waren nicht aufzuhalten, ihrem wilden Ansturm war kein Widerstand zu leisten.

Δεν υπήρχε τίποτα να τους σταματήσει· καμία αντίσταση στην άγρια ορμή τους.

Die Schlittenhunde wurden zurückgedrängt und gegen die Felswand gedrückt.

Τα σκυλιά έλκηθρου σπρώχτηκαν προς τα πίσω, πιεσμένα στον τοίχο του γκρεμού.

Drei Huskies griffen Buck gleichzeitig an und rissen ihm das Fleisch auf.

Τρία χάσκι επιτέθηκαν στον Μπακ ταυτόχρονα, ξεσκίζοντας τη σάρκα του.

Aus den Schnittwunden an seinem Kopf und seinen Schultern strömte Blut.

Αίμα έτρεχε από το κεφάλι και τους ώμους του, εκεί που είχε κοπεί.

Der Lärm erfüllte das Lager: Knurren, Jaulen und Schmerzensschreie.

Ο θόρυβος γέμισε το στρατόπεδο· γρυλίσματα, ουρλιαχτά και κραυγές πόνου.

Billee weinte wie immer laut, gefangen im Kampf und in der Panik.

Η Μπίλι φώναξε δυνατά, όπως συνήθως, παγιδευμένη στη συμπλοκή και τον πανικό.

Dave und Solleks standen Seite an Seite, blutend, aber trotzig.

Ο Ντέιβ και ο Σόλεκς στέκονταν δίπλα-δίπλα, αιμορραγώντας αλλά προκλητικά.

Joe kämpfte wie ein Dämon und biss alles, was ihm zu nahe kam.

Ο Τζο πάλευε σαν δαίμονας, δαγκώνοντας οτιδήποτε πλησίαζε.

Mit einem brutalen Schnappen seines Kiefers zerquetschte er das Bein eines Huskys.

Σύνθλιψε το πόδι ενός χάσκι με ένα βάναυσο χτύπημα των σαγονιών του.

Pike sprang auf den verletzten Husky und brach ihm sofort das Genick.

Ο Πάικ πήδηξε πάνω στο τραυματισμένο χάσκι και του έσπασε τον λαιμό ακαριαία.

Buck packte einen Husky an der Kehle und riss ihm die Ader auf.

Ο Μπακ έπιασε ένα χάσκι από το λαιμό και του έσκισε τη φλέβα.

Blut spritzte und der warme Geschmack trieb Buck in Raserei.

Αίμα ψεκάστηκε και η ζεστή γεύση οδήγησε τον Μπακ σε φρενίτιδα.

Ohne zu zögern stürzte er sich auf einen anderen Angreifer.

Ορμήθηκε σε έναν άλλο επιτιθέμενο χωρίς δισταγμό.

Im selben Moment gruben sich scharfe Zähne in Bucks Kehle.

Την ίδια στιγμή, αιχμηρά δόντια μπήκαν στο λαιμό του Μπακ.

Spitz hatte von der Seite zugeschlagen und ohne Vorwarnung angegriffen.

Ο Σπιτζ είχε χτυπήσει από το πλάι, επιτιθέμενος απροειδοποίητα.

Perrault und François hatten die Hunde besiegt, die das Futter stahlen.

Ο Περώ και ο Φρανσουά είχαν νικήσει τα σκυλιά που έκλεβαν το φαγητό.

Nun eilten sie ihren Hunden zu Hilfe, um die Angreifer abzuwehren.

Τώρα έσπευσαν να βοηθήσουν τα σκυλιά τους να αντεπιτεθούν στους επιτιθέμενους.

Die ausgehungerten Hunde zogen sich zurück, als die Männer ihre Keulen schwangen.

Τα πεινασμένα σκυλιά υποχώρησαν καθώς οι άντρες κουνούσαν τα ρόπαλά τους.

Buck konnte sich dem Angriff befreien, doch die Flucht war nur von kurzer Dauer.

Ο Μπακ απαλλάχθηκε από την επίθεση, αλλά η διαφυγή ήταν σύντομη.

Die Männer rannten los, um ihre Hunde zu retten, und die Huskies kamen erneut zum Vorschein.

Οι άντρες έτρεξαν να σώσουν τα σκυλιά τους, και τα χάσκι έκαναν ξανά σμήνος.

Billee, der aus Angst Mut fasste, sprang in die Hundemeute.

Η Μπίλι, τρομοκρατημένη από θάρρος, πήδηξε μέσα στην αγέλη των σκύλων.

Doch dann floh er in blanker Angst und Panik über das Eis.

Αλλά μετά έφυγε τρέχοντας μέσα στον πάγο, μέσα σε απόλυτο τρόμο και πανικό.

Pike und Dub folgten dicht dahinter und rannten um ihr Leben.

Ο Πάικ και ο Νταμπ ακολούθησαν από κοντά, τρέχοντας για να σωθούν.

Der Rest des Teams löste sich auf, zerstreute sich und folgte ihnen.

Η υπόλοιπη ομάδα διαλύθηκε και σκορπίστηκε, ακολουθώντας τους.

Buck nahm all seine Kräfte zusammen, um loszurennen, doch dann sah er einen Blitz.

Ο Μπακ μάζεψε τις δυνάμεις του για να τρέξει, αλλά τότε είδε μια λάμψη.

Spitz stürzte sich auf Buck und versuchte, ihn zu Boden zu schlagen.

Ο Σπιτζ όρμησε στο πλευρό του Μπακ, προσπαθώντας να τον ρίξει στο έδαφος.

Unter dieser Meute von Huskys hätte Buck nicht entkommen können.

Κάτω από αυτό το όχλο των χάσκι, ο Μπακ δεν θα είχε καμία διαφυγή.

Aber Buck blieb standhaft und wappnete sich für den Schlag von Spitz.

Αλλά ο Μπακ έμεινε σταθερός και προετοιμασμένος για το χτύπημα του Σπιτζ.

Dann drehte er sich um und rannte mit dem fliehenden Team auf das Eis hinaus.

Έπειτα γύρισε και έτρεξε στον πάγο με την ομάδα που έφευγε.

Später versammelten sich die neun Schlittenhunde im Schutz des Waldes.

Αργότερα, τα εννέα σκυλιά έλκηθρου συγκεντρώθηκαν στο καταφύγιο του δάσους.

Niemand verfolgte sie mehr, aber sie waren geschlagen und verwundet.

Κανείς δεν τους κυνηγούσε πια, αλλά ήταν ξυλοκοπημένοι και τραυματισμένοι.

Jeder Hund hatte Wunden; vier oder fünf tiefe Schnitte an jedem Körper.

Κάθε σκύλος είχε τραύματα· τέσσερις ή πέντε βαθιές τομές σε κάθε σώμα.

Dub hatte ein verletztes Hinterbein und konnte kaum noch laufen.

Ο Νταμπ είχε τραυματισμένο πίσω πόδι και δυσκολευόταν να περπατήσει τώρα.

Dolly, der neueste Hund aus Dyea, hatte eine aufgeschlitzte Kehle.

Η Ντόλι, η νεότερη σκυλίτσα από την Ντάια, είχε κομμένο λαιμό.

Joe hatte ein Auge verloren und Billees Ohr war in Stücke geschnitten

Ο Τζο είχε χάσει το ένα του μάτι και το αυτί της Μπίλι είχε κοπεί σε κομμάτια

Alle Hunde schrien die ganze Nacht vor Schmerz und Niederlage.

Όλα τα σκυλιά έκλαιγαν από πόνο και ήττα όλη τη νύχτα.

Im Morgengrauen krochen sie wund und gebrochen zurück ins Lager.

Την αυγή γύρισαν κρυφά στο στρατόπεδο, πληγωμένοι και διαλυμένοι.

Die Huskies waren verschwunden, aber der Schaden war angerichtet.

Τα χάσκι είχαν εξαφανιστεί, αλλά η ζημιά είχε γίνει.

Perrault und François standen schlecht gelaunt vor der Ruine.

Ο Περώ και ο Φρανσουά στέκονταν με άσχημες διαθέσεις πάνω από τα ερείπια.

Die Hälfte der Lebensmittel war verschwunden und von den hungrigen Dieben geschnappt worden.

Τα μισά τρόφιμα είχαν εξαφανιστεί, τα άρπαξαν οι πεινασμένοι κλέφτες.

Die Huskies hatten Schlittenbindungen und Planen zerrissen.

Τα χάσκι είχαν σκίσει δέστρες έλκηθρου και καμβά.

Alles, was nach Essen roch, wurde vollständig verschlungen.

Οτιδήποτε είχε μυρωδιά φαγητού είχε καταβροχθιστεί ολοσχερώς.

Sie aßen ein Paar von Perraults Reisestiefeln aus Elchleder.

Έφαγαν ένα ζευγάρι ταξιδιωτικές μπότες του Περό από δέρμα άλκης.

Sie zerkauten Lederreis und ruinierten Riemen, sodass sie nicht mehr verwendet werden konnten.

Μασούσαν δερμάτινα ρεΐ και κατέστρεφαν τα λουριά τους αχρησιμοποίητα.

François hörte auf, auf die zerrissene Peitsche zu starren, um nach den Hunden zu sehen.

Ο Φρανσουά σταμάτησε να κοιτάζει το σκισμένο βλέφαρο για να ελέγξει τα σκυλιά.

„Ah, meine Freunde", sagte er mit leiser, besorgter Stimme.

«Α, φίλοι μου», είπε με χαμηλή φωνή και γεμάτη ανησυχία.

„Vielleicht verwandeln euch all diese Bisse in tollwütige Tiere."

«Ίσως όλα αυτά τα δαγκώματα σας μετατρέψουν σε τρελά θηρία.»

„Vielleicht alles tollwütige Hunde, heiliger Scheiß! Was meinst du, Perrault?"

«Ίσως όλα τα τρελά σκυλιά, ιερέα! Τι νομίζεις, Περώ;»

Perrault schüttelte den Kopf, seine Augen waren dunkel vor Sorge und Angst.

Ο Περώ κούνησε το κεφάλι του, με τα μάτια του σκούρα από ανησυχία και φόβο.

Zwischen ihnen und Dawson lagen noch sechshundertvierzig Kilometer.

Τετρακόσια μίλια απείχαν ακόμα από αυτούς και τον Ντόσον.

Der Hundewahnsinn könnte nun jede Überlebenschance zerstören.

Η τρέλα με τα σκυλιά τώρα θα μπορούσε να καταστρέψει κάθε πιθανότητα επιβίωσης.

Sie verbrachten zwei Stunden damit, zu fluchen und zu versuchen, die Ausrüstung zu reparieren.

Πέρασαν δύο ώρες βρίζοντας και προσπαθώντας να επισκευάσουν τον εξοπλισμό.

Das verwundete Team verließ schließlich gebrochen und besiegt das Lager.

Η τραυματισμένη ομάδα τελικά εγκατέλειψε το στρατόπεδο, συντετριμμένη και ηττημένη.

Dies war der bisher schwierigste Weg und jeder Schritt war schmerzhaft.

Αυτή ήταν η πιο δύσκολη διαδρομή μέχρι τώρα, και κάθε βήμα ήταν επώδυνο.

Der Thirty Mile River war nicht zugefroren und rauschte wild.

Ο ποταμός Thirty Mile δεν είχε παγώσει και ορμούσε μανιωδώς.

Nur an ruhigen Stellen und in wirbelnden Wirbeln konnte das Eis halten.

Μόνο σε ήρεμα σημεία και στροβιλιζόμενους δίνες
κατάφερε να συγκρατηθεί ο πάγος.

Sechs Tage harter Arbeit vergingen, bis die dreißig Meilen geschafft waren.

Πέρασαν έξι μέρες σκληρής δουλειάς μέχρι να
ολοκληρωθούν τα τριάντα μίλια.

Jeder Kilometer des Weges barg Gefahren und Todesgefahr.

Κάθε μίλι του μονοπατιού έφερνε κίνδυνο και την απειλή
του θανάτου.

Die Männer und Hunde riskierten mit jedem schmerzhaften Schritt ihr Leben.

Οι άντρες και τα σκυλιά διακινδύνευαν τη ζωή τους με
κάθε επώδυνο βήμα.

Perrault durchbrach ein Dutzend Mal dünne Eisbrücken.

Ο Περό έσπασε λεπτές γέφυρες από πάγο δώδεκα
διαφορετικές φορές.

Er trug eine Stange und ließ sie über das Loch fallen, das sein Körper hinterlassen hatte.

Κρατούσε ένα κοντάρι και το άφησε να πέσει στην τρύπα
που είχε κάνει το σώμα του.

Mehr als einmal rettete diese Stange Perrault vor dem Ertrinken.

Αυτός ο στύλος έσωσε τον Περώ από πνιγμό περισσότερες
από μία φορές.

Die Kältewelle hielt an, die Lufttemperatur lag bei minus fünfzig Grad.

Το κύμα ψύχους παρέμεινε σταθερό, ο αέρας ήταν πενήντα
βαθμοί υπό το μηδέν.

Jedes Mal, wenn er hineinfiel, musste Perrault ein Feuer anzünden, um zu überleben.

Κάθε φορά που έπεφτε μέσα, ο Περό έπρεπε να ανάβει
φωτιά για να επιβιώσει.

Nasse Kleidung gefror schnell, also trocknete er sie in der Nähe der sengenden Hitze.

Τα βρεγμένα ρούχα πάγωσαν γρήγορα, οπότε τα στέγνωσε
κοντά σε καυτή ζέστη.

Perrault hatte nie Angst und das machte ihn zu einem Kurier.

Κανένας φόβος δεν άγγιξε ποτέ τον Περώ, και αυτό τον έκανε αγγελιαφόρο.

Er wurde für die Gefahr auserwählt und begegnete ihr mit stiller Entschlossenheit.

Επιλέχθηκε για τον κίνδυνο και τον αντιμετώπισε με σιωπηλή αποφασιστικότητα.

Er drängte sich gegen den Wind vorwärts, sein runzliges Gesicht war erfroren.

Προχώρησε μπροστά στον άνεμο, με το ζαρωμένο πρόσωπό του να έχει παγώσει.

Von der Morgendämmerung bis zum Einbruch der Nacht führte Perrault sie weiter.

Από την αχνή αυγή μέχρι το σούρουπο, ο Περώ τους οδήγησε μπροστά.

Er ging auf einer schmalen Eiskante, die bei jedem Schritt knackte.

Περπατούσε πάνω σε στενό χείλος πάγου που ράγιζε με κάθε βήμα.

Sie wagten nicht, anzuhalten – jede Pause hätte das Risiko eines tödlichen Zusammenbruchs bedeutet.

Δεν τολμούσαν να σταματήσουν — κάθε παύση κινδύνευε με θανατηφόρα κατάρρευση.

Einmal brach der Schlitten durch und zog Dave und Buck hinein.

Μια φορά το έλκηθρο διέσχισε, τραβώντας μέσα τον Ντέιβ και τον Μπακ.

Als sie freigezogen wurden, waren beide fast erfroren.

Μέχρι τη στιγμή που τους έβγαλαν ελεύθερους, και οι δύο είχαν σχεδόν παγώσει.

Die Männer machten schnell ein Feuer, um Buck und Dave am Leben zu halten.

Οι άντρες άναψαν γρήγορα φωτιά για να κρατήσουν ζωντανούς τον Μπακ και τον Ντέιβ.

Die Hunde waren von der Nase bis zum Schwanz mit Eis bedeckt und steif wie geschnitztes Holz.

Τα σκυλιά ήταν καλυμμένα με πάγο από τη μύτη μέχρι την ουρά, άκαμπτα σαν σκαλιστό ξύλο.

Die Männer ließen sie in der Nähe des Feuers im Kreis laufen, um ihre Körper aufzutauen.

Οι άντρες τα έτρεξαν σε κύκλους κοντά στη φωτιά για να ξεπαγώσουν τα σώματά τους.

Sie kamen den Flammen so nahe, dass ihr Fell versengt wurde.

Πλησίασαν τόσο κοντά στις φλόγες που κάηκε η γούνα τους.

Als nächster durchbrach Spitz das Eis und zog das Team hinter sich her.

Ο Σπιτζ έσπασε στη συνέχεια τον πάγο, σέρνοντας την ομάδα πίσω του.

Der Bruch reichte bis zu der Stelle, an der Buck zog.

Το διάλειμμα έφτανε μέχρι εκεί που τραβούσε ο Μπακ.

Buck lehnte sich weit zurück, seine Pfoten rutschten und zitterten auf der Kante.

Ο Μπακ έγειρε δυνατά προς τα πίσω, με τα πόδια του να γλιστρούν και να τρέμουν στην άκρη.

Dave streckte sich ebenfalls nach hinten, direkt hinter Buck auf der Leine.

Ο Ντέιβ επίσης τεντώθηκε προς τα πίσω, ακριβώς πίσω από τον Μπακ στη γραμμή.

François zog den Schlitten, seine Muskeln knackten vor Anstrengung.

Ο Φρανσουά έσερνε το έλκηθρο, οι μύες του έσπασαν από την προσπάθεια.

Ein anderes Mal brach das Randeis vor und hinter dem Schlitten.

Μια άλλη φορά, ο πάγος στο χείλος του έλκηθρου έσπασε πριν και πίσω από το έλκηθρο.

Sie hatten keinen anderen Ausweg, als eine gefrorene Felswand zu erklimmen.

Δεν είχαν άλλη διέξοδο παρά να σκαρφαλώσουν σε έναν παγωμένο γκρεμό.

Perrault schaffte es irgendwie, die Mauer zu erklimmen; wie durch ein Wunder blieb er am Leben.

Ο Περώ σκαρφάλωσε με κάποιο τρόπο στον τοίχο· ένα θαύμα τον κράτησε ζωντανό.

François blieb unten und betete um dasselbe Glück.

Ο Φρανσουά έμεινε από κάτω, προσευχόμενος για την ίδια τύχη.

Sie banden jeden Riemen, jede Zurrschnur und jede Leine zu einem langen Seil zusammen.

Έδεσαν κάθε ιμάντα, κάθε ιμάντα και κάθε ίχνος σε ένα μακρύ σχοινί.

Die Männer zogen jeden Hund einzeln nach oben.

Οι άντρες τράβηξαν κάθε σκύλο, έναν κάθε φορά, μέχρι την κορυφή.

François kletterte als Letzter, nach dem Schlitten und der gesamten Ladung.

Ο Φρανσουά ανέβηκε τελευταίος, μετά το έλκηθρο και ολόκληρο το φορτίο.

Dann begann eine lange Suche nach einem Weg von den Klippen hinunter.

Έπειτα ξεκίνησε μια μακρά αναζήτηση για ένα μονοπάτι προς τα κάτω από τους γκρεμούς.

Schließlich stiegen sie mit demselben Seil ab, das sie selbst hergestellt hatten.

Τελικά κατέβηκαν χρησιμοποιώντας το ίδιο σχοινί που είχαν φτιάξει.

Es wurde Nacht, als sie erschöpft und wund zum Flussbett zurückkehrten.

Η νύχτα έπεσε καθώς επέστρεψαν στην κοίτη του ποταμού, εξαντλημένοι και πληγωμένοι.

Der ganze Tag hatte ihnen nur eine Viertelmeile Gewinn eingebracht.

Είχαν χρειαστεί μια ολόκληρη μέρα για να καλύψουν μόνο ένα τέταρτο του μιλίου.

Als sie das Hootalinqua erreichten, war Buck erschöpft.

Μέχρι να φτάσουν στο Χουταλίνκουα, ο Μπακ ήταν εξαντλημένος.

Die anderen Hunde litten ebenso sehr unter den
Bedingungen auf dem Trail.
Τα άλλα σκυλιά υπέφεραν εξίσου άσχημα από τις
συνθήκες του μονοπατιού.
Aber Perrault musste Zeit gutmachen und trieb sie jeden
Tag weiter an.
Αλλά ο Περώ χρειαζόταν να ανακτήσει τον χρόνο του και
τους πίεζε κάθε μέρα που περνούσε.
Am ersten Tag reisten sie dreißig Meilen nach Big Salmon.
Την πρώτη μέρα ταξίδεψαν τριάντα μίλια μέχρι το Μπιγκ
Σάλμον.
Am nächsten Tag reisten sie fünfunddreißig Meilen nach
Little Salmon.
Την επόμενη μέρα ταξίδεψαν τριάντα πέντε μίλια μέχρι το
Λιτλ Σάλμον.
Am dritten Tag kämpften sie sich durch sechzig Kilometer
lange, eisige Strecken.
Την τρίτη μέρα διέσχισαν σαράντα μεγάλα παγωμένα
μίλια.
Zu diesem Zeitpunkt näherten sie sich der Siedlung Five
Fingers.
Μέχρι τότε, πλησίαζαν τον οικισμό Five Fingers.

Bucks Füße waren weicher als die harten Füße der
einheimischen Huskys.
Τα πόδια του Μπακ ήταν πιο μαλακά από τα σκληρά πόδια
των ιθαγενών χάσκι.
Seine Pfoten waren im Laufe vieler zivilisierter
Generationen zart geworden.
Τα πόδια του είχαν γίνει τρυφερά με το πέρασμα πολλών
πολιτισμένων γενεών.
Vor langer Zeit wurden seine Vorfahren von Flussmännern
oder Jägern gezähmt.
Πριν από πολύ καιρό, οι πρόγονοί του είχαν εξημερωθεί
από άντρες του ποταμού ή κυνηγούς.
Jeden Tag humpelte Buck unter Schmerzen und ging auf
wunden, schmerzenden Pfoten.

Κάθε μέρα ο Μπακ κουτσαίνοντας από τον πόνο, περπατώντας σε πληγωμένα, πονεμένα πόδια.

Im Lager fiel Buck wie eine leblose Gestalt in den Schnee.

Στην κατασκήνωση, ο Μπακ έπεσε σαν άψυχη μορφή πάνω στο χιόνι.

Obwohl Buck am Verhungern war, stand er nicht auf, um sein Abendessen einzunehmen.

Αν και πεινούσε, ο Μπακ δεν σηκώθηκε για να φάει το βραδινό του.

François brachte Buck seine Ration und legte ihm Fisch neben die Schnauze.

Ο Φρανσουά έφερε στον Μπακ τη μερίδα του, βάζοντας ψάρια δίπλα στο ρύγχος του.

Jeden Abend massierte der Fahrer Bucks Füße eine halbe Stunde lang.

Κάθε βράδυ ο οδηγός έτριβε τα πόδια του Μπακ για μισή ώρα.

François hat sogar seine eigenen Mokassins zerschnitten, um daraus Hundeschuhe zu machen.

Ο Φρανσουά έκοψε ακόμη και τα δικά του μοκασίνια για να φτιάξει υποδήματα για σκύλους.

Vier warme Schuhe waren für Buck eine große und willkommene Erleichterung.

Τέσσερα ζεστά παπούτσια έδωσαν στον Μπακ μια μεγάλη και ευπρόσδεκτη ανακούφιση.

Eines Morgens vergaß François die Schuhe und Buck weigerte sich aufzustehen.

Ένα πρωί, ο Φρανσουά ξέχασε τα παπούτσια και ο Μπακ αρνήθηκε να σηκωθεί.

Buck lag auf dem Rücken, die Füße in der Luft, und wedelte mitleiderregend damit herum.

Ο Μπακ ήταν ξαπλωμένος ανάσκελα, με τα πόδια ψηλά, κουνώντας τα με αξιολύπητο τρόπο.

Sogar Perrault grinste beim Anblick von Bucks dramatischer Bitte.

Ακόμα και ο Περό χαμογέλασε στη θέα της δραματικής έκκλησης του Μπακ.

Bald wurden Bucks Füße hart und die Schuhe konnten weggeworfen werden.

Σύντομα τα πόδια του Μπακ σκληρύνθηκαν και τα παπούτσια μπορούσαν να πεταχτούν.

In Pelly stieß Dolly beim Angeschirrtwerden ein schreckliches Heulen aus.

Στο Πέλι, κατά τη διάρκεια της χρήσης της ιπποσκευής, η Ντόλι έβγαλε ένα τρομερό ουρλιαχτό.

Der Schrei war lang und voller Wahnsinn und erschütterte jeden Hund.

Η κραυγή ήταν μακρά και γεμάτη τρέλα, τρέμοντας κάθε σκύλο.

Jeder Hund zuckte vor Angst zusammen, ohne den Grund zu kennen.

Κάθε σκύλος ανατρίχιασε από φόβο χωρίς να ξέρει τον λόγο.

Dolly war verrückt geworden und stürzte sich direkt auf Buck.

Η Ντόλι είχε τρελλαθεί και όρμησε κατευθείαν στον Μπακ.

Buck hatte noch nie Wahnsinn gesehen, aber sein Herz war von Entsetzen erfüllt.

Ο Μπακ δεν είχε ξαναδεί τρέλα, αλλά η καρδιά του γέμιζε με φρίκη.

Ohne nachzudenken, drehte er sich um und floh in absoluter Panik.

Χωρίς να το σκεφτεί, γύρισε και έφυγε τρέχοντας πανικόβλητος.

Dolly jagte ihm hinterher, ihre Augen waren wild, Speichel spritzte aus ihrem Maul.

Η Ντόλι τον κυνήγησε, με τα μάτια της άγρια, και το σάλιο να τρέχει από τα σαγόνια της.

Sie blieb direkt hinter Buck, holte nie auf und fiel nie zurück.

Παρέμεινε ακριβώς πίσω από τον Μπακ, χωρίς να κερδίζει ποτέ και χωρίς να υποχωρεί ποτέ.

Buck rannte durch den Wald, die Insel hinunter und über zerklüftetes Eis.

Ο Μπακ έτρεξε μέσα από δάση, κάτω από το νησί, πάνω σε τραχύ πάγο.

Er überquerte die Insel und erreichte eine weitere, bevor er im Kreis zurück zum Fluss ging.

Πέρασε σε ένα νησί, μετά σε ένα άλλο, κάνοντας κύκλους πίσω στο ποτάμι.

Dolly jagte ihn immer noch und knurrte ihn bei jedem Schritt an.

Η Ντόλι εξακολουθούσε να τον κυνηγάει, με το γρύλισμα της από πίσω σε κάθε βήμα.

Buck konnte ihren Atem und ihre Wut hören, obwohl er es nicht wagte, zurückzublicken.

Ο Μπακ άκουγε την ανάσα και την οργή της, αν και δεν τολμούσε να κοιτάξει πίσω.

François rief aus der Ferne und Buck drehte sich in die Richtung der Stimme um.

Ο Φρανσουά φώναξε από μακριά και ο Μπακ γύρισε προς τη φωνή.

Immer noch nach Luft schnappend rannte Buck vorbei und setzte seine ganze Hoffnung auf François.

Λαχανιάζοντας ακόμα για να αναπνεύσει, ο Μπακ έτρεξε, εναποθέτοντας όλες τις ελπίδες του στον Φρανσουά.

Der Hundeführer hob eine Axt und wartete, während Buck vorbeiflog.

Ο οδηγός του σκύλου σήκωσε ένα τσεκούρι και περίμενε καθώς ο Μπακ περνούσε πετώντας.

Die Axt kam schnell herunter und traf Dollys Kopf mit tödlicher Wucht.

Το τσεκούρι έπεσε γρήγορα και χτύπησε το κεφάλι της Ντόλι με θανατηφόρα δύναμη.

Buck brach neben dem Schlitten zusammen, keuchte und konnte sich nicht bewegen.

Ο Μπακ κατέρρευσε κοντά στο έλκηθρο, συριγμώντας και ανίκανος να κουνηθεί.

In diesem Moment hatte Spitz die Chance, einen erschöpften Gegner zu schlagen.

Εκείνη η στιγμή έδωσε στον Σπιτζ την ευκαιρία να χτυπήσει έναν εξαντλημένο εχθρό.

Zweimal biss er Buck und riss das Fleisch bis auf den weißen Knochen auf.

Δύο φορές δάγκωσε τον Μπακ, ξεσχίζοντας τη σάρκα μέχρι το άσπρο κόκκαλο.

François' Peitsche knallte und traf Spitz mit voller, wütender Wucht.

Το μαστίγιο του Φρανσουά έσπασε, χτυπώντας τον Σπιτζ με όλη του τη δύναμη.

Buck sah mit Freude zu, wie Spitz seine bisher härteste Tracht Prügel bekam.

Ο Μπακ παρακολουθούσε με χαρά τον Σπιτζ να δέχεται το πιο σκληρό ξυλοδαρμό που είχε υποστεί μέχρι τότε.

„Er ist ein Teufel, dieser Spitz", murmelte Perrault düster vor sich hin.

«Είναι διάβολος αυτός ο Σπιτζ», μουρμούρισε σκοτεινά στον εαυτό του ο Περό.

„Eines Tages wird dieser verfluchte Hund Buck töten – das schwöre ich."

«Κάποια μέρα σύντομα, αυτός ο καταραμένος σκύλος θα σκοτώσει τον Μπακ—το ορκίζομαι.»

„Dieser Buck hat zwei Teufel in sich", antwortete François mit einem Nicken.

«Αυτός ο Μπακ έχει δύο διαβόλους μέσα του», απάντησε ο Φρανσουά με ένα νεύμα.

„Wenn ich Buck beobachte, weiß ich, dass etwas Wildes in ihm lauert."

«Όταν παρακολουθώ τον Μπακ, ξέρω ότι κάτι άγριο τον περιμένει μέσα του.»

„Eines Tages wird er rasend vor Wut werden und Spitz in Stücke reißen."

«Μια μέρα, θα θυμώσει σαν φωτιά και θα κάνει κομμάτια τον Σπιτζ.»

„Er wird den Hund zerkauen und ihn auf den gefrorenen Schnee spucken."

«Θα μασήσει αυτό το σκυλί και θα το φτύσει στο παγωμένο χιόνι.»

„Das weiß ich ganz sicher tief in meinem Innern."

«Σίγουρα, όπως οτιδήποτε άλλο, το ξέρω αυτό βαθιά μέσα μου.»

Von diesem Moment an befanden sich die beiden Hunde im Krieg.

Από εκείνη τη στιγμή και μετά, τα δύο σκυλιά ήταν μπλεγμένα σε πόλεμο.

Spitz führte das Team an und hatte die Macht, aber Buck stellte das in Frage.

Ο Σπιτζ ηγήθηκε της ομάδας και κατείχε την εξουσία, αλλά ο Μπακ το αμφισβήτησε αυτό.

Spitz sah seinen Rang durch diesen seltsamen Fremden aus dem Süden bedroht.

Ο Σπιτζ είδε την κατάταξή του να απειλείται από αυτόν τον περίεργο ξένο του Σάουθλαντ.

Buck war anders als alle Südstaatenhunde, die Spitz zuvor gekannt hatte.

Ο Μπακ δεν έμοιαζε με κανέναν σκύλο του Νότου που είχε γνωρίσει πριν ο Σπιτζ.

Die meisten von ihnen scheiterten – sie waren zu schwach, um Kälte und Hunger zu überleben.

Οι περισσότεροι από αυτούς απέτυχαν — πολύ αδύναμοι για να επιβιώσουν από το κρύο και την πείνα.

Sie starben schnell unter der harten Arbeit, dem Frost und der langsamen Hungersnot.

Πέθαιναν γρήγορα κάτω από την εργασία, τον παγετό και την αργή καύση του λιμού.

Buck stand abseits – mit jedem Tag stärker, klüger und wilder.

Ο Μπακ ξεχώριζε — όλο και πιο δυνατός, πιο έξυπνος και πιο άγριος κάθε μέρα.

Er gedieh trotz aller Härte und wuchs heran, bis er den nördlichen Huskies ebenbürtig war.

Άνθισε στις κακουχίες, μεγαλώνοντας για να φτάσει τα βόρεια χάσκι.

Buck hatte Kraft, wilde Geschicklichkeit und einen geduldigen, tödlichen Instinkt.

Ο Μπακ είχε δύναμη, άγρια επιδεξιότητα και ένα υπομονετικό, θανατηφόρο ένστικτο.

Der Mann mit der Keule hatte Buck die Unbesonnenheit ausgetrieben.

Ο άντρας με το ρόπαλο είχε διώξει την απερισκεψία του Μπακ.

Die blinde Wut war verschwunden und durch stille Gerissenheit und Kontrolle ersetzt worden.

Η τυφλή οργή είχε εξαφανιστεί, και τη θέση της είχε πάρει η ήσυχη πονηριά και ο έλεγχος.

Er wartete ruhig und ursprünglich und wartete auf den richtigen Moment.

Περίμενε, ήρεμος και πρωτόγονος, αναζητώντας την κατάλληλη στιγμή.

Ihr Kampf um die Vorherrschaft wurde unvermeidlich und deutlich.

Η μάχη τους για την κυριαρχία έγινε αναπόφευκτη και ξεκάθαρη.

Buck strebte nach einer Führungsposition, weil sein Geist es verlangte.

Ο Μπακ επιθυμούσε ηγεσία επειδή το απαιτούσε το πνεύμα του.

Er wurde von dem seltsamen Stolz getrieben, der aus der Jagd und dem Geschirr entstand.

Τον παρακινούσε η παράξενη υπερηφάνεια που γεννιέται από το μονοπάτι και την ιπποσκευή.

Dieser Stolz ließ die Hunde ziehen, bis sie im Schnee zusammenbrachen.

Αυτή η υπερηφάνεια έκανε τα σκυλιά να σέρνονται μέχρι που σωριάστηκαν στο χιόνι.

Der Stolz verleitete sie dazu, all ihre Kraft einzusetzen.

Η υπερηφάνεια τους παρέσυρε να δώσουν όλη τους τη δύναμη.

Stolz kann einen Schlittenhund sogar in den Tod treiben.

Η υπερηφάνεια μπορεί να δελεάσει ένα σκυλί έλκηθρου ακόμη και μέχρι θανάτου.

Der Verlust des Geschirrs ließ die Hunde gebrochen und ziellos zurück.

Η απώλεια της ζώνης άφησε τα σκυλιά λυγισμένα και χωρίς σκοπό.

Das Herz eines Schlittenhundes kann vor Scham brechen, wenn er in den Ruhestand geht.

Η καρδιά ενός σκύλου έλκηθρου μπορεί να συντριβεί από ντροπή όταν αποσυρθεί.

Dave lebte von diesem Stolz, während er den Schlitten hinter sich herzog.

Ο Ντέιβ ζούσε με αυτή την υπερηφάνεια καθώς έσερνε το έλκηθρο από πίσω.

Auch Solleks gab mit grimmiger Stärke und Loyalität alles.

Και ο Σόλεκς έδωσε τον καλύτερό του εαυτό με σκληρή δύναμη και αφοσίωση.

Jeden Morgen verwandelte der Stolz ihre Verbitterung in Entschlossenheit.

Κάθε πρωί, η υπερηφάνεια τους μετέτρεπε από πικρούς σε αποφασιστικούς.

Sie drängten den ganzen Tag und verstummten dann am Ende des Lagers.

Σπρώχνονταν όλη μέρα και μετά σιωπούσαν στην άκρη του στρατοπέδου.

Dieser Stolz gab Spitz die Kraft, Drückeberger zur Räson zu bringen.

Αυτή η υπερηφάνεια έδωσε στον Σπιτζ τη δύναμη να νικήσει τους ατίθασους.

Spitz fürchtete Buck, weil Buck denselben tiefen Stolz in sich trug.

Ο Σπιτζ φοβόταν τον Μπακ επειδή ο Μπακ έτρεφε την ίδια βαθιά υπερηφάνεια.

Bucks Stolz wandte sich nun gegen Spitz, und er ließ nicht locker.

Η υπερηφάνεια του Μπακ τώρα σάλεψε με τον Σπιτζ και δεν σταμάτησε.

Buck widersetzte sich Spitz' Macht und hinderte ihn daran, Hunde zu bestrafen.

Ο Μπακ αψήφησε τη δύναμη του Σπιτζ και τον εμπόδισε να τιμωρήσει σκυλιά.

Als andere versagten, stellte sich Buck zwischen sie und ihren Anführer.

Όταν άλλοι αποτύγχαναν, ο Μπακ έμπαινε ανάμεσα σε αυτούς και τον αρχηγό τους.

Er tat dies mit Absicht und brachte seine Herausforderung offen und deutlich zum Ausdruck.

Το έκανε αυτό με πρόθεση, καθιστώντας την πρόκλησή του ανοιχτή και σαφή.

In einer Nacht hüllte schwerer Schnee die Welt in tiefe Stille.

Μια νύχτα, πυκνό χιόνι σκέπασε τον κόσμο σε βαθιά σιωπή.

Am nächsten Morgen stand Pike, faul wie immer, nicht zur Arbeit auf.

Το επόμενο πρωί, ο Πάικ, τεμπέλης όπως πάντα, δεν σηκώθηκε για τη δουλειά.

Er blieb in seinem Nest unter einer dicken Schneeschicht verborgen.

Έμεινε κρυμμένος στη φωλιά του κάτω από ένα παχύ στρώμα χιονιού.

François rief und suchte, konnte den Hund jedoch nicht finden.

Ο Φρανσουά φώναξε και έψαξε, αλλά δεν μπόρεσε να βρει τον σκύλο.

Spitz wurde wütend und stürmte durch das schneebedeckte Lager.

Ο Σπιτζ έγινε έξαλλος και εισέβαλε στο χιονισμένο στρατόπεδο.

Er knurrte und schnüffelte und grub wie verrückt mit flammenden Augen.

Γρύλισε και ρουθούνισε, σκάβοντας σαν τρελό με φλεγόμενα μάτια.

Seine Wut war so heftig, dass Pike vor Angst unter dem Schnee zitterte.

Η οργή του ήταν τόσο έντονη που ο Πάικ έτρεμε κάτω από το χιόνι από φόβο.

Als Pike schließlich gefunden wurde, stürzte sich Spitz auf den versteckten Hund, um ihn zu bestrafen.

Όταν ο Πάικ τελικά βρέθηκε, ο Σπιτζ όρμησε για να τιμωρήσει τον σκύλο που κρυβόταν.

Doch Buck sprang mit einer Wut zwischen sie, die Spitz' eigener ebenbürtig war.

Αλλά ο Μπακ όρμησε ανάμεσά τους με μια οργή ίση με τη δική του Σπιτζ.

Der Angriff erfolgte so plötzlich und geschickt, dass Spitz umfiel.

Η επίθεση ήταν τόσο ξαφνική και έξυπνη που ο Σπιτζ έπεσε από τα πόδια του.

Pike, der gezittert hatte, schöpfte aus diesem Trotz neuen Mut.

Ο Πάικ, που έτρεμε, πήρε θάρρος από αυτή την ανυπακοή.

Er sprang auf den gefallenen Spitz und folgte Bucks mutigem Beispiel.

Πήδηξε πάνω στον πεσμένο Σπιτζ, ακολουθώντας το τολμηρό παράδειγμα του Μπακ.

Buck, der nicht länger an Fairness gebunden war, beteiligte sich am Angriff auf Spitz.

Ο Μπακ, μη δεσμευμένος πλέον από δικαιοσύνη, συμμετείχε στην απεργία κατά του Σπιτζ.

François, amüsiert, aber dennoch diszipliniert, schwang seine schwere Peitsche.

Ο Φρανσουά, διασκεδασμένος αλλά σταθερός στην πειθαρχία, κούνησε το βαρύ μαστίγιό του.

Er schlug Buck mit aller Kraft, um den Kampf zu beenden.

Χτύπησε τον Μπακ με όλη του τη δύναμη για να διακόψει τη μάχη.

Buck weigerte sich, sich zu bewegen und blieb auf dem gefallenen Anführer sitzen.

Ο Μπακ αρνήθηκε να κινηθεί και έμεινε πάνω στον πεσμένο αρχηγό.

Dann benutzte François den Griff der Peitsche und schlug Buck damit heftig.

Ο Φρανσουά χρησιμοποίησε στη συνέχεια τη λαβή του μαστιγίου, χτυπώντας δυνατά τον Μπακ.

Buck taumelte unter dem Schlag und fiel zurück.

Τρεκλίζοντας από το χτύπημα, ο Μπακ υποχώρησε υπό την επίθεση.

François schlug immer wieder zu, während Spitz Pike bestrafte.

Ο Φρανσουά χτυπούσε ξανά και ξανά ενώ ο Σπιτς τιμωρούσε τον Πάικ.

Die Tage vergingen und Dawson City kam immer näher.

Οι μέρες περνούσαν και η πόλη Ντόσον πλησίαζε όλο και περισσότερο.

Buck mischte sich immer wieder ein und schlüpfte zwischen Spitz und andere Hunde.

Ο Μπακ συνέχιζε να ανακατεύεται, γλιστρώντας ανάμεσα στον Σπιτζ και τα άλλα σκυλιά.

Er wählte seine Momente gut und wartete immer darauf, dass François ging.

Διάλεγε καλά τις στιγμές του, περιμένοντας πάντα τον Φρανσουά να φύγει.

Bucks stille Rebellion breitete sich aus und im Team breitete sich Unordnung aus.

Η σιωπηλή εξέγερση του Μπακ εξαπλώθηκε και η αταξία ρίζωσε στην ομάδα.

Dave und Solleks blieben loyal, andere jedoch wurden widerspenstig.

Ο Ντέιβ και ο Σόλεκς παρέμειναν πιστοί, αλλά άλλοι έγιναν άτακτοι.

Die Situation im Team wurde immer schlimmer – es wurde unruhig, streitsüchtig und geriet aus der Reihe.

Η ομάδα χειροτέρευε — ήταν ανήσυχη, καβγατζής και εκτός ορίων.

Nichts lief mehr reibungslos und es kam immer wieder zu Streit.

Τίποτα δεν λειτουργούσε πια ομαλά και οι καβγάδες έγιναν συνηθισμένοι.

Buck blieb im Zentrum des Chaos und provozierte ständig Unruhe.

Ο Μπακ παρέμεινε στην καρδιά του προβλήματος, προκαλώντας πάντα αναταραχή.

François blieb wachsam, aus Angst vor dem Kampf zwischen Buck und Spitz.

Ο Φρανσουά παρέμεινε σε εγρήγορση, φοβούμενος τη μάχη μεταξύ του Μπακ και του Σπιτζ.

Jede Nacht wurde er durch Rangeleien geweckt, aus Angst, dass es endlich losgehen würde.

Κάθε βράδυ, τον ξυπνούσαν συμπλοκές, φοβούμενος ότι επιτέλους θα είχε έρθει η αρχή.

Er sprang aus seiner Robe, bereit, den Kampf zu beenden.

Πήδηξε από τη ρόμπα του, έτοιμος να διαλύσει τη μάχη.

Aber der Moment kam nie und sie erreichten schließlich Dawson.

Αλλά η στιγμή δεν ήρθε ποτέ, και τελικά έφτασαν στο Ντόσον.

Das Team betrat die Stadt an einem trüben Nachmittag, angespannt und still.

Η ομάδα μπήκε στην πόλη ένα ζοφερό απόγευμα, τεταμένη και ήσυχη.

Der große Kampf um die Führung hing noch immer in der eisigen Luft.

Η μεγάλη μάχη για την ηγεσία εξακολουθούσε να αιωρείται στον παγωμένο αέρα.

Dawson war voller Männer und Schlittenhunde, die alle mit der Arbeit beschäftigt waren.

Το Ντόσον ήταν γεμάτο άντρες και σκυλιά για έλκηθρα, όλοι απασχολημένοι με τη δουλειά.

Buck beobachtete die Hunde von morgens bis abends beim Lastenziehen.

Ο Μπακ παρακολουθούσε τα σκυλιά να τραβούν φορτία από το πρωί μέχρι το βράδυ.

Sie transportierten Baumstämme und Brennholz und lieferten Vorräte an die Minen.

Μετέφεραν κορμούς και καυσόξυλα, μετέφεραν προμήθειες στα ορυχεία.

Wo früher im Süden Pferde arbeiteten, schufteten heute Hunde.

Εκεί που κάποτε δούλευαν τα άλογα στο Σάουθλαντ, τώρα δούλευαν τα σκυλιά.

Buck sah einige Hunde aus dem Süden, aber die meisten waren wolfsähnliche Huskys.

Ο Μπακ είδε μερικά σκυλιά από τον Νότο, αλλά τα περισσότερα ήταν χάσκι που έμοιαζαν με λύκους.

Nachts erhoben die Hunde pünktlich zum ersten Mal ihre Stimmen zum Singen.

Τη νύχτα, σαν ρολόι, τα σκυλιά ύψωσαν τις φωνές τους τραγουδώντας.

Um neun, um Mitternacht und erneut um drei begann der Gesang.

Στις εννέα, τα μεσάνυχτα και ξανά στις τρεις, άρχισε το τραγούδι.

Buck liebte es, in ihren unheimlichen Gesang einzustimmen, der wild und uralt klang.

Ο Μπακ λάτρευε να συμμετέχει στην απόκοσμη ψαλμωδία τους, με άγριο και αρχαίο ήχο.

Das Polarlicht flammte, die Sterne tanzten und das Land war mit Schnee bedeckt.

Το σέλας φλόγιζε, τα αστέρια χόρευαν και το χιόνι σκέπαζε τη γη.

Der Gesang der Hunde erhob sich als Aufschrei gegen die Stille und die bittere Kälte.

Το τραγούδι των σκύλων υψώθηκε σαν κραυγή ενάντια στη σιωπή και το τσουχτερό κρύο.

Doch in jedem langen Ton ihres Heulens war Trauer und nicht Trotz zu hören.

Αλλά η κραυγή τους περιείχε θλίψη, όχι πρόκληση, σε κάθε μακρά νότα.

Jeder Klageschrei war voller Flehen; die Last des Lebens selbst.

Κάθε θρηνητική κραυγή ήταν γεμάτη ικεσίες· το βάρος της ίδιας της ζωής.

Dieses Lied war alt – älter als Städte und älter als Feuer

Αυτό το τραγούδι ήταν παλιό—παλαιότερο από τις πόλεις, και παλαιότερο από τις φωτιές

Dieses Lied war sogar älter als die Stimmen der Menschen.

Αυτό το τραγούδι ήταν αρχαιότερο ακόμη και από τις φωνές των ανθρώπων.

Es war ein Lied aus der jungen Welt, als alle Lieder traurig waren.

Ήταν ένα τραγούδι από τον νεανικό κόσμο, όταν όλα τα τραγούδια ήταν λυπηρά.

Das Lied trug den Kummer unzähliger Hundegenerationen in sich.

Το τραγούδι κουβαλούσε θλίψη από αμέτρητες γενιές σκύλων.

Buck spürte die Melodie tief und stöhnte vor jahrhundertealtem Schmerz.

Ο Μπακ ένιωσε βαθιά τη μελωδία, βογκώντας από πόνο που είχε τις ρίζες του στους αιώνες.

Er schluchzte aus einem Kummer, der so alt war wie das wilde Blut in seinen Adern.

Έκλαιγε με λυγμούς από μια θλίψη τόσο παλιά όσο το άγριο αίμα στις φλέβες του.

Die Kälte, die Dunkelheit und das Geheimnisvolle berührten Bucks Seele.

Το κρύο, το σκοτάδι και το μυστήριο άγγιξαν την ψυχή του Μπακ.

Dieses Lied bewies, wie weit Buck zu seinen Ursprüngen zurückgekehrt war.

Αυτό το τραγούδι απέδειξε πόσο μακριά είχε επιστρέψει ο Μπακ στις ρίζες του.

Durch Schnee und Heulen hatte er den Anfang seines eigenen Lebens gefunden.

Μέσα στο χιόνι και τις ουρλιαχτές είχε βρει την αρχή της δικής του ζωής.

Sieben Tage nach ihrer Ankunft in Dawson brachen sie erneut auf.

Επτά ημέρες αφότου έφτασαν στο Ντόσον, ξεκίνησαν ξανά.

Das Team verließ die Kaserne und fuhr hinunter zum Yukon Trail.

Η ομάδα κατέβηκε από τους Στρατώνες στο Μονοπάτι Γιούκον.

Sie begannen die Rückreise nach Dyea und Salt Water.

Ξεκίνησαν το ταξίδι της επιστροφής προς τη Ντάια και το Αλμυρό Νερό.

Perrault überbrachte noch dringlichere Depeschen als zuvor.

Ο Περώ μετέφερε αποστολές ακόμη πιο επείγουσες από πριν.

Auch ihn packte der Trail-Stolz, und er wollte einen Rekord aufstellen.

Τον κατέλαβε επίσης η υπερηφάνεια για το μονοπάτι και στόχευε να καταρρίψει ένα ρεκόρ.

Diesmal hatte Perrault mehrere Vorteile.

Αυτή τη φορά, πολλά πλεονεκτήματα ήταν με το μέρος του Perrault.

Die Hunde hatten eine ganze Woche lang geruht und ihre Kräfte wiedererlangt.

Τα σκυλιά είχαν ξεκουραστεί για μια ολόκληρη εβδομάδα και είχαν ανακτήσει τις δυνάμεις τους.

Die Spur, die sie gebahnt hatten, wurde nun von anderen festgestampft.

Το μονοπάτι που είχαν χαράξει ήταν τώρα σκληρό από άλλους.

An manchen Stellen hatte die Polizei Futter für Hunde und Menschen gelagert.

Σε ορισμένα μέρη, η αστυνομία είχε αποθηκεύσει τρόφιμα τόσο για σκύλους όσο και για άνδρες.

Perrault reiste mit leichtem Gepäck und bewegte sich schnell, ohne dass ihn etwas belastete.

Ο Περώ ταξίδευε ελαφρύς, κινούμενος γρήγορα, χωρίς πολλά να τον βαραίνουν.

Sie erreichten Sixty-Mile, eine Strecke von achtzig Kilometern, noch in der ersten Nacht.

Έφτασαν στο Sixty-Mile, μια διαδρομή πενήντα μιλίων, την πρώτη νύχτα.

Am zweiten Tag eilten sie den Yukon hinauf nach Pelly.

Τη δεύτερη μέρα, έσπευσαν στον Γιούκον προς το Πέλι.

Doch dieser tolle Fortschritt war für François mit vielen Strapazen verbunden.

Αλλά μια τέτοια εξαιρετική πρόοδος ήρθε με μεγάλη πίεση για τον Φρανσουά.

Bucks stille Rebellion hatte die Disziplin des Teams zerstört.

Η σιωπηλή εξέγερση του Μπακ είχε διαλύσει την πειθαρχία της ομάδας.

Sie zogen nicht mehr wie ein Tier an den Zügeln.

Δεν τραβούσαν πια μαζί σαν ένα θηρίο στα ηνία.

Buck hatte durch sein mutiges Beispiel andere zum Trotz verleitet.

Ο Μπακ είχε οδηγήσει άλλους σε ανυπακοή με το τολμηρό του παράδειγμα.

Spitz' Befehl stieß weder auf Furcht noch auf Respekt.

Η διοίκηση του Σπιτζ δεν αντιμετωπίστηκε πλέον με φόβο ή σεβασμό.

Die anderen verloren ihre Ehrfurcht vor ihm und wagten es, sich seiner Herrschaft zu widersetzen.

Οι άλλοι έχασαν το δέος τους γι' αυτόν και τόλμησαν να αντισταθούν στην κυριαρχία του.

Eines Nachts stahl Pike einen halben Fisch und aß ihn vor Bucks Augen.

Ένα βράδυ, ο Πάικ έκλεψε μισό ψάρι και το έφαγε μπροστά στα μάτια του Μπακ.

In einer anderen Nacht kämpften Dub und Joe gegen Spitz und blieben ungestraft.

Ένα άλλο βράδυ, ο Νταμπ και ο Τζο πάλεψαν με τον Σπιτζ και έμειναν ατιμώρητοι.

Sogar Billee jammerte weniger süß und zeigte eine neue Schärfe.

Ακόμα και η Μπίλι γκρίνιαξε λιγότερο γλυκά και έδειξε νέα οξύτητα.

Buck knurrte Spitz jedes Mal an, wenn sich ihre Wege kreuzten.

Ο Μπακ γρύλιζε στον Σπιτζ κάθε φορά που διασταυρώνονταν.

Bucks Haltung wurde dreist und bedrohlich, fast wie die eines Tyrannen.

Η στάση του Μπακ έγινε τολμηρή και απειλητική, σχεδόν σαν νταή.

Mit stolzgeschwellter Brust und voller spöttischer Bedrohung schritt er vor Spitz auf und ab.

Περπάτησε μπροστά από τον Σπιτζ με αλαζονεία, γεμάτος χλευαστική απειλή.

Dieser Zusammenbruch der Ordnung breitete sich auch unter den Schlittenhunden aus.

Αυτή η κατάρρευση της τάξης εξαπλώθηκε και ανάμεσα στα σκυλιά που έσερναν έλκηθρο.

Sie stritten und stritten mehr denn je und erfüllten das Lager mit Lärm.

Τσακώθηκαν και λογομάχησαν περισσότερο από ποτέ, γεμίζοντας το στρατόπεδο με θόρυβο.

Das Lagerleben verwandelte sich jede Nacht in ein wildes, heulendes Chaos.

Η ζωή στην κατασκήνωση μετατρεπόταν σε ένα άγριο, ουρλιαχτό χάος κάθε βράδυ.

Nur Dave und Solleks blieben ruhig und konzentriert.

Μόνο ο Ντέιβ και ο Σόλεκς παρέμειναν σταθεροί και συγκεντρωμένοι.

Doch selbst sie wurden durch die ständigen Schlägereien ungehalten.

Αλλά ακόμη και αυτοί οξύθυμοι έγιναν από τους συνεχείς καβγάδες.

François fluchte in fremden Sprachen und stampfte frustriert auf.

Ο Φρανσουά έβριζε σε παράξενες γλώσσες και ποδοπατούσε από απογοήτευση.

Er riss sich die Haare aus und schrie, während der Schnee unter seinen Füßen wirbelte.

Έσκισε τα μαλλιά του και φώναξε ενώ το χιόνι έπεφτε κάτω από τα πόδια του.

Seine Peitsche knallte über das Rudel, konnte es aber kaum in Schach halten.

Το μαστίγιό του χτύπησε απότομα την αγέλη, αλλά μετά βίας τους κράτησε στην ευθεία.

Immer wenn er sich umdrehte, brachen die Kämpfe erneut aus.

Κάθε φορά που του γύριζε την πλάτη, οι μάχες ξαναξηνόντουσαν.

François setzte die Peitsche für Spitz ein, während Buck die Rebellen anführte.

Ο Φρανσουά χρησιμοποίησε το μαστίγιο για τον Σπιτζ, ενώ ο Μπακ ηγήθηκε των επαναστατών.

Jeder kannte die Rolle des anderen, aber Buck vermied jegliche Schuldzuweisungen.

Ο καθένας γνώριζε τον ρόλο του άλλου, αλλά ο Μπακ απέφευγε οποιαδήποτε ευθύνη.

François hat Buck nie dabei erwischt, wie er eine Schlägerei anfing oder sich vor seiner Arbeit drückte.

Ο Φρανσουά δεν έπιασε ποτέ τον Μπακ να ξεκινά καβγά ή να αποφεύγει τη δουλειά του.

Buck arbeitete hart im Geschirr – die Mühe erfüllte ihn jetzt mit Begeisterung.

Ο Μπακ δούλευε σκληρά φορώντας ιμάντες — ο μόχθος τώρα τον συγκινούσε.

Doch noch mehr Freude bereitete ihm das Anzetteln von Kämpfen und Chaos im Lager.

Αλλά έβρισκε ακόμη μεγαλύτερη χαρά στο να προκαλεί μάχες και χάος στο στρατόπεδο.

Eines Abends schreckte Dub an der Mündung des Tahkeena ein Kaninchen auf.

Ένα βράδυ, στις εκβολές της Ταχκίνα, ο Νταμπ τρόμαξε ένα κουνέλι.

Er verpasste den Fang und das Schneeschuhkaninchen sprang davon.

Έχασε την ψαριά και το κουνέλι με τα χιονοπέδιλα πετάχτηκε μακριά.

Innerhalb von Sekunden nahm das gesamte Schlittenteam unter wildem Geschrei die Verfolgung auf.

Σε δευτερόλεπτα, ολόκληρη η ομάδα του έλκηθρου όρμησε στο κυνήγι με άγριες κραυγές.

In der Nähe beherbergte ein Lager der Northwest Police fünfzig Huskys.

Σε κοντινή απόσταση, ένα στρατόπεδο της Βορειοδυτικής Αστυνομίας φιλοξενούσε πενήντα χάσκι σκυλιά.

Sie schlossen sich der Jagd an und stürmten gemeinsam den zugefrorenen Fluss hinunter.

Μπήκαν στο κυνήγι, κατεβαίνοντας ορμητικά μαζί το παγωμένο ποτάμι.

Das Kaninchen verließ den Fluss und floh in ein gefrorenes Bachbett.

Το κουνέλι έστριψε την όχθη του ποταμού, τρέχοντας προς την παγωμένη κοίτη ενός ρυακιού.

Das Kaninchen hüpfte leichtfüßig über den Schnee, während die Hunde sich durchkämpften.

Το κουνέλι χοροπηδούσε ελαφρά πάνω στο χιόνι ενώ τα σκυλιά πάλευαν να το διαπεράσουν.

Buck führte das riesige Rudel von sechzig Hunden um jede Kurve.

Ο Μπακ οδήγησε την τεράστια αγέλη των εξήντα σκύλων γύρω από κάθε στροφή.

Er drängte tief und eifrig vorwärts, konnte jedoch keinen Boden gutmachen.

Προχώρησε, χαμηλόφωνα και πρόθυμα, αλλά δεν
μπορούσε να κερδίσει έδαφος.

**Bei jedem kraftvollen Sprung blitzte sein Körper im blassen
Mondlicht auf.**

Το σώμα του άστραφτε κάτω από το χλωμό φεγγάρι με
κάθε δυνατό άλμα.

**Vor uns bewegte sich das Kaninchen wie ein Geist, lautlos
und zu schnell, um es einzufangen.**

Μπροστά, το κουνέλι κινούνταν σαν φάντασμα, σιωπηλό
και πολύ γρήγορα για να το πιάσει.

**All diese alten Instinkte – der Hunger, der Nervenkitzel –
durchströmten Buck.**

Όλα αυτά τα παλιά ένστικτα —η πείνα, η συγκίνηση—
διαπέρασαν τον Μπακ.

**Manchmal verspüren Menschen diesen Instinkt und werden
dazu getrieben, mit Gewehr und Kugel zu jagen.**

Οι άνθρωποι νιώθουν αυτό το ένστικτο κατά καιρούς,
ωθούμενοι να κυνηγούν με όπλο και σφαίρα.

**Aber Buck empfand dieses Gefühl auf einer tieferen und
persönlicheren Ebene.**

Αλλά ο Μπακ ένιωσε αυτό το συναίσθημα σε ένα βαθύτερο
και πιο προσωπικό επίπεδο.

**Sie konnten die Wildnis nicht in ihrem Blut spüren, so wie
Buck sie spüren konnte.**

Δεν μπορούσαν να νιώσουν την άγρια φύση στο αίμα τους
με τον τρόπο που την ένιωθε ο Μπακ.

**Er jagte lebendes Fleisch, bereit, mit seinen Zähnen zu töten
und Blut zu schmecken.**

Κυνηγούσε ζωντανό κρέας, έτοιμο να σκοτώσει με τα
δόντια του και να γευτεί αίμα.

**Sein Körper spannte sich vor Freude, er wollte in warmem,
rotem Leben baden.**

Το σώμα του τεντώθηκε από χαρά, θέλοντας να λουστεί
στη ζεστή κόκκινη ζωή.

**Eine seltsame Freude markiert den höchsten Punkt, den das
Leben jemals erreichen kann.**

Μια παράξενη χαρά σηματοδοτεί το υψηλότερο σημείο που μπορεί ποτέ να φτάσει η ζωή.

Das Gefühl eines Gipfels, bei dem die Lebenden vergessen, dass sie überhaupt am Leben sind.

Η αίσθηση μιας κορυφής όπου οι ζωντανοί ξεχνούν καν ότι είναι ζωντανοί.

Diese tiefe Freude berührt den Künstler, der sich in glühender Inspiration verliert.

Αυτή η βαθιά χαρά αγγίζει τον καλλιτέχνη που είναι χαμένος σε μια φλεγόμενη έμπνευση.

Diese Freude ergreift den Soldaten, der wild kämpft und keinen Feind verschont.

Αυτή η χαρά κυριεύει τον στρατιώτη που μάχεται άγρια και δεν λυπάται κανέναν εχθρό.

Diese Freude erfasste nun Buck, der das Rudel mit seinem Urhunger anführte.

Αυτή η χαρά κατέλαβε τώρα τον Μπακ καθώς ηγούνταν της αγέλης στην αρχέγονη πείνα.

Er heulte mit dem uralten Wolfsschrei, aufgeregt durch die lebendige Jagd.

Ούρλιαξε με την αρχαία κραυγή του λύκου, ενθουσιασμένος από το ζωντανό κυνήγι.

Buck hat den ältesten Teil seiner selbst angezapft, der in der Wildnis verloren war.

Ο Μπακ άκουσε το πιο γερασμένο κομμάτι του εαυτού του, χαμένο στην άγρια φύση.

Er griff tief in sein Inneres, in die Vergangenheit, in die raue, uralte Zeit.

Έφτασε βαθιά μέσα στην περασμένη μνήμη, στον ακατέργαστο, αρχαίο χρόνο.

Eine Welle puren Lebens durchströmte jeden Muskel und jede Sehne.

Ένα κύμα αγνής ζωής ξεχύθηκε μέσα από κάθε μυ και τένοντα.

Jeder Sprung schrie, dass er lebte, dass er durch den Tod ging.

Κάθε πήδημα φώναζε ότι ζούσε, ότι κινούνταν μέσα στον θάνατο.

Sein Körper schwebte freudig über stilles, kaltes Land, das sich nie regte.

Το σώμα του πετούσε χαρούμενα πάνω σε ακίνητη, κρύα γη που δεν σαλεύτηκε ποτέ.

Spitz blieb selbst in seinen wildesten Momenten kalt und listig.

Ο Σπιτζ παρέμεινε ψυχρός και πονηρός, ακόμα και στις πιο άγριες στιγμές του.

Er verließ den Pfad und überquerte das Land, wo der Bach eine weite Biegung machte.

Άφησε το μονοπάτι και διέσχισε τη γη όπου το ρυάκι έστριβε πλατιά.

Buck, der davon nichts wusste, blieb auf dem gewundenen Pfad des Kaninchens.

Ο Μπακ, αγνοώντας αυτό, έμεινε στο ελικοειδές μονοπάτι του κουνελιού.

Dann, als Buck um eine Kurve bog, stand das geisterhafte Kaninchen vor ihm.

Έπειτα, καθώς ο Μπακ έστριβε σε μια στροφή, το κουνέλι που έμοιαζε με φάντασμα εμφανίστηκε μπροστά του.

Er sah, wie eine zweite Gestalt vor der Beute vom Ufer sprang.

Είδε μια δεύτερη φιγούρα να πηδάει από την όχθη μπροστά από το θήραμα.

Bei der Gestalt handelte es sich um Spitz, der direkt auf dem Weg des fliehenden Kaninchens landete.

Η φιγούρα ήταν ο Σπιτζ, που προσγειωνόταν ακριβώς στο μονοπάτι του κουνελιού που έφευγε.

Das Kaninchen konnte sich nicht umdrehen und traf mitten in der Luft auf Spitz' Kiefer.

Το κουνέλι δεν μπορούσε να γυρίσει και συνάντησε τα σαγόνια του Σπιτζ στον αέρα.

Das Rückgrat des Kaninchens brach mit einem Schrei, der so scharf war wie der Schrei eines sterbenden Menschen.

Η σπονδυλική στήλη του κουνελιού έσπασε από μια κραυγή τόσο αιχμηρή όσο το κλάμα ενός ετοιμοθάνατου ανθρώπου.

Bei diesem Geräusch – dem Sturz vom Leben in den Tod – heulte das Rudel laut auf.

Σε αυτόν τον ήχο—την πτώση από τη ζωή στον θάνατο—η αγέλη ούρλιαξε δυνατά.

Hinter Buck erhob sich ein wilder Chor voller dunkler Freude.

Μια άγρια χορωδία ακούστηκε πίσω από τον Μπακ, γεμάτη σκοτεινή απόλαυση.

Buck gab keinen Schrei von sich, keinen Laut, und stürmte direkt auf Spitz zu.

Ο Μπακ δεν έβγαλε ούτε κραυγή, ούτε ήχο, και όρμησε κατευθείαν στον Σπιτζ.

Er zielte auf die Kehle, traf aber stattdessen die Schulter.

Στόχευσε στον λαιμό, αλλά αντ' αυτού χτύπησε τον ώμο.

Sie stürzten durch den weichen Schnee, ihre Körper waren in einen Kampf verstrickt.

Σέρνονταν μέσα στο μαλακό χιόνι· τα σώματά τους ήταν παγιδευμένα στη μάχη.

Spitz sprang schnell auf, als wäre er nie niedergeschlagen worden.

Ο Σπιτζ πετάχτηκε γρήγορα, σαν να μην είχε χτυπηθεί ποτέ κάτω.

Er schlug auf Bucks Schulter und sprang dann aus dem Kampf.

Χτύπησε τον Μπακ στον ώμο και μετά πήδηξε μακριά από τη μάχη.

Zweimal schnappten seine Zähne wie Stahlfallen, seine Lippen waren grimmig gekräuselt.

Δύο φορές τα δόντια του έσπασαν σαν ατσάλινες παγίδες, με τα χείλη του κυρτωμένα και άγρια.

Er wich langsam zurück und suchte festen Boden unter seinen Füßen.

Υποχώρησε αργά, αναζητώντας στέρεο έδαφος κάτω από τα πόδια του.

Buck verstand den Moment sofort und vollkommen.

Ο Μπακ κατάλαβε τη στιγμή αμέσως και πλήρως.

Die Zeit war gekommen; der Kampf würde ein Kampf auf Leben und Tod werden.

Είχε έρθει η ώρα· η μάχη θα ήταν μάχη μέχρι θανάτου.

Die beiden Hunde umkreisten knurrend den Raum, legten die Ohren an und kniffen die Augen zusammen.

Τα δύο σκυλιά έκαναν κύκλους, γρυλίζοντας, με τα αυτιά τους σκεπασμένα και τα μάτια τους στένεψαν.

Jeder Hund wartete darauf, dass der andere Schwäche zeigte oder einen Fehltritt machte.

Κάθε σκύλος περίμενε τον άλλον να δείξει αδυναμία ή να κάνει λάθος βήμα.

Buck hatte ein unheimliches Gefühl, die Szene zu kennen und tief in Erinnerung zu behalten.

Για τον Μπακ, η σκηνή ήταν απόκοσμα γνωστή και βαθιά στη μνήμη του.

Die weißen Wälder, die kalte Erde, die Schlacht im Mondlicht.

Τα λευκά δάση, η κρύα γη, η μάχη κάτω από το φως του φεγγαριού.

Eine schwere Stille erfüllte das Land, tief und unnatürlich.

Μια βαριά σιωπή πλημμύρισε τη γη, βαθιά και αφύσικη.

Kein Wind regte sich, kein Blatt bewegte sich, kein Geräusch unterbrach die Stille.

Κανένας άνεμος δεν κουνήθηκε, κανένα φύλλο δεν κουνήθηκε, κανένας ήχος δεν διέκοψε την ησυχία.

Der Atem der Hunde stieg wie Rauch in die eiskalte, stille Luft.

Οι ανάσες των σκύλων ανέβαιναν σαν καπνός στον παγωμένο, ήσυχο αέρα.

Das Kaninchen war von der Meute der wilden Tiere längst vergessen.

Το κουνέλι είχε ξεχαστεί εδώ και καιρό από την αγέλη των άγριων θηρίων.

Diese halb gezähmten Wölfe standen nun still in einem weiten Kreis.

Αυτοί οι ημι-εξημερωμένοι λύκοι στέκονταν τώρα ακίνητοι σε έναν πλατύ κύκλο.

Sie waren still, nur ihre leuchtenden Augen verrieten ihren Hunger.

Ήταν σιωπηλοί, μόνο τα λαμπερά τους μάτια αποκάλυπταν την πείνα τους.

Ihr Atem stieg auf, als sie den Beginn des Endkampfes beobachteten.

Η ανάσα τους ανέβαινε προς τα πάνω, παρακολουθώντας την έναρξη της τελικής μάχης.

Für Buck war dieser Kampf alt und erwartet, überhaupt nicht ungewöhnlich.

Για τον Μπακ, αυτή η μάχη ήταν παλιά και αναμενόμενη, καθόλου παράξενη.

Es fühlte sich an wie die Erinnerung an etwas, das schon immer passieren sollte.

Ένιωθα σαν μια ανάμνηση από κάτι που πάντα έμελλε να συμβεί.

Spitz war ein ausgebildeter Kampfhund, gestählt durch zahllose wilde Schlägereien.

Ο Σπιτζ ήταν ένα εκπαιδευμένο σκυλί μάχης, ακονισμένο σε αμέτρητες άγριες συμπλοκές.

Von Spitzbergen bis Kanada hatte er viele Feinde besiegt.

Από το Σπιτζμπέργκεν μέχρι τον Καναδά, είχε νικήσει πολλούς εχθρούς.

Er war voller Wut, ließ seiner Wut jedoch nie freien Lauf.

Ήταν γεμάτος οργή, αλλά ποτέ δεν έλεγχε την οργή του.

Seine Leidenschaft war scharf, aber immer durch einen harten Instinkt gemildert.

Το πάθος του ήταν οξύ, αλλά πάντα μετριαζόταν από σκληρό ένστικτο.

Er griff nie an, bis seine eigene Verteidigung stand.

Δεν επιτέθηκε ποτέ μέχρι να τεθεί σε εφαρμογή η δική του άμυνα.

Buck versuchte immer wieder, Spitz' verwundbaren Hals zu erreichen.

Ο Μπακ προσπάθησε ξανά και ξανά να φτάσει τον
ευάλωτο λαιμό του Σπιτζ.

**Doch jeder Schlag wurde von Spitz' scharfen Zähnen mit
einem Hieb beantwortet.**

Αλλά κάθε χτύπημα αντιμετώπιζε ένα ξύσιμο από τα
κοφτερά δόντια του Σπιτζ.

**Ihre Reißzähne prallten aufeinander und beide Hunde
bluteten aus den aufgerissenen Lippen.**

Οι κυνόδοντές τους συγκρούστηκαν και και τα δύο σκυλιά
αιμορραγούσαν από σκισμένα χείλη.

**Egal, wie sehr Buck sich auch wehrte, er konnte die
Verteidigung nicht durchbrechen.**

Όσο κι αν όρμησε ο Μπακ, δεν μπορούσε να διασπάσει την
άμυνα.

**Er wurde immer wütender und stürmte mit wilden
Kraftausbrüchen hinein.**

Έγινε πιο έξαλλος, ορμώντας μέσα με άγριες εκρήξεις
δύναμης.

**Immer wieder schlug Buck nach der weißen Kehle von
Spitz.**

Ξανά και ξανά, ο Μπακ χτυπούσε για τον άσπρο λαιμό του
Σπιτζ.

**Jedes Mal wich Spitz aus und schlug mit einem
schneidenden Biss zurück.**

Κάθε φορά ο Σπιτζ απέφευγε και ανταπέδιδε ένα δάγκωμα
σε φέτες.

**Dann änderte Buck seine Taktik und stürzte sich erneut
darauf, als wolle er ihm die Kehle zu Leibe rücken.**

Τότε ο Μπακ άλλαξε τακτική, ορμώντας ξανά σαν να
ήθελε τον λαιμό.

**Doch er zog sich mitten im Angriff zurück und drehte sich
um, um von der Seite zuzuschlagen.**

Αλλά υποχώρησε κατά τη διάρκεια της επίθεσης,
στρεφόμενος για να χτυπήσει από το πλάι.

**Er warf Spitz seine Schulter entgegen, um ihn
niederzuschlagen.**

Έριξε τον ώμο του στον Σπιτζ, με στόχο να τον ρίξει κάτω.

Bei jedem Versuch wich Spitz aus und konterte mit einem Hieb.

Κάθε φορά που προσπαθούσε, ο Σπιτζ απέφευγε και αντεπιτίθετο με ένα χτύπημα.

Bucks Schulter wurde wund, als Spitz nach jedem Schlag davonsprang.

Ο ώμος του Μπακ τράβηξε την προσοχή καθώς ο Σπιτζ πηδούσε μακριά μετά από κάθε χτύπημα.

Spitz war nicht berührt worden, während Buck aus vielen Wunden blutete.

Ο Σπιτζ δεν είχε αγγιχτεί, ενώ ο Μπακ αιμορραγούσε από πολλές πληγές.

Bucks Atem ging schnell und schwer, sein Körper war blutverschmiert.

Η ανάσα του Μπακ ήταν γρήγορη και βαριά, το σώμα του γλιστρούσε από το αίμα.

Mit jedem Biss und Angriff wurde der Kampf brutaler.

Η μάχη γινόταν πιο άγρια με κάθε δάγκωμα και έφοδο.

Um sie herum warteten sechzig stille Hunde darauf, dass der erste fiel.

Γύρω τους, εξήντα σιωπηλά σκυλιά περίμεναν να πέσουν τα πρώτα.

Wenn ein Hund zu Boden ging, würde das Rudel den Kampf beenden.

Αν έπεφτε ένα σκυλί, η αγέλη θα τελείωνε τον αγώνα.

Spitz sah, dass Buck schwächer wurde, und begann, den Angriff voranzutreiben.

Ο Σπιτζ είδε τον Μπακ να εξασθενεί και άρχισε να επιτίθεται.

Er brachte Buck aus dem Gleichgewicht und zwang ihn, um Halt zu kämpfen.

Κράτησε τον Μπακ εκτός ισορροπίας, αναγκάζοντάς τον να παλέψει για να σταθεί στα πόδια του.

Einmal stolperte Buck und fiel, und alle Hunde standen auf.

Κάποτε ο Μπακ σκόνταψε και έπεσε, και όλα τα σκυλιά σηκώθηκαν όρθια.

Doch Buck richtete sich mitten im Fall auf und alle sanken wieder zu Boden.

Αλλά ο Μπακ ισιώθηκε στη μέση της πτώσης και όλοι βυθίστηκαν ξανά κάτω.

Buck hatte etwas Seltenes – eine Vorstellungskraft, die aus tiefem Instinkt geboren war.

Ο Μπακ είχε κάτι σπάνιο — φαντασία που γεννιόταν από βαθύ ένστικτο.

Er kämpfte mit natürlichem Antrieb, aber auch mit List.

Πολέμησε από φυσική ορμή, αλλά πολεμούσε και με πονηριά.

Er griff erneut an, als würde er seinen Schulterangriffstrick wiederholen.

Όρμησε ξανά σαν να επαναλάμβανε το κόλπο του με την επίθεση στον ώμο.

Doch in der letzten Sekunde ließ er sich fallen und flog unter Spitz hindurch.

Αλλά την τελευταία στιγμή, έπεσε χαμηλά και σάρωσε κάτω από τον Σπιτζ.

Seine Zähne schnappten um Spitz' linkes Vorderbein.

Τα δόντια του χτύπησαν το μπροστινό αριστερό πόδι του Σπιτζ με ένα κλικ.

Spitz stand nun unsicher da, sein Gewicht ruhte nur noch auf drei Beinen.

Ο Σπιτζ στεκόταν τώρα ασταθής, με το βάρος του να στηρίζεται μόνο σε τρία πόδια.

Buck schlug erneut zu und versuchte dreimal, ihn zu Fall zu bringen.

Ο Μπακ χτύπησε ξανά, προσπάθησε τρεις φορές να τον ρίξει κάτω.

Beim vierten Versuch nutzte er denselben Zug mit Erfolg

Στην τέταρτη προσπάθεια χρησιμοποίησε την ίδια κίνηση με επιτυχία

Diesmal gelang es Buck, Spitz in das rechte Bein zu beißen.

Αυτή τη φορά ο Μπακ κατάφερε να δαγκώσει το δεξί πόδι του Σπιτζ.

Obwohl Spitz verkrüppelt war und große Schmerzen litt, kämpfte er weiter ums Überleben.

Ο Σπιτζ, αν και ανάπηρος και σε αγωνία, συνέχισε να αγωνίζεται να επιβιώσει.

Er sah, wie der Kreis der Huskys enger wurde, die Zungen herausstreckten und deren Augen leuchteten.

Είδε τον κύκλο των χάσκι να σφίγγεται, με τις γλώσσες έξω, τα μάτια να λάμπουν.

Sie warteten darauf, ihn zu verschlingen, so wie sie es mit anderen getan hatten.

Περίμεναν να τον καταβροχθίσουν, όπως ακριβώς είχαν κάνει και με άλλους.

Dieses Mal stand er im Mittelpunkt: besiegt und verdammt.

Αυτή τη φορά, στεκόταν στο κέντρο· ηττημένος και καταδικασμένος.

Für den weißen Hund gab es jetzt keine Möglichkeit mehr zu entkommen.

Δεν υπήρχε πλέον επιλογή διαφυγής για το λευκό σκυλί.

Buck kannte keine Gnade, denn Gnade hatte in der Wildnis nichts zu suchen.

Ο Μπακ δεν έδειξε έλεος, γιατί το έλεος δεν ανήκε στην άγρια φύση.

Buck bewegte sich vorsichtig und bereitete sich auf den letzten Angriff vor.

Ο Μπακ κινήθηκε προσεκτικά, ετοιμάζοντας την τελική έφοδο.

Der Kreis der Huskys schloss sich, er spürte ihren warmen Atem.

Ο κύκλος των χάσκι πλησίασε· ένιωσε τις ζεστές ανάσες τους.

Sie duckten sich und waren bereit, im richtigen Moment zu springen.

Σκύβουν χαμηλά, έτοιμοι να πηδήξουν όταν έρθει η ώρα.

Spitz zitterte im Schnee, knurrte und veränderte seine Haltung.

Ο Σπιτζ έτρεμε στο χιόνι, γρυλίζοντας και αλλάζοντας στάση.

Seine Augen funkelten, seine Lippen waren gekräuselt und seine Zähne blitzten in verzweifelter Drohung.

Τα μάτια του έλαμπαν, τα χείλη του έσφιγγαν, τα δόντια του έλαμπαν απειλητικά.

Er taumelte und versuchte immer noch, dem kalten Biss des Todes standzuhalten.

Παραπάτησε, προσπαθώντας ακόμα να συγκρατήσει το ψυχρό δάγκωμα του θανάτου.

Er hatte das schon früher erlebt, aber immer von der Gewinnerseite.

Το είχε ξαναδεί αυτό, αλλά πάντα από την πλευρά του νικητή.

Jetzt war er auf der Verliererseite, der Besiegte, die Beute, der Tod.

Τώρα ήταν στην πλευρά των ηττημένων· των ηττημένων· του θύματος· του θανάτου.

Buck umkreiste ihn für den letzten Schlag, der Hundekreis rückte näher.

Ο Μπακ έκανε κύκλους για το τελικό χτύπημα, με τον κύκλο των σκύλων να σφίγγεται πιο κοντά.

Er konnte ihren heißen Atem spüren; bereit zum Töten.

Μπορούσε να νιώσει τις καυτές ανάσες τους· έτοιμοι για τη σφαγή.

Stille breitete sich aus; alles war an seinem Platz; die Zeit war stehen geblieben.

Μια σιωπή έπεσε, όλα ήταν στη θέση τους, ο χρόνος είχε σταματήσει.

Sogar die kalte Luft zwischen ihnen gefror für einen letzten Moment.

Ακόμα και ο κρύος αέρας ανάμεσά τους πάγωσε για μια τελευταία στιγμή.

Nur Spitz bewegte sich und versuchte, sein bitteres Ende abzuwenden.

Μόνο ο Σπιτζ κινήθηκε, προσπαθώντας να συγκρατήσει το πικρό του τέλος.

Der Kreis der Hunde schloss sich um ihn, und das war sein Schicksal.

Ο κύκλος των σκύλων έκλεινε γύρω του, όπως και η μοίρα του.

Er war jetzt verzweifelt, da er wusste, was passieren würde.

Ήταν πλέον απελπισμένος, ξέροντας τι επρόκειτο να συμβεί.

Buck sprang hinein, Schulter an Schulter traf ein letztes Mal.

Ο Μπακ πήδηξε μέσα, ο ώμος συνάντησε τον ώμο για τελευταία φορά.

Die Hunde drängten vorwärts und deckten Spitz in der verschneiten Dunkelheit.

Τα σκυλιά όρμησαν μπροστά, καλύπτοντας τον Σπιτζ στο χιονισμένο σκοτάδι.

Buck sah zu, aufrecht stehend; der Sieger in einer wilden Welt.

Ο Μπακ παρακολουθούσε, όρθιος· ο νικητής σε έναν άγριο κόσμο.

Das dominante Urtier hatte seine Beute gemacht, und es war gut.

Το κυρίαρχο αρχέγονο θηρίο είχε κάνει το θήραμά του, και ήταν καλό.

Wer die Meisterschaft erlangt hat

Αυτός, που έχει κερδίσει την κυριαρχία

„Wie? Was habe ich gesagt? Ich sage die Wahrheit, wenn ich sage, dass Buck ein Teufel ist."

«Ε; Τι είπα; Λέω αλήθεια όταν λέω ότι ο Μπακ είναι διάβολος.»

François sagte dies am nächsten Morgen, nachdem er festgestellt hatte, dass Spitz verschwunden war.

Ο Φρανσουά το είπε αυτό το επόμενο πρωί, αφού βρήκε τον Σπιτζ αγνοούμενο.

Buck stand da, übersät mit Wunden aus dem erbitterten Kampf.

Ο Μπακ στεκόταν εκεί, καλυμμένος με πληγές από την άγρια μάχη.

François zog Buck zum Feuer und zeigte auf die Verletzungen.

Ο Φρανσουά τράβηξε τον Μπακ κοντά στη φωτιά και έδειξε τα τραύματα.

„Dieser Spitz hat gekämpft wie der Devik", sagte Perrault und beäugte die tiefen Schnittwunden.

«Αυτός ο Σπιτζ πολέμησε σαν τον Ντέβικ», είπε ο Περό, κοιτάζοντας τις βαθιές πληγές.

„Und dieser Buck hat wie zwei Teufel gekämpft", antwortete François sofort.

«Και αυτός ο Μπακ πάλεψε σαν δύο διάβολοι», απάντησε αμέσως ο Φρανσουά.

„Jetzt kommen wir gut voran; kein Spitz mehr, kein Ärger mehr."

«Τώρα θα κάνουμε καλή δουλειά. Τέλος ο Σπιτζ, τέλος η ταλαιπωρία.»

Perrault packte die Ausrüstung und belud den Schlitten sorgfältig.

Ο Περό μάζευε τον εξοπλισμό και φόρτωνε το έλκηθρο με προσοχή.

François spannte die Hunde für den Lauf des Tages an.

Ο Φρανσουά έδεσε τα σκυλιά προετοιμάζοντας το τρέξιμο της ημέρας.

Buck trabte direkt an die Führungsposition, die einst Spitz innehatte.

Ο Μπακ έτρεξε κατευθείαν στην πρωτοποριακή θέση που κάποτε κατείχε ο Σπιτζ.

Doch François bemerkte es nicht und führte Solleks nach vorne.

Αλλά ο Φρανσουά, αγνοώντας το, οδήγησε τον Σολέκς μπροστά.

Nach François' Einschätzung war Solleks nun der beste Leithund.

Κατά την κρίση του Φρανσουά, ο Σόλεκς ήταν πλέον ο καλύτερος αρχηγός.

Buck stürzte sich wütend auf Solleks und trieb ihn aus Protest zurück.

Ο Μπακ όρμησε εναντίον του Σόλεκς με οργή και τον έδιωξε σε ένδειξη διαμαρτυρίας.

Er stand dort, wo einst Spitz gestanden hatte, und beanspruchte die Führungsposition.

Στάθηκε εκεί που κάποτε βρισκόταν ο Σπιτζ, διεκδικώντας την ηγετική θέση.

„Wie? Wie?", rief François und schlug sich amüsiert auf die Schenkel.

«Ε; Ε;» φώναξε ο Φρανσουά, χτυπώντας τους μηρούς του από ευθυμία.

„Sehen Sie sich Buck an – er hat Spitz umgebracht und jetzt will er ihm den Job wegnehmen!"

«Κοίτα τον Μπακ—σκότωσε τον Σπιτζ, τώρα θέλει να πάρει τη δουλειά!»

„Geh weg, Chook!", schrie er und versuchte, Buck zu vertreiben.

«Φύγε, Τσουκ!» φώναξε, προσπαθώντας να διώξει τον Μπακ.

Aber Buck weigerte sich, sich zu bewegen und blieb fest im Schnee stehen.

Αλλά ο Μπακ αρνήθηκε να κουνηθεί και στάθηκε σταθερός στο χιόνι.

François packte Buck am Genick und zog ihn beiseite.

Ο Φρανσουά άρπαξε τον Μπακ από το σβέρκο και τον τράβηξε στην άκρη.

Buck knurrte leise und drohend, griff aber nicht an.

Ο Μπακ γρύλισε χαμηλόφωνα και απειλητικά, αλλά δεν επιτέθηκε.

François brachte Solleks wieder in Führung und versuchte, den Streit zu schlichten

Ο Φρανσουά έδωσε ξανά προβάδισμα στον Σόλεκς, προσπαθώντας να διευθετήσει τη διαμάχη.

Der alte Hund zeigte Angst vor Buck und wollte nicht bleiben.

Το γέρικο σκυλί έδειξε φόβο για τον Μπακ και δεν ήθελε να μείνει.

Als François ihm den Rücken zuwandte, verjagte Buck Solleks wieder.

Όταν ο Φρανσουά του γύρισε την πλάτη, ο Μπακ έδιωξε ξανά τον Σόλεκς.

Solleks leistete keinen Widerstand und trat erneut leise zur Seite.

Ο Σόλεκς δεν αντιστάθηκε και έκανε ξανά αθόρυβα στην άκρη.

François wurde wütend und schrie: „Bei Gott, ich werde dich heilen!"

Ο Φρανσουά θύμωσε και φώναξε: «Μα τον Θεό, σε φτιάχνω!»

Er kam mit einer schweren Keule in der Hand auf Buck zu.

Ήρθε προς τον Μπακ κρατώντας ένα βαρύ ρόπαλο στο χέρι του.

Buck erinnerte sich gut an den Mann im roten Pullover.

Ο Μπακ θυμόταν καλά τον άντρα με το κόκκινο πουλόβερ.

Er zog sich langsam zurück, beobachtete François, knurrte jedoch tief.

Υποχώρησε αργά, παρακολουθώντας τον Φρανσουά, αλλά γρυλίζοντας βαθιά.

Er eilte nicht zurück, auch nicht, als Solleks an seiner Stelle stand.

Δεν έσπευσε να επιστρέψει, ακόμα και όταν ο Σόλεκς στάθηκε στη θέση του.

Buck kreiste knapp außerhalb seiner Reichweite und knurrte wütend und protestierend.

Ο Μπακ έκανε κύκλους που ήταν λίγο έξω από τον εαυτό του, γρυλίζοντας από οργή και διαμαρτυρία.

Er behielt den Schläger im Auge und war bereit auszuweichen, falls François warf.

Κρατούσε τα μάτια του στο ρόπαλο, έτοιμος να αποφύγει αν ο Φρανσουά έριχνε.

Er war weise und vorsichtig geworden im Umgang mit bewaffneten Männern.

Είχε γίνει σοφός και επιφυλακτικός στους τρόπους των ανθρώπων με όπλα.

François gab auf und rief Buck erneut an seinen alten Platz.

Ο Φρανσουά τα παράτησε και κάλεσε ξανά τον Μπακ στο προηγούμενο σπίτι του.

Aber Buck trat vorsichtig zurück und weigerte sich, dem Befehl Folge zu leisten.

Αλλά ο Μπακ έκανε ένα βήμα πίσω προσεκτικά, αρνούμενος να υπακούσει στην εντολή.

François folgte ihm, aber Buck wich nur ein paar Schritte zurück.

Ο Φρανσουά τον ακολούθησε, αλλά ο Μπακ υποχώρησε μόνο λίγα βήματα ακόμα.

Nach einiger Zeit warf François frustriert die Waffe hin.

Μετά από λίγο, ο Φρανσουά πέταξε κάτω το όπλο απογοητευμένος.

Er dachte, Buck hätte Angst vor einer Tracht Prügel und würde ruhig kommen.

Νόμιζε ότι ο Μπακ φοβόταν τον ξυλοδαρμό και θα ερχόταν αθόρυβα.

Aber Buck wollte sich nicht vor einer Strafe drücken – er kämpfte um seinen Rang.

Αλλά ο Μπακ δεν απέφευγε την τιμωρία — πάλευε για τον βαθμό.

Er hatte sich den Platz als Leithund durch einen Kampf auf Leben und Tod verdient

Είχε κερδίσει τη θέση του αρχηγού μέσα από μια μάχη μέχρι θανάτου

er würde sich mit nichts Geringerem zufrieden geben, als der Anführer zu sein.

δεν επρόκειτο να συμβιβαστεί με τίποτα λιγότερο από το να είναι ο ηγέτης.

Perrault beteiligte sich an der Verfolgung, um den rebellischen Buck zu fangen.

Ο Περό συμμετείχε στην καταδίωξη για να βοηθήσει να πιάσει τον επαναστάτη Μπακ.

Gemeinsam ließen sie ihn fast eine Stunde lang durch das Lager laufen.

Μαζί, τον περιέφεραν σε όλο το στρατόπεδο για σχεδόν μία ώρα.

Sie warfen Knüppel nach ihm, aber Buck wich jedem Schlag geschickt aus.

Του πέταξαν ρόπαλα, αλλά ο Μπακ τα απέφυγε όλα επιδέξια.

Sie verfluchten ihn, seine Vorfahren, seine Nachkommen und jedes Haar an ihm.

Τον καταράστηκαν, τους προγόνους του, τους απογόνους του και κάθε τρίχα του.

Aber Buck knurrte nur zurück und blieb gerade außerhalb ihrer Reichweite.

Αλλά ο Μπακ απλώς γρύλισε και έμεινε λίγο μακριά από την εμβέλειά τους.

Er versuchte nie wegzulaufen, sondern umkreiste das Lager absichtlich.

Δεν προσπάθησε ποτέ να δραπετεύσει, αλλά έκανε κύκλους γύρω από το στρατόπεδο επίτηδες.

Er machte klar, dass er gehorchen würde, sobald sie ihm gäben, was er wollte.

Ξεκαθάρισε ότι θα υπάκουε μόλις του έδιναν αυτό που ήθελε.

Schließlich setzte sich François hin und kratzte sich frustriert am Kopf.

Ο Φρανσουά κάθισε τελικά και έξυσε το κεφάλι του από απογοήτευση.

Perrault sah auf seine Uhr, fluchte und murmelte etwas über die verlorene Zeit.

Ο Περώ κοίταξε το ρολόι του, έβρισε και μουρμούρισε για τον χαμένο χρόνο.

Obwohl sie eigentlich auf der Spur sein sollten, war bereits eine Stunde vergangen.

Είχε ήδη περάσει μια ώρα ενώ θα έπρεπε να είχαν ξεκινήσει το μονοπάτι.

François zuckte verlegen mit den Achseln, als der Kurier resigniert seufzte.

Ο Φρανσουά σήκωσε τους ώμους του ντροπαλά προς τον αγγελιαφόρο, ο οποίος αναστέναξε ηττημένος.

Dann ging François zu Solleks und rief Buck noch einmal.

Έπειτα ο Φρανσουά περπάτησε προς τον Σολέκς και φώναξε ξανά τον Μπακ.

Buck lachte wie ein Hund, wahrte jedoch vorsichtig seine Distanz.

Ο Μπακ γέλασε σαν γελάει ο σκύλος, αλλά κράτησε την προσεκτική του απόσταση.

François nahm Solleks das Geschirr ab und brachte ihn an seinen Platz zurück.

Ο Φρανσουά αφαίρεσε την ζώνη του Σολέκς και τον επέστρεψε στη θέση του.

Das Schlittenteam stand voll angespannt da, nur ein Platz war unbesetzt.

Η ομάδα έλκηθρου ήταν πλήρως εξοπλισμένη, με μόνο μία θέση κενή.

Die Führungsposition blieb leer und war eindeutig nur für Buck bestimmt.

Η θέση του επικεφαλής παρέμεινε κενή, σαφώς προοριζόμενη μόνο για τον Μπακ.

François rief erneut, und wieder lachte Buck und blieb standhaft.

Ο Φρανσουά φώναξε ξανά, και ο Μπακ γέλασε ξανά και κράτησε τη θέση του.

„Wirf die Keule weg", befahl Perrault ohne zu zögern.

«Πετάξτε κάτω το ρόπαλο», διέταξε ο Περώ χωρίς δισταγμό.

François gehorchte und Buck trabte sofort stolz vorwärts.

Ο Φρανσουά υπάκουσε και ο Μπακ αμέσως έτρεξε μπροστά περήφανα.

Er lachte triumphierend und übernahm die Führungsposition.

Γέλασε θριαμβευτικά και πήρε την πρώτη θέση.

François befestigte seine Leinen und der Schlitten wurde losgerissen.

Ο Φρανσουά εξασφάλισε τα ίχνη του και το έλκηθρο λύθηκε.

Beide Männer liefen neben dem Team her, als es auf den Flusspfad rannte.

Και οι δύο άντρες έτρεχαν παράλληλα καθώς η ομάδα έτρεχε στο μονοπάτι του ποταμού.

François hatte Bucks „zwei Teufel" sehr geschätzt,

Ο Φρανσουά είχε μεγάλη εκτίμηση για τους «δύο διαβόλους» του Μπακ,

aber er merkte bald, dass er den Hund tatsächlich unterschätzt hatte.

αλλά σύντομα συνειδητοποίησε ότι στην πραγματικότητα είχε υποτιμήσει τον σκύλο.

Buck übernahm schnell die Führung und erbrachte hervorragende Leistungen.

Ο Μπακ ανέλαβε γρήγορα την ηγεσία και τα πήγε άψογα.

In puncto Urteilsvermögen, schnelles Denken und schnelles Handeln übertraf Buck Spitz.

Σε κρίση, γρήγορη σκέψη και γρήγορη δράση, ο Μπακ ξεπέρασε τον Σπιτζ.

François hatte noch nie einen Hund gesehen, der dem von Buck gleichkam.

Ο Φρανσουά δεν είχε ξαναδεί σκύλο ισάξιο αυτού που επέδειξε τώρα ο Μπακ.

Aber Buck war wirklich herausragend darin, für Ordnung zu sorgen und Respekt zu erlangen.

Αλλά ο Μπακ πραγματικά διέπρεψε στην επιβολή της τάξης και στην επιβολή σεβασμού.

Dave und Solleks akzeptierten die Änderung ohne Bedenken oder Protest.

Ο Ντέιβ και ο Σόλεκς δέχτηκαν την αλλαγή χωρίς ανησυχία ή διαμαρτυρία.

Sie konzentrierten sich nur auf die Arbeit und zogen kräftig die Zügel an.

Επικεντρώνονταν μόνο στη δουλειά και στο να τραβούν δυνατά τα ηνία.

Es war ihnen egal, wer führte, solange der Schlitten in Bewegung blieb.

Λίγο τους ένοιαζε ποιος οδηγούσε, αρκεί το έλκηθρο να συνέχιζε να κινείται.

Billee, der Fröhliche, hätte, soweit es sie interessierte, die Führung übernehmen können.

Η Μπίλι, η χαρούμενη, θα μπορούσε να είχε ηγηθεί όσο κι αν τους ένοιαζε.

Was ihnen wichtig war, waren Frieden und Ordnung in den Reihen.

Αυτό που είχε σημασία για αυτούς ήταν η ειρήνη και η τάξη στις τάξεις.

Der Rest des Teams war während Spitz' Niedergang unbändig geworden.

Η υπόλοιπη ομάδα είχε γίνει άτακτη κατά τη διάρκεια της παρακμής του Σπιτζ.

Sie waren schockiert, als Buck sie sofort zur Ordnung rief.

Έμειναν σοκαρισμένοι όταν ο Μπακ τους έβαλε αμέσως σε τάξη.

Pike war immer faul gewesen und hatte Buck hinterhergehangen.

Ο Πάικ ήταν πάντα τεμπέλης και σέρνονταν πίσω από τον Μπακ.

Doch nun wurde er von der neuen Führung scharf diszipliniert.

Αλλά τώρα τιμωρήθηκε αυστηρά από τη νέα ηγεσία.

Und er lernte schnell, seinen Teil zum Team beizutragen.

Και γρήγορα έμαθε να έχει το βάρος του στην ομάδα.

Am Ende des Tages hatte Pike härter gearbeitet als je zuvor.

Μέχρι το τέλος της ημέρας, ο Πάικ δούλεψε πιο σκληρά από ποτέ.

In dieser Nacht im Lager wurde Joe, der mürrische Hund, endlich beruhigt.

Εκείνο το βράδυ στην κατασκήνωση, ο Τζο, το ξινό σκυλί, τελικά ησύχασε.

Spitz hatte es nicht geschafft, ihn zu disziplinieren, aber Buck versagte nicht.

Ο Σπιτζ δεν είχε καταφέρει να τον πειθαρχήσει, αλλά ο Μπακ δεν απέτυχε.

Durch die Nutzung seines größeren Gewichts überwältigte Buck Joe in Sekundenschnelle.

Χρησιμοποιώντας το μεγαλύτερο βάρος του, ο Μπακ ξεπέρασε τον Τζο σε δευτερόλεπτα.

Er biss und schlug Joe, bis dieser wimmerte und aufhörte, sich zu wehren.

Δάγκωσε και ξυλοκόπησε τον Τζο μέχρι που κλαψούρισε και σταμάτησε να αντιστέκεται.

Von diesem Moment an verbesserte sich das gesamte Team.

Όλη η ομάδα βελτιώθηκε από εκείνη τη στιγμή και μετά.

Die Hunde erlangten ihre alte Einheit und Disziplin zurück.

Τα σκυλιά ανέκτησαν την παλιά τους ενότητα και πειθαρχία.

In Rink Rapids kamen zwei neue einheimische Huskies hinzu, Teek und Koona.

Στο Ρινκ Ράπιντς, ενώθηκαν δύο νέα ιθαγενή χάσκι, ο Τικ και η Κούνα.

Bucks schnelle Ausbildung erstaunte sogar François.

Η γρήγορη εκπαίδευσή τους από τον Μπακ εξέπληξε ακόμη και τον Φρανσουά.

„So einen Hund wie diesen Buck hat es noch nie gegeben!", rief er erstaunt.

«Ποτέ δεν υπήρξε τέτοιο σκυλί σαν αυτόν τον Μπακ!» φώναξε με έκπληξη.

„Nein, niemals! Er ist tausend Dollar wert, bei Gott!"

«Όχι, ποτέ! Αξίζει χίλια δολάρια, μα τον Θεό!»

„Wie? Was sagst du dazu, Perrault?", fragte er stolz.

«Ε; Τι λες, Περό;» ρώτησε με υπερηφάνεια.

Perrault nickte zustimmend und überprüfte seine Notizen.

Ο Περώ έγνεψε καταφατικά και έλεγξε τις σημειώσεις του.

Wir liegen bereits vor dem Zeitplan und kommen täglich weiter voran.

Είμαστε ήδη μπροστά από το χρονοδιάγραμμα και κερδίζουμε περισσότερα κάθε μέρα.

Der Weg war festgestampft und glatt, es lag kein Neuschnee.

Το μονοπάτι ήταν σκληρό και ομαλό, χωρίς φρέσκο χιόνι.

Es war konstant kalt und lag die ganze Zeit bei minus fünfzig Grad.

Το κρύο ήταν σταθερό, κυμαινόμενο στους πενήντα βαθμούς υπό το μηδέν καθ' όλη τη διάρκεια.

Die Männer ritten und rannten abwechselnd, um sich warm zu halten und Zeit zu gewinnen.

Οι άντρες ίππευαν και έτρεχαν με τη σειρά για να ζεσταθούν και να κερδίσουν χρόνο.

Die Hunde rannten schnell, mit wenigen Pausen, immer vorwärts.

Τα σκυλιά έτρεχαν γρήγορα με λίγες στάσεις, σπρώχνοντας πάντα μπροστά.

Der Thirty Mile River war größtenteils zugefroren und leicht zu überqueren.

Ο ποταμός Thirty Mile ήταν ως επί το πλείστον παγωμένος και εύκολος στη διέλευσή του.

Was zehn Tage gedauert hatte, wurde an einem Tag verschickt.

Έφυγαν σε μία μέρα, ενώ είχαν πάρει δέκα μέρες για να έρθουν.

Sie legten einen sechsundneunzig Kilometer langen Sprint vom Lake Le Barge nach White Horse zurück.

Έκαναν μια διαδρομή εξήντα μιλίων από τη λίμνη Λε Μπαρζ μέχρι το Γουάιτ Χορς.

Sie bewegten sich unglaublich schnell über die Seen Marsh, Tagish und Bennett.

Στις λίμνες Μαρς, Ταγκίς και Μπένετ κινήθηκαν απίστευτα γρήγορα.

Der laufende Mann wird an einem Seil hinter dem Schlitten hergezogen.

Ο τρέχων άντρας σύρθηκε πίσω από το έλκηθρο με σχοινί.

In der letzten Nacht der zweiten Woche erreichten sie ihr Ziel.

Την τελευταία νύχτα της δεύτερης εβδομάδας έφτασαν στον προορισμό τους.

Sie hatten gemeinsam die Spitze des White Pass erreicht.

Είχαν φτάσει μαζί στην κορυφή του Λευκού Περάσματος.

Sie sanken auf Meereshöhe hinab, mit den Lichtern von Skaguay unter ihnen.

Κατέβηκαν στο επίπεδο της θάλασσας με τα φώτα του Σκάγκουεϊ από κάτω τους.

Es war ein Rekordlauf durch kilometerlange kalte Wildnis.

Ήταν μια διαδρομή ρεκόρ σε χιλιόμετρα κρύας ερημιάς.

An vierzehn aufeinanderfolgenden Tagen legten sie im Durchschnitt satte vierundsechzig Kilometer zurück.

Για δεκατέσσερις συνεχόμενες ημέρες, έτρεχαν κατά μέσο όρο σαράντα μίλια.

In Skaguay transportierten Perrault und François Fracht durch die Stadt.

Στο Σκαγκέι, ο Περό και ο Φρανσουά μετέφεραν εμπορεύματα μέσα στην πόλη.

Die bewundernde Menge jubelte ihnen zu und bot ihnen viele Getränke an.

Τους επευφημούσαν και τους πρόσφεραν πολλά ποτά το θαυμαστικό πλήθος.

Hundefänger und Arbeiter versammelten sich um das berühmte Hundegespann.

Κυνηγητικοί σκύλων και εργάτες συγκεντρώθηκαν γύρω από την περίφημη ομάδα σκύλων.

Dann kamen Gesetzlose aus dem Westen in die Stadt und erlitten eine brutale Niederlage.

Στη συνέχεια, οι δυτικοί παράνομοι ήρθαν στην πόλη και υπέστησαν βίαιη ήττα.

Die Leute vergaßen bald das Team und konzentrierten sich auf neue Dramen.

Οι άνθρωποι σύντομα ξέχασαν την ομάδα και επικεντρώθηκαν σε νέο δράμα.

Dann kamen die neuen Befehle, die alles auf einen Schlag veränderten.

Έπειτα ήρθαν οι νέες εντολές που άλλαξαν τα πάντα μονομιάς.

François rief Buck zu sich und umarmte ihn mit tränenreichem Stolz.

Ο Φρανσουά φώναξε τον Μπακ κοντά του και τον αγκάλιασε με δακρυσμένη υπερηφάνεια.

In diesem Moment sah Buck François zum letzten Mal wieder.

Εκείνη η στιγμή ήταν η τελευταία φορά που ο Μπακ είδε ξανά τον Φρανσουά.

Wie viele Männer zuvor waren sowohl François als auch Perrault nicht mehr da.

Όπως πολλοί άντρες στο παρελθόν, τόσο ο Φρανσουά όσο και ο Περώ είχαν φύγει.

Ein schottischer Mischling übernahm das Kommando über Buck und seine Schlittenhunde-Kollegen.

Ένα Σκωτσέζικο ημίαιμο ανέλαβε τον Μπακ και τους συναθλητές του, τους σκύλους έλκηθρου.

Mit einem Dutzend anderer Hundegespanne kehrten sie auf dem Weg nach Dawson zurück.

Με δώδεκα άλλες ομάδες σκύλων, επέστρεψαν κατά μήκος του μονοπατιού προς το Ντόσον.

Es war kein Schnelllauf mehr, sondern harte Arbeit mit einer schweren Last jeden Tag.

Δεν ήταν πια γρήγορο τρέξιμο—μόνο βαριά δουλειά με βαρύ φορτίο κάθε μέρα.

Dies war der Postzug, der den Goldsuchern in der Nähe des Pols Nachrichten brachte.

Αυτό ήταν το ταχυδρομικό τρένο, που έφερνε τα νέα στους κυνηγούς χρυσού κοντά στον Πόλο.

Buck mochte die Arbeit nicht, ertrug sie jedoch gut und war stolz auf seine Leistung.

Ο Μπακ δεν άρεσε η δουλειά, αλλά την άντεχε καλά, περήφανος για την προσπάθειά του.

Wie Dave und Solleks zeigte Buck Hingabe bei jeder täglichen Aufgabe.

Όπως ο Ντέιβ και ο Σόλεκς, ο Μπακ έδειχνε αφοσίωση σε κάθε καθημερινή εργασία.

Er stellte sicher, dass jeder seiner Teamkollegen seinen Teil beitrug.

Φρόντισε όλοι οι συμπαίκτες του να βάλουν το βάρος που τους αναλογούσε.

Das Leben auf dem Trail wurde langweilig und wiederholte sich mit der Präzision einer Maschine.

Η ζωή στα μονοπάτια έγινε βαρετή, επαναλαμβανόμενη με την ακρίβεια μιας μηχανής.

Jeder Tag fühlte sich gleich an, ein Morgen ging in den nächsten über.

Κάθε μέρα έμοιαζε ίδια, το ένα πρωί έσμιγε με το επόμενο.

Zur gleichen Stunde standen die Köche auf, um Feuer zu machen und Essen zuzubereiten.

Την ίδια ώρα, οι μάγειρες σηκώθηκαν για να ανάψουν φωτιές και να ετοιμάσουν φαγητό.

Nach dem Frühstück verließen einige das Lager, während andere die Hunde anspannten.

Μετά το πρωινό, κάποιοι έφυγαν από το στρατόπεδο, ενώ άλλοι έδεσαν τα σκυλιά.

Sie machten sich auf den Weg, bevor die schwache Morgendämmerung den Himmel berührte.

Βρέθηκαν στο μονοπάτι πριν η αμυδρή προειδοποίηση της αυγής αγγίξει τον ουρανό.

Nachts hielten sie an, um ihr Lager aufzuschlagen, wobei jeder Mann eine festgelegte Aufgabe hatte.

Τη νύχτα, σταματούσαν για να στρατοπεδεύσουν, ο καθένας με ένα καθορισμένο καθήκον.

Einige stellten die Zelte auf, andere hackten Feuerholz und sammelten Kiefernzweige.

Κάποιοι έστησαν τις σκηνές, άλλοι έκοψαν καυσόξυλα και μάζεψαν κλαδιά πεύκου.

Zum Abendessen wurde den Köchen Wasser oder Eis mitgebracht.

Νερό ή πάγος μεταφέρονταν πίσω στους μάγειρες για το βραδινό γεύμα.

Die Hunde wurden gefüttert und das war für sie der schönste Teil des Tages.

Τα σκυλιά ταΐστηκαν, και αυτή ήταν η καλύτερη στιγμή της ημέρας για αυτά.

Nachdem sie Fisch gegessen hatten, entspannten sich die Hunde und machten es sich in der Nähe des Feuers gemütlich.

Αφού έφαγαν ψάρι, τα σκυλιά χαλάρωσαν και ξάπλωσαν κοντά στη φωτιά.

Im Konvoi waren noch hundert andere Hunde, unter die man sich mischen konnte.

Υπήρχαν εκατό άλλα σκυλιά στην συνοδεία για να συναναστραφούμε.

Viele dieser Hunde waren wild und kämpften ohne Vorwarnung.

Πολλά από αυτά τα σκυλιά ήταν άγρια και έσπευσαν να πολεμήσουν χωρίς προειδοποίηση.

Doch nach drei Siegen war Buck selbst den härtesten Kämpfern überlegen.

Αλλά μετά από τρεις νίκες, ο Μπακ κυριάρχησε ακόμη και στους πιο σκληροτράχηλους μαχητές.

Als Buck nun knurrte und die Zähne fletschte, traten sie zur Seite.

Τώρα, όταν ο Μπακ γρύλισε και έδειξε τα δόντια του, έκαναν στην άκρη.

Und das Beste war vielleicht, dass Buck es liebte, neben dem flackernden Lagerfeuer zu liegen.

Ίσως το καλύτερο από όλα ήταν ότι ο Μπακ λάτρευε να ξαπλώνει κοντά στην αναμμένη φωτιά.

Er hockte mit angezogenen Hinterbeinen und nach vorne gestreckten Vorderbeinen.

Σκυμμένος με τα πίσω πόδια μαζεμένα και τα μπροστινά πόδια τεντωμένα μπροστά.

Er hatte den Kopf erhoben und blinzelte sanft in die glühenden Flammen.

Το κεφάλι του ήταν σηκωμένο καθώς ανοιγόκλεινε απαλά τα μάτια του κοιτάζοντας τις λαμπερές φλόγες.

Manchmal musste er an Richter Millers großes Haus in Santa Clara denken.

Μερικές φορές θυμόταν το μεγάλο σπίτι του Δικαστή Μίλερ στη Σάντα Κλάρα.

Er dachte an den Zementpool, an Ysabel und den Mops namens Toots.

Σκέφτηκε την τσιμεντένια πισίνα, την Ύζαμπελ και το παγκ που το έλεγαν Τουτς.

Aber häufiger musste er an die Keule des Mannes mit dem roten Pullover denken.

Αλλά πιο συχνά θυμόταν τον άντρα με το μπαστούνι του κόκκινου πουλόβερ.

Er erinnerte sich an Curlys Tod und seinen erbitterten Kampf mit Spitz.

Θυμόταν τον θάνατο του Κέρλι και τη σκληρή μάχη του με τον Σπιτζ.

Er erinnerte sich auch an das gute Essen, das er gegessen hatte oder von dem er immer noch träumte.

Θυμήθηκε επίσης το καλό φαγητό που είχε φάει ή που ακόμα ονειρευόταν.

Buck hatte kein Heimweh – das warme Tal war weit weg und unwirklich.

Ο Μπακ δεν νοσταλγούσε το σπίτι του — η ζεστή κοιλάδα ήταν μακρινή και εξωπραγματική.

Die Erinnerungen an Kalifornien hatten keine große Anziehungskraft mehr auf ihn.

Οι αναμνήσεις της Καλιφόρνια δεν τον βασάνιζαν πλέον ιδιαίτερα.

Stärker als die Erinnerung waren die tief in seinem Blut verwurzelten Instinkte.

Πιο δυνατά από τη μνήμη ήταν τα ένστικτα βαθιά ριζωμένα στην γενεαλογία του.

Einst verlorene Gewohnheiten waren zurückgekehrt und durch den Weg und die Wildnis wiederbelebt worden.

Συνήθειες που κάποτε είχαν χαθεί είχαν επιστρέψει, αναβιωμένες από τα ίχνη και την άγρια φύση.

Während Buck das Feuerlicht betrachtete, veränderte sich seine Wahrnehmung manchmal.

Καθώς ο Μπακ παρακολουθούσε το φως της φωτιάς, μερικές φορές αυτό μετατρεπόταν σε κάτι άλλο.

Er sah im Feuerschein ein anderes Feuer, älter und tiefer als das gegenwärtige.

Είδε στο φως της φωτιάς μια άλλη φωτιά, παλαιότερη και βαθύτερη από την τωρινή.

Neben dem anderen Feuer hockte ein Mann, der anders aussah als der Mischlingskoch.

Δίπλα σε εκείνη την άλλη φωτιά καθόταν κουλουριασμένος ένας άντρας διαφορετικός από τον ημίαιμο μάγειρα.

Diese Figur hatte kurze Beine, lange Arme und harte, verknotete Muskeln.

Αυτή η φιγούρα είχε κοντά πόδια, μακριά χέρια και σκληρούς, δεμένους μύες.

Sein Haar war lang und verfilzt und fiel von den Augen nach hinten ab.

Τα μαλλιά του ήταν μακριά και μπερδεμένα, γέρνοντας προς τα πίσω από τα μάτια.

Er gab seltsame Geräusche von sich und starrte voller Angst in die Dunkelheit.

Έβγαζε παράξενους ήχους και κοίταζε έξω με φόβο το σκοτάδι.

Er hielt eine Steinkeule tief in seiner langen, rauen Hand fest.

Κρατούσε χαμηλά ένα πέτρινο ρόπαλο, σφιγμένο σφιχτά στο μακρύ, τραχύ χέρι του.

Der Mann trug wenig, nur eine verkohlte Haut, die ihm den Rücken hinunterhing.

Ο άντρας φορούσε ελάχιστα· μόνο ένα καμένο δέρμα που κρεμόταν στην πλάτη του.

Sein Körper war an Armen, Brust und Oberschenkeln mit dichtem Haar bedeckt.

Το σώμα του ήταν καλυμμένο με πυκνές τρίχες σε όλα τα χέρια, το στήθος και τους μηρούς.

Einige Teile des Haares waren zu rauen Fellbüscheln verfilzt.

Μερικά μέρη των μαλλιών ήταν μπερδεμένα σε κομμάτια τραχιάς γούνας.

Er stand nicht gerade, sondern war von der Hüfte bis zu den Knien nach vorne gebeugt.

Δεν στεκόταν ίσιος, αλλά έσκυψε μπροστά από τους γοφούς μέχρι τα γόνατα.

Seine Schritte waren federnd und katzenartig, als wäre er immer zum Sprung bereit.

Τα βήματά του ήταν ελαστικά και γατίσια, σαν να ήταν πάντα έτοιμος να πηδήξει.

Er war in höchster Wachsamkeit, als lebte er in ständiger Angst.

Υπήρχε μια έντονη εγρήγορση, σαν να ζούσε μέσα σε διαρκή φόβο.

Dieser alte Mann schien mit Gefahr zu rechnen, ob er die Gefahr nun sah oder nicht.

Αυτός ο αρχαίος άνθρωπος φαινόταν να περίμενε κίνδυνο, είτε ο κίνδυνος ήταν ορατός είτε όχι.

Manchmal schlief der haarige Mann am Feuer, den Kopf zwischen die Beine gesteckt.

Κατά καιρούς ο τριχωτός άντρας κοιμόταν δίπλα στη φωτιά, με το κεφάλι χωμένο ανάμεσα στα πόδια.

Seine Ellbogen ruhten auf seinen Knien, die Hände waren über seinem Kopf gefaltet.

Οι αγκώνες του ακουμπούσαν στα γόνατά του, με τα χέρια ενωμένα πάνω από το κεφάλι του.

Wie ein Hund benutzte er seine haarigen Arme, um den fallenden Regen abzuschütteln.

Σαν σκύλος χρησιμοποιούσε τα τριχωτά του χέρια για να διώχνει τη βροχή που έπεφτε.

Hinter dem Feuerschein sah Buck zwei Kohlen im Dunkeln glühen.

Πέρα από το φως της φωτιάς, ο Μπακ είδε δίδυμα κάρβουνα να λάμπουν στο σκοτάδι.

Immer zu zweit, waren sie die Augen der sich anpirschenden Raubtiere.

Πάντα δύο δύο, ήταν τα μάτια των αρπακτικών θηρίων που παραμόνευαν.

Er hörte, wie Körper durchs Unterholz krachten und Geräusche in der Nacht.

Άκουσε σώματα να πέφτουν μέσα στις θάμνους και ήχους να κάνουν οι άνθρωποι τη νύχτα.

Buck lag blinzelnd am Ufer des Yukon und träumte am Feuer.

Ξαπλωμένος στην όχθη του Γιούκον, ανοιγοκλείνοντας τα μάτια του, ο Μπακ ονειρεύτηκε δίπλα στη φωτιά.

Die Anblicke und Geräusche dieser wilden Welt ließen ihm die Haare zu Berge stehen.

Τα αξιοθέατα και οι ήχοι εκείνου του άγριου κόσμου έκαναν τα μαλλιά του να σηκωθούν.

Das Fell stand ihm über den Rücken, die Schultern und den Hals hinauf.

Η γούνα ανέβηκε κατά μήκος της πλάτης του, στους ώμους του και στον λαιμό του.

Er wimmerte leise oder gab ein tiefes Knurren aus der Brust von sich.

Κλαίγε απαλά ή έβγαλε ένα χαμηλό γρύλισμα βαθιά στο στήθος του.

Dann rief der Mischlingskoch: „Hey, du Buck, wach auf!"

Τότε ο ημίαιμος μάγειρας φώναξε: «Έι, εσύ Μπακ, ξύπνα!»

Die Traumwelt verschwand und das wirkliche Leben kehrte in Bucks Augen zurück.

Ο κόσμος των ονείρων εξαφανίστηκε και η πραγματική ζωή επέστρεψε στα μάτια του Μπακ.

Er wollte aufstehen, sich strecken und gähnen, als wäre er aus einem Nickerchen erwacht.

Ετοιμαζόταν να σηκωθεί, να τεντωθεί και να χασμουρηθεί, σαν να τον είχαν ξυπνήσει από έναν υπνάκο.

Die Reise war anstrengend, da sie den Postschlitten hinter sich herziehen mussten.

Το ταξίδι ήταν δύσκολο, με το έλκηθρο με το ταχυδρομείο να σέρνεται πίσω τους.

Schwere Lasten und harte Arbeit zermürbten die Hunde jeden langen Tag.

Τα βαριά φορτία και η σκληρή δουλειά εξαντλούσαν τα σκυλιά κάθε κουραστική μέρα.

Sie kamen dünn und müde in Dawson an und brauchten über eine Woche Ruhe.

Έφτασαν στο Ντόσον αδύναμοι, κουρασμένοι και χρειάζονταν πάνω από μια εβδομάδα ξεκούρασης.

Doch nur zwei Tage später machten sie sich erneut auf den Weg den Yukon hinunter.

Αλλά μόνο δύο μέρες αργότερα, ξεκίνησαν ξανά κατά μήκος του Γιούκον.

Sie waren mit weiteren Briefen beladen, die für die Außenwelt bestimmt waren.

Ήταν φορτωμένοι με περισσότερα γράμματα με προορισμό τον έξω κόσμο.

Die Hunde waren erschöpft und die Männer beschwerten sich ständig.

Τα σκυλιά ήταν εξαντλημένα και οι άντρες παραπονιόντουσαν συνεχώς.

Jeden Tag fiel Schnee, der den Weg weicher machte und die Schlitten verlangsamte.

Το χιόνι έπεφτε κάθε μέρα, μαλακώνοντας το μονοπάτι και επιβραδύνοντας τα έλκηθρα.

Dies führte zu einem stärkeren Ziehen und einem größeren Widerstand der Läufer.

Αυτό έκανε τους δρομείς πιο σκληρούς και πιο ανθεκτικούς.

Trotzdem waren die Fahrer fair und kümmerten sich um ihre Teams.

Παρόλα αυτά, οι οδηγοί ήταν δίκαιοι και φρόντιζαν τις ομάδες τους.

Jeden Abend wurden die Hunde gefüttert, bevor die Männer etwas zu essen bekamen.

Κάθε βράδυ, τα σκυλιά ταΐζονταν πριν προλάβουν να φάνε οι άντρες.

Kein Mann geht schlafen, ohne vorher die Pfoten seines eigenen Hundes zu kontrollieren.

Κανένας άνθρωπος δεν κοιμόταν πριν ελέγξει τα πόδια του σκύλου του.

Dennoch wurden die Hunde mit jeder zurückgelegten Strecke schwächer.

Παρόλα αυτά, τα σκυλιά γίνονταν πιο αδύναμα καθώς τα χιλιόμετρα φθείρονταν στο σώμα τους.

Sie waren den ganzen Winter über zweitausendachthundert Kilometer gereist.

Είχαν ταξιδέψει οκτακόσια μίλια κατά τη διάρκεια του χειμώνα.

Sie zogen Schlitten über jede Meile dieser brutalen Distanz.

Έσυραν έλκηθρα σε κάθε μίλι αυτής της βάναυσης απόστασης.

Selbst die härtesten Schlittenhunde spüren nach so vielen Kilometern die Belastung.

Ακόμα και τα πιο ανθεκτικά σκυλιά για έλκηθρο νιώθουν καταπόνηση μετά από τόσα χιλιόμετρα.

Buck hielt durch, sorgte für die Weiterarbeit seines Teams und sorgte für die nötige Disziplin.

Ο Μπακ άντεξε, κράτησε την ομάδα του σε φόρμα και διατήρησε την πειθαρχία.

Aber Buck war müde, genau wie die anderen auf der langen Reise.

Αλλά ο Μπακ ήταν κουρασμένος, όπως ακριβώς και οι άλλοι στο μακρύ ταξίδι.

Billee wimmerte und weinte jede Nacht ohne Ausnahme im Schlaf.

Ο Μπίλι κλαψούριζε και έκλαιγε στον ύπνο του κάθε βράδυ αδιάκοπα.

Joe wurde noch verbitterter und Solleks blieb kalt und distanziert.

Ο Τζο πικράθηκε ακόμα περισσότερο, και ο Σόλεκς παρέμεινε ψυχρός και απόμακρος.

Doch Dave war derjenige des gesamten Teams, der am meisten darunter litt.

Αλλά ο Ντέιβ ήταν αυτός που υπέστη το χειρότερο από όλη την ομάδα.

Irgendetwas in seinem Inneren war schiefgelaufen, doch niemand wusste, was.

Κάτι είχε πάει στραβά μέσα του, αν και κανείς δεν ήξερε τι.

Er wurde launischer und fuhr andere mit wachsender Wut an.

Έγινε πιο μελαγχολικός και ξέσπασε σε άλλους με αυξανόμενο θυμό.

Jede Nacht ging er direkt zu seinem Nest und wartete darauf, gefüttert zu werden.

Κάθε βράδυ πήγαινε κατευθείαν στη φωλιά του, περιμένοντας να τον ταΐσουν.

Als Dave einmal unten war, stand er bis zum Morgen nicht mehr auf.

Μόλις έπεσε κάτω, ο Ντέιβ δεν ξανασηκώθηκε μέχρι το πρωί.

Plötzliche Rucke oder Anlaufe an den Zügeln ließen ihn vor Schmerzen aufschreien.

Πάνω στα ηνία, ξαφνικά τινάγματα ή τραντάγματα τον έκαναν να κλαίει από τον πόνο.

Sein Fahrer suchte nach der Ursache, konnte jedoch keine Verletzungen feststellen.

Ο οδηγός του έψαξε για την αιτία, αλλά δεν βρήκε κανέναν τραυματισμό πάνω του.

Alle Fahrer beobachteten Dave und besprachen seinen Fall.

Όλοι οι οδηγοί άρχισαν να παρακολουθούν τον Ντέιβ και να συζητούν την περίπτωσή του.

Sie unterhielten sich beim Essen und während ihrer letzten Zigarette des Tages.

Συζητούσαν στα γεύματα και κατά τη διάρκεια του τελευταίου καπνίσματος της ημέρας.

Eines Nachts hielten sie eine Versammlung ab und brachten Dave zum Feuer.

Ένα βράδυ έκαναν μια συνάντηση και έφεραν τον Ντέιβ στη φωτιά.

Sie drückten und untersuchten seinen Körper und er schrie oft.

Πίεσαν και εξέτασαν το σώμα του, και έκλαιγε συχνά.

Offensichtlich stimmte etwas nicht, auch wenn keine Knochen gebrochen zu sein schienen.

Προφανώς, κάτι δεν πήγαινε καλά, αν και κανένα κόκκαλο δεν φαινόταν σπασμένο.

Als sie Cassiar Bar erreichten, war Dave am Umfallen.

Μέχρι να φτάσουν στο Cassiar Bar, ο Dave έπεφτε κάτω.

Der schottische Mischling machte Schluss und nahm Dave aus dem Team.

Η ημίαιμη Σκωτσέζικη ομάδα σταμάτησε και απέλυσε τον Ντέιβ από την ομάδα.

Er befestigte Solleks an Daves Stelle, ganz vorne am Schlitten.

Έδεσε τον Σόλεκς στη θέση του Ντέιβ, πιο κοντά στο μπροστινό μέρος του έλκηθρου.

Er wollte Dave ausruhen und ihm die Freiheit geben, hinter dem fahrenden Schlitten herzulaufen.

Σκόπευε να αφήσει τον Ντέιβ να ξεκουραστεί και να τρέξει ελεύθερος πίσω από το κινούμενο έλκηθρο.

Doch selbst als er krank war, hasste Dave es, von seinem Job geholt zu werden.

Αλλά ακόμα και άρρωστος, ο Ντέιβ μισούσε που τον έδιωξαν από τη δουλειά που είχε.

Er knurrte und wimmerte, als ihm die Zügel aus dem Körper gerissen wurden.

Γρύλισε και κλαψούρισε καθώς τα ηνία τραβήχτηκαν από το σώμα του.

Als er Solleks an seiner Stelle sah, weinte er vor gebrochenem Herzen.

Όταν είδε τον Σόλεκς στη θέση του, έκλαψε από πόνο συντετριμμένης καρδιάς.

Dave war noch immer stolz auf seine Arbeit auf dem Weg, selbst als der Tod nahte.

Η υπερηφάνεια για την εργασία στα μονοπάτια ήταν βαθιά μέσα στον Ντέιβ, ακόμα και καθώς πλησίαζε ο θάνατος.

Während der Schlitten fuhr, kämpfte sich Dave durch den weichen Schnee in der Nähe des Pfades.

Καθώς το έλκηθρο κινούνταν, ο Ντέιβ παραπατούσε μέσα στο μαλακό χιόνι κοντά στο μονοπάτι.

Er griff Solleks an, biss ihn und stieß ihn von der Seite des Schlittens.

Επιτέθηκε στον Σόλεκς, δαγκώνοντάς τον και σπρώχνοντάς τον από την πλευρά του έλκηθρου.

Dave versuchte, in das Geschirr zu springen und seinen Arbeitsplatz zurückzuerobern.

Ο Ντέιβ προσπάθησε να πηδήξει στην εξάρτυση και να ανακτήσει τη θέση εργασίας του.

Er schrie, jammerte und weinte, hin- und hergerissen zwischen Schmerz und Stolz auf die Wehen.

Ούρλιαξε, γκρίνιαξε και έκλαιγε, διχασμένος ανάμεσα στον πόνο και την υπερηφάνεια της γέννας.

Der Mischling versuchte, Dave mit seiner Peitsche vom Team zu vertreiben.

Ο ημίαιμος χρησιμοποίησε το μαστίγιό του για να προσπαθήσει να διώξει τον Ντέιβ από την ομάδα.

Doch Dave ignorierte den Hieb und der Mann konnte nicht härter zuschlagen.

Αλλά ο Ντέιβ αγνόησε το μαστίγιο, και ο άντρας δεν μπορούσε να τον χτυπήσει πιο δυνατά.

Dave lehnte den einfacheren Weg hinter dem Schlitten ab, wo der Schnee festgefahren war.

Ο Ντέιβ αρνήθηκε το ευκολότερο μονοπάτι πίσω από το έλκηθρο, όπου ήταν γεμάτο χιόνι.

Stattdessen kämpfte er sich elend durch den tiefen Schnee neben dem Weg.

Αντ' αυτού, πάλευε στο βαθύ χιόνι δίπλα στο μονοπάτι, μέσα στη δυστυχία.

Schließlich brach Dave zusammen, blieb im Schnee liegen und schrie vor Schmerzen.

Τελικά, ο Ντέιβ κατέρρευσε, ξαπλωμένος στο χιόνι και ουρλιάζοντας από τον πόνο.

Er schrie auf, als die lange Schlittenkette einer nach dem anderen an ihm vorbeifuhr.

Φώναξε καθώς η μακριά ακολουθία από έλκηθρα τον προσπέρασε ένα προς ένα.

Dennoch stand er mit der ihm verbleibenden Kraft auf und stolperte ihnen hinterher.

Παρόλα αυτά, με όση δύναμη του είχε απομείνει, σηκώθηκε και τους ακολούθησε σκοντάφτοντας.

Als der Zug wieder anhielt, holte er ihn ein und fand seinen alten Schlitten.

Πρόλαβε όταν το τρένο σταμάτησε ξανά και βρήκε το παλιό του έλκηθρο.

Er kämpfte sich an den anderen Teams vorbei und stand wieder neben Solleks.

Προσπέρασε με δυσκολία τις άλλες ομάδες και στάθηκε ξανά δίπλα στον Σόλεκς.

Als der Fahrer anhielt, um seine Pfeife anzuzünden, nutzte Dave seine letzte Chance.

Καθώς ο οδηγός σταμάτησε για να ανάψει την πίπα του, ο Ντέιβ άρπαξε την τελευταία του ευκαιρία.

Als der Fahrer zurückkam und schrie, bewegte sich das Team nicht weiter.

Όταν ο οδηγός επέστρεψε και φώναξε, η ομάδα δεν προχώρησε.

Die Hunde hatten ihre Köpfe gedreht, verwirrt durch den plötzlichen Stopp.

Τα σκυλιά είχαν γυρίσει τα κεφάλια τους, μπερδεμένα από την ξαφνική στάση.

Auch der Fahrer war schockiert – der Schlitten hatte sich keinen Zentimeter vorwärts bewegt.

Ο οδηγός σοκαρίστηκε κι αυτός – το έλκηθρο δεν είχε κινηθεί ούτε εκατοστό μπροστά.

Er rief den anderen zu, sie sollten kommen und nachsehen, was passiert sei.

Φώναξε τους άλλους να έρθουν να δουν τι είχε συμβεί.

Dave hatte Solleks' Zügel durchgekaut und beide auseinandergerissen.

Ο Ντέιβ είχε δαγκώσει τα ηνία του Σόλεκς, σπάζοντας και τα δύο.

Nun stand er vor dem Schlitten, wieder an seinem rechtmäßigen Platz.

Τώρα στεκόταν μπροστά από το έλκηθρο, πίσω στη σωστή του θέση.

Dave blickte zum Fahrer auf und flehte ihn stumm an, in der Spur zu bleiben.

Ο Ντέιβ κοίταξε τον οδηγό, παρακαλώντας σιωπηλά να μην τον χάσει.

Der Fahrer war verwirrt und wusste nicht, was er für den zappelnden Hund tun sollte.

Ο οδηγός ήταν προβληματισμένος, δεν ήξερε τι να κάνει για το σκυλί που αγωνιζόταν.

Die anderen Männer sprachen von Hunden, die beim Rausbringen gestorben waren.

Οι άλλοι άντρες μίλησαν για σκυλιά που είχαν πεθάνει επειδή τα είχαν βγάλει έξω.

Sie erzählten von alten oder verletzten Hunden, denen es das Herz brach, als sie zurückgelassen wurden.

Έλεγαν για γέρικα ή τραυματισμένα σκυλιά των οποίων οι καρδιές ράγιζαν όταν τα άφηναν πίσω.

Sie waren sich einig, dass es Gnade wäre, Dave sterben zu lassen, während er noch im Geschirr steckte.

Συμφώνησαν ότι ήταν έλεος να αφήσουν τον Ντέιβ να πεθάνει ενώ ήταν ακόμα στη ζώνη του.

Er wurde wieder auf dem Schlitten festgeschnallt und Dave zog voller Stolz.

Ήταν δεμένος πίσω στο έλκηθρο, και ο Ντέιβ το έσερνε με υπερηφάνεια.

Obwohl er manchmal schrie, arbeitete er, als könne man den Schmerz ignorieren.

Αν και έκλαιγε κατά καιρούς, λειτουργούσε σαν να μπορούσε να αγνοηθεί ο πόνος.

Mehr als einmal fiel er und wurde mitgeschleift, bevor er wieder aufstand.

Πάνω από μία φορά έπεσε και τον σύραν πριν σηκωθεί ξανά.

Einmal wurde er vom Schlitten überrollt und von diesem Moment an humpelte er.

Κάποτε, το έλκηθρο κύλησε από πάνω του και από εκείνη τη στιγμή άρχισε να κουτσαίνει.

Trotzdem arbeitete er, bis das Lager erreicht war, und legte sich dann ans Feuer.

Παρόλα αυτά, δούλευε μέχρι που έφτασαν στο στρατόπεδο και μετά ξάπλωσε δίπλα στη φωτιά.

Am Morgen war Dave zu schwach, um zu reisen oder auch nur aufrecht zu stehen.

Το πρωί, ο Ντέιβ ήταν πολύ αδύναμος για να ταξιδέψει ή έστω να σταθεί όρθιος.

Als es Zeit war, das Geschirr anzulegen, versuchte er mit zitternder Anstrengung, seinen Fahrer zu erreichen.

Την ώρα που δέσατε την πρόσδεση, προσπάθησε να φτάσει τον οδηγό του με τρεμάμενη προσπάθεια.

Er rappelte sich auf, taumelte und brach auf dem schneebedeckten Boden zusammen.

Σηκώθηκε με το ζόρι, παραπάτησε και κατέρρευσε στο χιονισμένο έδαφος.

Mithilfe seiner Vorderbeine zog er seinen Körper in Richtung des Angeschirrs.

Χρησιμοποιώντας τα μπροστινά του πόδια, έσυρε το σώμα του προς την περιοχή της ζώνης.

Zentimeter für Zentimeter schob er sich auf die Arbeitshunde zu.

Έστρεψε μπροστά, σπιθαμή προς σπιθαμή, προς τα σκυλιά εργασίας.

Er verließ die Kraft, aber er machte mit seinem letzten verzweifelten Vorstoß weiter.

Οι δυνάμεις του εξαντλήθηκαν, αλλά συνέχισε να κινείται στην τελευταία του απεγνωσμένη ώθηση.

Seine Teamkollegen sahen ihn im Schnee nach Luft schnappen und sich immer noch danach sehnen, zu ihnen zu kommen.

Οι συμπαίκτες του τον είδαν να λαχανιάζει στο χιόνι, λαχταρώντας ακόμα να τους συναντήσει.

Sie hörten ihn vor Kummer schreien, als sie das Lager hinter sich ließen.

Τον άκουσαν να ουρλιάζει από θλίψη καθώς έφευγαν από το στρατόπεδο.

Als das Team zwischen den Bäumen verschwand, hallte Daves Schrei hinter ihnen wider.

Καθώς η ομάδα εξαφανίστηκε μέσα στα δέντρα, η κραυγή του Ντέιβ αντήχησε πίσω τους.

Der Schlittenzug hielt kurz an, nachdem er einen Abschnitt des Flusswalds überquert hatte.

Το τρένο με έλκηθρο σταμάτησε για λίγο αφού διέσχισε μια έκταση δασικής έκτασης ποταμού.

Der schottische Mischling ging langsam zurück zum Lager dahinter.

Το Σκωτσέζικο ημίαιμο περπάτησε αργά πίσω προς το στρατόπεδο από πίσω.

Die Männer verstummten, als sie ihn den Schlittenzug verlassen sahen.

Οι άντρες σταμάτησαν να μιλάνε όταν τον είδαν να βγαίνει από το τρένο του έλκηθρου.

Dann ertönte ein einzelner Schuss klar und scharf über den Weg.

Τότε ένας μόνο πυροβολισμός αντήχησε καθαρά και κοφτά κατά μήκος του μονοπατιού.

Der Mann kam schnell zurück und nahm wortlos seinen Platz ein.

Ο άντρας επέστρεψε γρήγορα και πήρε τη θέση του χωρίς να πει λέξη.

Peitschen knallten, Glöckchen bimmelten und die Schlitten rollten durch den Schnee.

Μαστίγια έτριξαν, κουδούνια κουδούνισαν και τα έλκηθρα κυλούσαν μέσα στο χιόνι.

Aber Buck wusste, was passiert war – und alle anderen Hunde auch.

Αλλά ο Μπακ ήξερε τι είχε συμβεί — και το ίδιο ήξεραν και όλα τα άλλα σκυλιά.

Die Mühen der Zügel und des Trails
Ο Μόχθος των Ηνίων και του Μονοπατιού

Dreißig Tage nach dem Verlassen von Dawson erreichte die Salt Water Mail Skaguay.
Τριάντα μέρες αφότου αναχώρησε από το Ντόσον, η Ταχυδρομική Υπηρεσία του Αλμυρού Νερού έφτασε στο Σκάγκουεϊ.
Buck und seine Teamkollegen gingen in Führung, kamen aber in einem erbärmlichen Zustand an.
Ο Μπακ και οι συμπαίκτες του πήραν το προβάδισμα, φτάνοντας σε άθλια κατάσταση.
Buck hatte von hundertvierzig auf hundertfünfzehn Pfund abgenommen.
Ο Μπακ είχε χάσει το βάρος του από εκατόν σαράντα σε εκατόν δεκαπέντε λίβρες.
Die anderen Hunde hatten, obwohl kleiner, noch mehr Körpergewicht verloren.
Τα άλλα σκυλιά, αν και μικρότερα, είχαν χάσει ακόμη περισσότερο σωματικό βάρος.
Pike, einst ein vorgetäuschter Hinker, schleppte nun ein wirklich verletztes Bein hinter sich her.
Ο Πάικ, που κάποτε ήταν ψεύτικος κουτσός, τώρα έσερνε πίσω του ένα πραγματικά τραυματισμένο πόδι.
Solleks humpelte stark und Dub hatte ein verrenktes Schulterblatt.
Ο Σόλεκς κουτσαίνει άσχημα, και ο Νταμπ είχε σπασμένη ωμοπλάτη.
Die Füße aller Hunde im Team waren von den Wochen auf dem gefrorenen Pfad wund.
Κάθε σκύλος στην ομάδα είχε πονάκια στα πόδια του από εβδομάδες στο παγωμένο μονοπάτι.
Ihre Schritte waren völlig federnd und bewegten sich nur langsam und schleppend.
Δεν τους είχε απομείνει καμία ελαστικότητα στα βήματά τους, μόνο αργή, συρόμενη κίνηση.

Ihre Füße treffen den Weg hart und jeder Schritt belastet ihren Körper stärker.

Τα πόδια τους χτυπούσαν δυνατά το μονοπάτι, με κάθε βήμα να επιβαρύνει περισσότερο το σώμα τους.

Sie waren nicht krank, sondern nur so erschöpft, dass sie sich auf natürliche Weise nicht mehr erholen konnten.

Δεν ήταν άρρωστοι, απλώς εξαντλημένοι πέρα από κάθε φυσική ανάρρωση.

Dies war nicht die Müdigkeit eines harten Tages, die durch eine Nachtruhe geheilt werden konnte.

Δεν ήταν κούραση από μια δύσκολη μέρα, που γιατρεύτηκε με έναν νυχτερινό ύπνο.

Es war eine Erschöpfung, die sich durch monatelange, zermürbende Anstrengungen langsam aufgebaut hatte.

Ήταν εξάντληση που συσσωρευόταν σιγά σιγά μέσα από μήνες εξαντλητικής προσπάθειας.

Es waren keine Kraftreserven mehr vorhanden, sie hatten alles aufgebraucht, was sie hatten.

Δεν είχαν απομείνει εφεδρικές δυνάμεις — είχαν εξαντλήσει κάθε ίχνος τους.

Jeder Muskel, jede Faser und jede Zelle ihres Körpers war erschöpft und abgenutzt.

Κάθε μυς, ίνα και κύτταρο στο σώμα τους είχε εξαντληθεί και φθαρεί.

Und das hatte seinen Grund: Sie hatten zweitausendfünfhundert Meilen zurückgelegt.

Και υπήρχε λόγος — είχαν διανύσει διακόσια πεντακόσια μίλια.

Auf den letzten zweitausendachthundert Kilometern hatten sie sich nur fünf Tage ausgeruht.

Είχαν ξεκουραστεί μόνο πέντε μέρες στα τελευταία χίλια οκτακόσια μίλια.

Als sie Skaguay erreichten, sahen sie aus, als könnten sie kaum aufrecht stehen.

Όταν έφτασαν στο Σκάγκουεϊ, φαινόταν ότι μετά βίας μπορούσαν να σταθούν όρθιοι.

Sie hatten Mühe, die Zügel straff zu halten und vor dem Schlitten zu bleiben.

Δυσκολεύτηκαν να κρατήσουν τα ηνία σφιχτά και να παραμείνουν μπροστά από το έλκηθρο.

Auf abschüssigen Hängen konnten sie nur noch vermeiden, überfahren zu werden.

Σε κατηφορικές πλαγιές, κατάφεραν μόνο να αποφύγουν το πάτημα.

„Weiter, ihr armen, wunden Füße", sagte der Fahrer, während sie weiterhumpelten.

«Προχωρήστε, καημένα τα πονεμένα πόδια», είπε ο οδηγός καθώς κουτσαίνανε.

„Das ist die letzte Strecke, danach bekommen wir alle auf jeden Fall noch eine lange Pause."

«Αυτό είναι το τελευταίο κομμάτι, μετά σίγουρα θα έχουμε όλοι μια μεγάλη ξεκούραση.»

„Eine richtig lange Pause", versprach er und sah ihnen nach, wie sie weiter taumelten.

«Μια πραγματικά μεγάλη ανάπαυση», υποσχέθηκε, παρακολουθώντας τους να παραπατούν προς τα εμπρός.

Die Fahrer rechneten damit, dass sie nun eine lange, notwendige Pause bekommen würden.

Οι οδηγοί περίμεναν ότι τώρα θα έκαναν ένα μακρύ, απαραίτητο διάλειμμα.

Sie hatten zweitausend Meilen zurückgelegt und nur zwei Tage Pause gemacht.

Είχαν ταξιδέψει διακόσια μίλια με μόνο δύο μέρες ανάπαυσης.

Sie waren der Meinung, dass sie sich die Zeit zum Entspannen verdient hätten, und das aus fairen und vernünftigen Gründen.

Με δικαιοσύνη και λογική, ένιωθαν ότι είχαν κερδίσει χρόνο για να χαλαρώσουν.

Aber zu viele waren zum Klondike gekommen und zu wenige waren zu Hause geblieben.

Αλλά πάρα πολλοί είχαν έρθει στο Κλοντάικ και πολύ λίγοι είχαν μείνει σπίτι.

Es gingen unzählige Briefe von Familien ein, die zu Bergen verspäteter Post führten.

Οι επιστολές από οικογένειες κατέκλυσαν την περιοχή, δημιουργώντας σωρούς από καθυστερημένη αλληλογραφία.

Offizielle Anweisungen trafen ein – neue Hudson Bay-Hunde würden die Nachfolge antreten.

Έφτασαν επίσημες διαταγές—νέα σκυλιά από τον Κόλπο Χάντσον επρόκειτο να αναλάβουν τη δράση.

Die erschöpften Hunde, die nun als wertlos galten, sollten entsorgt werden.

Τα εξαντλημένα σκυλιά, που τώρα ονομάζονταν άχρηστα, έπρεπε να απορριφθούν.

Da Geld wichtiger war als Hunde, sollten sie billig verkauft werden.

Εφόσον τα χρήματα είχαν μεγαλύτερη σημασία από τα σκυλιά, επρόκειτο να πουληθούν φθηνά.

Drei weitere Tage vergingen, bevor die Hunde spürten, wie schwach sie waren.

Πέρασαν άλλες τρεις μέρες πριν τα σκυλιά νιώσουν πόσο αδύναμα ήταν.

Am vierten Morgen kauften zwei Männer aus den Staaten das gesamte Team.

Το τέταρτο πρωί, δύο άντρες από τις ΗΠΑ αγόρασαν ολόκληρη την ομάδα.

Der Verkauf umfasste alle Hunde sowie ihre abgenutzte Geschirrausrüstung.

Η πώληση περιελάμβανε όλα τα σκυλιά, καθώς και τον φθαρμένο εξοπλισμό τους.

Die Männer nannten sich gegenseitig „Hal" und „Charles", als sie den Deal abschlossen.

Οι άντρες αποκαλούσαν ο ένας τον άλλον «Χαλ» και «Τσαρλς» καθώς ολοκλήρωναν τη συμφωνία.

Charles war mittleren Alters, blass, hatte schlaffe Lippen und wilde Schnurrbartspitzen.

Ο Κάρολος ήταν μεσήλικας, χλωμός, με άτονα χείλη και άγριες άκρες μουστακιού.

Hal war ein junger Mann, vielleicht neunzehn, der einen
Patronengürtel trug.

Ο Χαλ ήταν ένας νεαρός άντρας, περίπου δεκαεννέα
χρονών, που φορούσε μια ζώνη γεμισμένη με φυσίγγια.

Am Gürtel befanden sich ein großer Revolver und ein
Jagdmesser, beide unbenutzt.

Η ζώνη περιείχε ένα μεγάλο περίστροφο και ένα
κυνηγετικό μαχαίρι, και τα δύο αχρησιμοποίητα.

Es zeigte, wie unerfahren und ungeeignet er für das Leben
im Norden war.

Έδειχνε πόσο άπειρος και ακατάλληλος ήταν για τη ζωή
στον βορρά.

Keiner der beiden Männer gehörte in die Wildnis; ihre
Anwesenheit widersprach jeder Vernunft.

Κανένας από τους δύο δεν ανήκε στην άγρια φύση· η
παρουσία τους αψηφούσε κάθε λογική.

Buck beobachtete, wie das Geld zwischen Käufer und
Makler den Besitzer wechselte.

Ο Μπακ παρακολουθούσε καθώς τα χρήματα
αντάλλασσαν ο αγοραστής και ο μεσίτης.

Er wusste, dass die Postzugführer sein Leben wie alle
anderen verlassen würden.

Ήξερε ότι οι μηχανοδηγοί του ταχυδρομικού τρένου
έφευγαν από τη ζωή του όπως οι υπόλοιποι.

Sie folgten Perrault und François, die nun
unwiederbringlich verschwunden waren.

Ακολούθησαν τον Περώ και τον Φρανσουά, οι οποίοι πλέον
δεν θυμούνται τίποτα.

Buck und das Team wurden in das schlampige Lager ihrer
neuen Besitzer geführt.

Ο Μπακ και η ομάδα οδηγήθηκαν στον ατημέλητο
καταυλισμό των νέων ιδιοκτητών τους.

Das Zelt hing durch, das Geschirr war schmutzig und alles
lag in Unordnung.

Η σκηνή είχε κρεμαστεί, τα πιάτα ήταν βρώμικα και όλα
ήταν σε αταξία.

**Buck bemerkte dort auch eine Frau – Mercedes, Charles'
Frau und Hals Schwester.**

Ο Μπακ πρόσεξε εκεί και μια γυναίκα—τη Μερσέντες, τη
σύζυγο του Τσαρλς και αδερφή του Χαλ.

**Sie bildeten eine vollständige Familie, obwohl sie alles
andere als für den Wanderpfad geeignet waren.**

Έκαναν μια ολοκληρωμένη οικογένεια, αν και κάθε άλλο
παρά προσαρμοσμένοι στο μονοπάτι.

**Buck beobachtete nervös, wie das Trio begann, die Vorräte
einzupacken.**

Ο Μπακ παρακολουθούσε νευρικά καθώς η τριάδα άρχισε
να συσκευάζει τις προμήθειες.

**Sie arbeiteten hart, aber ohne Ordnung – nur Aufhebens
und vergeudete Mühe.**

Δούλεψαν σκληρά αλλά χωρίς τάξη—μόνο φασαρία και
χαμένος κόπος.

**Das Zelt war zu einer sperrigen Form zusammengerollt und
viel zu groß für den Schlitten.**

Η σκηνή ήταν τυλιγμένη σε ένα ογκώδες σχήμα, πολύ
μεγάλο για το έλκηθρο.

**Schmutziges Geschirr wurde eingepackt, ohne dass es
gespült oder getrocknet worden wäre.**

Τα βρώμικα πιάτα ήταν συσκευασμένα χωρίς να έχουν
καθαριστεί ή στεγνώσει καθόλου.

**Mercedes flatterte herum, redete, korrigierte und mischte
sich ständig ein.**

Η Μερσέντες φτερουγίζει τριγύρω, μιλώντας,
διορθώνοντας και ανακατεύοντας συνεχώς.

**Als ein Sack vorne platziert wurde, bestand sie darauf, dass
er hinten drankam.**

Όταν τοποθετήθηκε ένας σάκος μπροστά, εκείνη επέμεινε
να μπει πίσω.

**Sie packte den Sack ganz unten rein und im nächsten
Moment brauchte sie ihn.**

Έβαλε τον σάκο στον πάτο και την επόμενη στιγμή τον
χρειαζόταν.

Also wurde der Schlitten erneut ausgepackt, um an die eine bestimmte Tasche zu gelangen.

Έτσι, το έλκηθρο ξεπακεταρίστηκε ξανά για να φτάσει στη συγκεκριμένη τσάντα.

In der Nähe standen drei Männer vor einem Zelt und beobachteten die Szene.

Κοντά, τρεις άντρες στέκονταν έξω από μια σκηνή, παρακολουθώντας τη σκηνή να εκτυλίσσεται.

Sie lächelten, zwinkerten und grinsten über die offensichtliche Verwirrung der Neuankömmlinge.

Χαμογέλασαν, έκλεισαν το μάτι και χαμογέλασαν πλατιά βλέποντας την προφανή σύγχυση των νεοφερμένων.

„Sie haben schon eine ziemlich schwere Last", sagte einer der Männer.

«Έχεις ήδη ένα πολύ βαρύ φορτίο», είπε ένας από τους άντρες.

„Ich glaube nicht, dass Sie das Zelt tragen sollten, aber es ist Ihre Entscheidung."

«Δεν νομίζω ότι πρέπει να κουβαλάς αυτή τη σκηνή, αλλά είναι δική σου επιλογή.»

„Unvorstellbar!", rief Mercedes und warf verzweifelt die Hände in die Luft.

«Παράξενο!» φώναξε η Μερσέντες, σηκώνοντας τα χέρια της με απόγνωση.

„Wie könnte ich ohne Zelt reisen, unter dem ich übernachten kann?"

«Πώς θα μπορούσα να ταξιδέψω χωρίς σκηνή για να μείνω από κάτω;»

„Es ist Frühling – Sie werden kein kaltes Wetter mehr erleben", antwortete der Mann.

«Είναι άνοιξη—δεν θα ξαναδείτε κρύο καιρό», απάντησε ο άντρας.

Aber sie schüttelte den Kopf und sie stapelten weiterhin Gegenstände auf den Schlitten.

Αλλά εκείνη κούνησε αρνητικά το κεφάλι της, και συνέχισαν να στοιβάζουν αντικείμενα πάνω στο έλκηθρο.

Als sie die letzten Dinge hinzufügten, türmte sich die Ladung gefährlich hoch auf.

Το φορτίο υψωνόταν επικίνδυνα ψηλά καθώς πρόσθεταν τα τελευταία πράγματα.

„Glauben Sie, der Schlitten fährt?", fragte einer der Männer mit skeptischem Blick.

«Νομίζεις ότι το έλκηθρο θα ανέβει;» ρώτησε ένας από τους άντρες με ένα σκεπτικό βλέμμα.

„Warum sollte es nicht?", blaffte Charles mit scharfer Verärgerung zurück.

«Γιατί όχι;» απάντησε απότομα ο Τσαρλς με έντονη ενόχληση.

„Oh, das ist schon in Ordnung", sagte der Mann schnell und wich seiner Beleidigung aus.

«Α, δεν πειράζει», είπε γρήγορα ο άντρας, αποφεύγοντας την προσβολή.

„Ich habe mich nur gewundert – es sah für mich einfach ein bisschen zu kopflastig aus."

«Απλώς αναρωτιόμουν — μου φαινόταν λίγο βαρύ.»

Charles drehte sich um und band die Ladung so gut fest, wie er konnte.

Ο Κάρολος γύρισε την πλάτη του και έδεσε το φορτίο όσο καλύτερα μπορούσε.

Allerdings waren die Zurrgurte locker und die Verpackung insgesamt schlecht ausgeführt.

Αλλά οι προσδέσεις ήταν χαλαρές και η συσκευασία κακής κατασκευής συνολικά.

„Klar, die Hunde machen das den ganzen Tag", sagte ein anderer Mann sarkastisch.

«Σίγουρα, τα σκυλιά θα το τραβούν αυτό όλη μέρα», είπε σαρκαστικά ένας άλλος άντρας.

„Natürlich", antwortete Hal kalt und packte die lange Lenkstange des Schlittens.

«Φυσικά», απάντησε ψυχρά ο Χαλ, αρπάζοντας το μακρύ κοντάρι του έλκηθρου,

Mit einer Hand an der Stange schwang er mit der anderen die Peitsche.

Με το ένα χέρι στο κοντάρι, έβαλε το μαστίγιο με το άλλο.

„Los geht's!", rief er. „Bewegt euch!", und trieb die Hunde zum Aufbruch an.

«Πάμε!» φώναξε. «Κουνήστε το!» παροτρύνοντας τα σκυλιά να ξεκινήσουν.

Die Hunde lehnten sich in das Geschirr und spannten sich einige Augenblicke lang an.

Τα σκυλιά έγειραν στην ιπποσκευή και τεντώθηκαν για λίγα λεπτά.

Dann blieben sie stehen, da sie den überladenen Schlitten keinen Zentimeter bewegen konnten.

Έπειτα σταμάτησαν, ανίκανοι να κουνήσουν το υπερφορτωμένο έλκηθρο ούτε εκατοστό.

„Diese faulen Bestien!", schrie Hal und hob die Peitsche, um sie zu schlagen.

«Τα τεμπέληδες!» φώναξε ο Χαλ, σηκώνοντας το μαστίγιο για να τους χτυπήσει.

Doch Mercedes stürzte herein und riss Hal die Peitsche aus der Hand.

Αλλά η Μερσέντες όρμησε μέσα και άρπαξε το μαστίγιο από τα χέρια του Χαλ.

„Oh, Hal, wage es ja nicht, ihnen wehzutun", rief sie alarmiert.

«Ω, Χαλ, μην τολμήσεις να τους πληγώσεις», φώναξε τρομοκρατημένη.

„Versprich mir, dass du nett zu ihnen bist, sonst gehe ich keinen Schritt weiter."

«Υπόσχεσέ μου ότι θα είσαι ευγενικός μαζί τους, αλλιώς δεν θα κάνω ούτε βήμα άλλο.»

„Du weißt nichts über Hunde", fuhr Hal seine Schwester an.

«Δεν ξέρεις τίποτα για σκύλους», είπε απότομα ο Χαλ στην αδερφή του.

„Sie sind faul, und die einzige Möglichkeit, sie zu bewegen, besteht darin, sie zu peitschen."

«Είναι τεμπέληδες και ο μόνος τρόπος να τους μετακινήσεις είναι να τους μαστιγώσεις.»

„Fragen Sie irgendjemanden – fragen Sie einen dieser Männer dort drüben, wenn Sie mir nicht glauben."

«Ρώτα οποιονδήποτε — ρώτα έναν από εκείνους τους άντρες εκεί πέρα αν με αμφιβάλλεις.»

Mercedes sah die Zuschauer mit flehenden, tränennassen Augen an.

Η Μερσέντες κοίταξε τους περαστικούς με ικετευτικά, δακρυσμένα μάτια.

Ihr Gesicht zeigte, wie sehr sie den Anblick jeglichen Schmerzes hasste.

Το πρόσωπό της έδειχνε πόσο βαθιά μισούσε την όψη οποιουδήποτε πόνου.

„Sie sind schwach, das ist alles", sagte ein Mann. „Sie sind erschöpft."

«Είναι αδύναμοι, αυτό είναι όλο», είπε ένας άντρας. «Είναι εξαντλημένοι».

„Sie brauchen Ruhe – sie haben zu lange ohne Pause gearbeitet."

«Χρειάζονται ξεκούραση — έχουν δουλέψει πάρα πολλή ώρα χωρίς διάλειμμα.»

„Der Rest sei verflucht", murmelte Hal mit verzogenen Lippen.

«Καταραμένος να είναι ο άνθρωπός σου», μουρμούρισε ο Χαλ με το χείλος του σφιγμένο.

Mercedes schnappte nach Luft, sein grobes Wort schmerzte sie sichtlich.

Η Μερσέντες άφησε μια ανάσα, φανερά πληγωμένη από τα χυδαία λόγια του.

Dennoch blieb sie loyal und verteidigte ihren Bruder sofort.

Παρ' όλα αυτά, παρέμεινε πιστή και υπερασπίστηκε αμέσως τον αδελφό της.

„Kümmere dich nicht um den Mann", sagte sie zu Hal. „Das sind unsere Hunde."

«Μην σε νοιάζει αυτός ο άνθρωπος», είπε στον Χαλ. «Είναι τα σκυλιά μας».

„Fahren Sie sie, wie Sie es für richtig halten – tun Sie, was Sie für richtig halten."

«Τους οδηγείς όπως εσύ θεωρείς σωστό — κάνε αυτό που εσύ θεωρείς σωστό.»

Hal hob die Peitsche und schlug die Hunde erneut gnadenlos.

Ο Χαλ σήκωσε το μαστίγιο και χτύπησε ξανά τα σκυλιά χωρίς έλεος.

Sie stürzten sich nach vorne, die Körper tief gebeugt, die Füße in den Schnee gedrückt.

Ορμούσαν μπροστά, με τα σώματα χαμηλά, τα πόδια τους να σπρώχνονται στο χιόνι.

Sie gaben sich alle Mühe, den Schlitten zu ziehen, aber er bewegte sich nicht.

Όλη τους η δύναμη πήγαινε στο τράβηγμα, αλλά το έλκηθρο δεν κινούνταν.

Der Schlitten blieb wie ein im Schnee festgefrorener Anker stecken.

Το έλκηθρο έμεινε κολλημένο, σαν άγκυρα παγωμένη στο πυκνό χιόνι.

Nach einem zweiten Versuch blieben die Hunde wieder stehen und keuchten schwer.

Μετά από μια δεύτερη προσπάθεια, τα σκυλιά σταμάτησαν ξανά, λαχανιάζοντας δυνατά.

Hal hob die Peitsche noch einmal, gerade als Mercedes erneut eingriff.

Ο Χαλ σήκωσε ξανά το μαστίγιο, ακριβώς τη στιγμή που η Μερσέντες παρενέβη ξανά.

Sie fiel vor Buck auf die Knie und umarmte seinen Hals.

Έπεσε στα γόνατα μπροστά στον Μπακ και αγκάλιασε τον λαιμό του.

Tränen traten ihr in die Augen, als sie den erschöpften Hund anflehte.

Δάκρυα γέμισαν τα μάτια της καθώς παρακαλούσε το εξαντλημένο σκυλί.

„Ihr Armen", sagte sie, „warum zieht ihr nicht einfach stärker?"

«Εσείς οι καημένες μου», είπε, «γιατί δεν τραβάτε πιο δυνατά;»

„Wenn du ziehst, wirst du nicht so ausgepeitscht."

«Αν τραβάς, τότε δεν θα σε μαστιγώσουν έτσι.»

Buck mochte Mercedes nicht, aber er war zu müde, um ihr jetzt zu widerstehen.

Ο Μπακ αντιπαθούσε τη Μερσέντες, αλλά ήταν πολύ κουρασμένος για να της αντισταθεί τώρα.

Er akzeptierte ihre Tränen als einen weiteren Teil dieses elenden Tages.

Δέχτηκε τα δάκρυά της ως ένα ακόμη κομμάτι της άθλιας μέρας.

Einer der zuschauenden Männer ergriff schließlich das Wort, nachdem er seinen Ärger unterdrückt hatte.

Ένας από τους άντρες που παρακολουθούσαν μίλησε τελικά αφού συγκρατούσε τον θυμό του.

„Es ist mir egal, was mit euch passiert, Leute, aber diese Hunde sind wichtig."

«Δεν με νοιάζει τι θα συμβεί σε εσάς, αλλά αυτά τα σκυλιά έχουν σημασία.»

„Wenn du helfen willst, mach den Schlitten los – er ist am Schnee festgefroren."

«Αν θέλεις να βοηθήσεις, λύσε το έλκηθρο—έχει παγώσει μέχρι το χιόνι.»

„Drücken Sie fest auf die Gee-Stange, rechts und links, und brechen Sie die Eisversiegelung."

«Πίεσε δυνατά τον πόλο του γκαζιού, δεξιά κι αριστερά, και σπάσε την παγωμένη σφραγίδα.»

Ein dritter Versuch wurde unternommen, diesmal auf Vorschlag des Mannes.

Έγινε μια τρίτη προσπάθεια, αυτή τη φορά μετά από πρόταση του άνδρα.

Hal schaukelte den Schlitten von einer Seite auf die andere und löste so die Kufen.

Ο Χαλ κούνησε το έλκηθρο από τη μία πλευρά στην άλλη, απελευθερώνοντας τους δρομείς.

Obwohl der Schlitten überladen und unhandlich war, machte er schließlich einen Satz nach vorne.

Το έλκηθρο, αν και υπερφορτωμένο και αδέξιο, τελικά κινήθηκε προς τα εμπρός.

Buck und die anderen zogen wild, angetrieben von einem Sturm aus Schleudertraumen.

Ο Μπακ και οι άλλοι τραβούσαν άγρια, παρασυρμένοι από μια καταιγίδα αυχενικών χτυπημάτων.

Hundert Meter weiter machte der Weg eine Biegung und führte in die Straße hinein.

Εκατό μέτρα μπροστά, το μονοπάτι έστριβε και κατέβαινε προς τον δρόμο.

Um den Schlitten aufrecht zu halten, hätte es eines erfahrenen Fahrers bedurft.

Θα χρειαζόταν ένας επιδέξιος οδηγός για να κρατήσει το έλκηθρο όρθιο.

Hal war nicht geschickt und der Schlitten kippte, als er um die Kurve schwang.

Ο Χαλ δεν ήταν επιδέξιος, και το έλκηθρο γύρισε καθώς στριφογύριζε στη στροφή.

Lose Zurrgurte gaben nach und die Hälfte der Ladung ergoss sich auf den Schnee.

Τα χαλαρά δεσίματα υποχώρησαν και το μισό φορτίο χύθηκε στο χιόνι.

Die Hunde hielten nicht an; der leichtere Schlitten flog auf der Seite weiter.

Τα σκυλιά δεν σταμάτησαν· το ελαφρύτερο έλκηθρο πετούσε στο πλάι.

Wütend über die Beschimpfungen und die schwere Last rannten die Hunde noch schneller.

Θυμωμένα από την κακοποίηση και το βαρύ φορτίο, τα σκυλιά έτρεξαν πιο γρήγορα.

Buck rannte wütend los und das Team folgte ihm.

Ο Μπακ, έξαλλος, άρχισε να τρέχει, με την ομάδα να τον ακολουθεί.

Hal rief „Whoa! Whoa!", aber das Team beachtete ihn nicht.

Ο Χαλ φώναξε «Ουάου! Ουάου!» αλλά η ομάδα δεν του έδωσε σημασία.

Er stolperte, fiel und wurde am Geschirr über den Boden geschleift.

Σκόνταψε, έπεσε και σύρθηκε στο έδαφος από την εξάρτυση.

Der umgekippte Schlitten wurde über ihn geworfen, als die Hunde weiterrasten.

Το αναποδογυρισμένο έλκηθρο έπεσε πάνω του καθώς τα σκυλιά έτρεχαν μπροστά.

Die restlichen Vorräte verteilten sich über die belebte Straße von Skaguay.

Τα υπόλοιπα εφόδια ήταν σκορπισμένα στον πολυσύχναστο δρόμο του Σκάγκουεϊ.

Gutherzige Menschen eilten herbei, um die Hunde anzuhalten und die Ausrüstung einzusammeln.

Καλοκάγαθοι άνθρωποι έσπευσαν να σταματήσουν τα σκυλιά και να μαζέψουν τον εξοπλισμό.

Sie gaben den neuen Reisenden auch direkte und praktische Ratschläge.

Έδωσαν επίσης συμβουλές, σαφείς και πρακτικές, στους νέους ταξιδιώτες.

„Wenn Sie Dawson erreichen wollen, nehmen Sie die halbe Ladung und die doppelte Anzahl an Hunden mit."

«Αν θέλεις να φτάσεις στο Ντόσον, πάρε το μισό φορτίο και διπλασίασε τα σκυλιά.»

Hal, Charles und Mercedes hörten zu, wenn auch nicht mit Begeisterung.

Ο Χαλ, ο Τσαρλς και η Μερσέντες άκουγαν, αν και όχι με ενθουσιασμό.

Sie bauten ihr Zelt auf und begannen, ihre Vorräte zu sortieren.

Έστησαν τη σκηνή τους και άρχισαν να ταξινομούν τις προμήθειές τους.

Heraus kamen Konserven, die die Zuschauer laut lachen ließen.

Βγήκαν κονσερβοποιημένα προϊόντα, τα οποία έκαναν τους θεατές να γελάσουν δυνατά.

„Konserven auf dem Weg? Bevor die schmelzen, verhungern Sie", sagte einer.

«Κονσερβοποιημένα πράγματα στο μονοπάτι; Θα λιμοκτονήσετε πριν λιώσουν», είπε κάποιος.

„Hoteldecken? Die wirfst du am besten alle weg."

«Κουβέρτες ξενοδοχείου; Καλύτερα να τις πετάξεις όλες.»

„Schmeißen Sie auch das Zelt weg, und hier spült niemand mehr Geschirr."

«Παράτα και τη σκηνή, και κανείς δεν πλένει πιάτα εδώ.»

„Sie glauben, Sie fahren in einem Pullman-Zug mit Bediensteten an Bord?"

«Νομίζεις ότι ταξιδεύεις με τρένο Pullman με υπηρέτες μέσα;»

Der Prozess begann – jeder nutzlose Gegenstand wurde beiseite geworfen.

Η διαδικασία ξεκίνησε—κάθε άχρηστο αντικείμενο πετάχτηκε στην άκρη.

Mercedes weinte, als ihre Taschen auf den schneebedeckten Boden geleert wurden.

Η Μερσέντες έκλαψε όταν οι τσάντες της άδειασαν στο χιονισμένο έδαφος.

Sie schluchzte ohne Pause über jeden einzelnen hinausgeworfenen Gegenstand.

Έκλαιγε με λυγμούς για κάθε αντικείμενο που πετιόταν, ένα προς ένα χωρίς διακοπή.

Sie schwor, keinen Schritt weiterzugehen – nicht einmal für zehn Charleses.

Ορκίστηκε να μην κάνει ούτε ένα βήμα παραπάνω — ούτε για δέκα Σαρλς.

Sie flehte alle Menschen in ihrer Nähe an, ihr ihre wertvollen Sachen zu überlassen.

Παρακάλεσε κάθε άτομο που βρισκόταν κοντά της να της επιτρέψει να κρατήσει τα πολύτιμα πράγματά της.

Schließlich wischte sie sich die Augen und begann, auch die wichtigsten Kleidungsstücke wegzuwerfen.

Τελικά, σκούπισε τα μάτια της και άρχισε να πετάει ακόμη και τα πιο σημαντικά ρούχα της.

Als sie mit ihrem eigenen fertig war, begann sie, die Vorräte der Männer auszuräumen.

Όταν τελείωσε με τα δικά της, άρχισε να αδειάζει τις προμήθειες των ανδρών.

Wie ein Wirbelwind verwüstete sie die Habseligkeiten von Charles und Hal.

Σαν ανεμοστρόβιλος, ξέσκιζε τα υπάρχοντα του Τσαρλς και της Χαλ.

Obwohl die Ladung halbiert wurde, war sie immer noch viel schwerer als nötig.

Αν και το φορτίο είχε μειωθεί στο μισό, ήταν ακόμα πολύ βαρύτερο από ό,τι χρειαζόταν.

In dieser Nacht gingen Charles und Hal los und kauften sechs neue Hunde.

Εκείνο το βράδυ, ο Τσαρλς και ο Χαλ βγήκαν έξω και αγόρασαν έξι καινούρια σκυλιά.

Diese neuen Hunde gesellten sich zu den ursprünglichen sechs, plus Teek und Koona.

Αυτά τα νέα σκυλιά προστέθηκαν στα αρχικά έξι, συν τον Τικ και την Κούνα.

Zusammen bildeten sie ein Gespann aus vierzehn Hunden, die vor den Schlitten gespannt wurden.

Μαζί έφτιαξαν μια ομάδα από δεκατέσσερα σκυλιά δεμένα στο έλκηθρο.

Doch die neuen Hunde waren für die Schlittenarbeit ungeeignet und schlecht ausgebildet.

Αλλά τα καινούρια σκυλιά ήταν ακατάλληλα και κακώς εκπαιδευμένα για εργασία με έλκηθρο.

Drei der Hunde waren kurzhaarige Vorstehhunde und einer war ein Neufundländer.

Τρία από τα σκυλιά ήταν κοντότριχα πόιντερ και ένα ήταν Νέας Γης.

Bei den letzten beiden Hunden handelte es sich um Mischlinge ohne eindeutige Rasse oder Zweckbestimmung.

Τα δύο τελευταία σκυλιά ήταν mutt χωρίς σαφή ράτσα ή σκοπό.

Sie haben den Weg nicht verstanden und ihn nicht schnell gelernt.

Δεν κατάλαβαν το μονοπάτι και δεν το έμαθαν γρήγορα.

Buck und seine Kameraden beobachteten sie mit Verachtung und tiefer Verärgerung.

Ο Μπακ και οι φίλοι του τους παρακολουθούσαν με περιφρόνηση και βαθιά εκνευρισμό.

Obwohl Buck ihnen beibrachte, was sie nicht tun sollten, konnte er ihnen keine Pflicht beibringen.

Αν και ο Μπακ τους δίδαξε τι δεν πρέπει να κάνουν, δεν μπορούσε να τους διδάξει το καθήκον.

Sie kamen mit dem Leben auf dem Wanderpfad und dem Ziehen von Zügeln und Schlitten nicht gut zurecht.

Δεν αντιμετώπιζαν με καλό μάτι τη ζωή σε μονοπάτια ούτε το τράβηγμα των ηνίων και των έλκηθρων.

Nur die Mischlinge versuchten, sich anzupassen, und selbst ihnen fehlte der Kampfgeist.

Μόνο οι μιγάδες προσπάθησαν να προσαρμοστούν, και ακόμη και αυτοί δεν είχαν αγωνιστικό πνεύμα.

Die anderen Hunde waren durch ihr neues Leben verwirrt, geschwächt und gebrochen.

Τα άλλα σκυλιά ήταν μπερδεμένα, αποδυναμωμένα και συντετριμμένα από τη νέα τους ζωή.

Da die neuen Hunde ahnungslos und die alten erschöpft waren, gab es kaum Hoffnung.

Με τα καινούρια σκυλιά να μην έχουν ιδέα και τα παλιά εξαντλημένα, η ελπίδα ήταν ελάχιστες.

Bucks Team hatte zweitausendfünfhundert Meilen eines rauen Pfades zurückgelegt.

Η ομάδα του Μπακ είχε καλύψει διακόσια πεντακόσια μίλια ανώμαλου μονοπατιού.

Dennoch waren die beiden Männer fröhlich und stolz auf ihr großes Hundegespann.

Παρόλα αυτά, οι δύο άντρες ήταν χαρούμενοι και περήφανοι για την μεγάλη ομάδα σκύλων τους.

Sie dachten, sie würden mit Stil reisen, mit vierzehn Hunden an der Leine.

Νόμιζαν ότι ταξίδευαν με στυλ, με δεκατέσσερα σκυλιά
δεμένα.

**Sie hatten gesehen, wie Schlitten nach Dawson aufbrachen
und andere von dort ankamen.**

Είχαν δει έλκηθρα να φεύγουν για το Ντόσον, και άλλα να
φτάνουν από εκεί.

**Aber noch nie hatten sie eins gesehen, das von bis zu
vierzehn Hunden gezogen wurde.**

Αλλά ποτέ δεν είχαν δει κάποιον να τον σέρνουν τόσα
πολλά σκυλιά όσο δεκατέσσερα.

**Es gab einen Grund, warum solche Teams in der arktischen
Wildnis selten waren.**

Υπήρχε λόγος που τέτοιες ομάδες ήταν σπάνιες στην άγρια
φύση της Αρκτικής.

**Kein Schlitten konnte genug Futter transportieren, um
vierzehn Hunde für die Reise zu versorgen.**

Κανένα έλκηθρο δεν μπορούσε να μεταφέρει αρκετή τροφή
για να ταΐσει δεκατέσσερα σκυλιά για το ταξίδι.

**Aber Charles und Hal wussten das nicht – sie hatten
nachgerechnet.**

Αλλά ο Τσαρλς και ο Χαλ δεν το ήξεραν αυτό—είχαν κάνει
τους υπολογισμούς.

**Sie haben das Futter berechnet: so viel pro Hund, so viele
Tage, fertig.**

Σημείωσαν με μολύβι την τροφή: τόσο ανά σκύλο, τόσες
μέρες, έτοιμο.

**Mercedes betrachtete ihre Zahlen und nickte, als ob es Sinn
machte.**

Η Μερσέντες κοίταξε τις φιγούρες τους και έγνεψε
καταφατικά σαν να είχε νόημα.

Zumindest auf dem Papier erschien ihr alles sehr einfach.

Όλα της φαίνονταν πολύ απλά, τουλάχιστον στα χαρτιά.

**Am nächsten Morgen führte Buck das Team langsam die
verschneite Straße hinauf.**

Το επόμενο πρωί, ο Μπακ οδήγησε την ομάδα αργά στον
χιονισμένο δρόμο.

Weder er noch die Hunde hinter ihm hatten Energie oder Tatendrang.

Δεν υπήρχε ενέργεια ή πνεύμα μέσα του ή στα σκυλιά πίσω του.

Sie waren von Anfang an todmüde, es waren keine Reserven mehr vorhanden.

Ήταν πολύ κουρασμένοι από την αρχή — δεν είχαν απομείνει εφεδρικοί.

Buck hatte bereits vier Fahrten zwischen Salt Water und Dawson unternommen.

Ο Μπακ είχε ήδη κάνει τέσσερα ταξίδια μεταξύ Σολτ Γουότερ και Ντόσον.

Als er nun erneut vor derselben Spur stand, empfand er nichts als Bitterkeit.

Τώρα, αντιμέτωπος ξανά με το ίδιο μονοπάτι, δεν ένιωθε τίποτα άλλο παρά πίκρα.

Er war nicht mit dem Herzen dabei und die anderen Hunde auch nicht.

Η καρδιά του δεν ήταν μέσα σε αυτό, ούτε οι καρδιές των άλλων σκύλων.

Die neuen Hunde waren schüchtern und den Huskys fehlte jegliches Vertrauen.

Τα καινούρια σκυλιά ήταν δειλά, και τα χάσκι δεν έδειχναν καμία εμπιστοσύνη.

Buck spürte, dass er sich auf diese beiden Männer oder ihre Schwester nicht verlassen konnte.

Ο Μπακ ένιωθε ότι δεν μπορούσε να βασιστεί σε αυτούς τους δύο άντρες ή στην αδερφή τους.

Sie wussten nichts und zeigten auf dem Weg keine Anzeichen, etwas zu lernen.

Δεν ήξεραν τίποτα και δεν έδειξαν σημάδια μάθησης στο μονοπάτι.

Sie waren unorganisiert und es fehlte ihnen jeglicher Sinn für Disziplin.

Ήταν ανοργάνωτοι και τους έλειπε κάθε αίσθηση πειθαρχίας.

Sie brauchten jedes Mal die halbe Nacht, um ein schlampiges Lager aufzubauen.

Τους χρειαζόταν μισή νύχτα για να στήσουν μια πρόχειρη κατασκήνωση κάθε φορά.

Und den halben nächsten Morgen verbrachten sie wieder damit, am Schlitten herumzufummeln.

Και τα μισά του επόμενου πρωινού τα πέρασαν ψάχνοντας ξανά στο έλκηθρο.

Gegen Mittag hielten sie oft nur an, um die ungleichmäßige Beladung zu korrigieren.

Μέχρι το μεσημέρι, συχνά σταματούσαν απλώς για να διορθώσουν το ανομοιόμορφο φορτίο.

An manchen Tagen legten sie insgesamt weniger als sechzehn Kilometer zurück.

Κάποιες μέρες, ταξίδευαν συνολικά λιγότερο από δέκα μίλια.

An anderen Tagen schafften sie es überhaupt nicht, das Lager zu verlassen.

Άλλες μέρες, δεν κατάφερναν καθόλου να φύγουν από το στρατόπεδο.

Sie kamen nie auch nur annähernd an die geplante Nahrungsdistanz heran.

Ποτέ δεν πλησίασαν στην κάλυψη της προγραμματισμένης απόστασης φαγητού.

Wie erwartet ging das Futter für die Hunde sehr schnell aus.

Όπως αναμενόταν, πολύ γρήγορα τους έλειψε η τροφή για τα σκυλιά.

Sie haben die Sache noch schlimmer gemacht, indem sie in den ersten Tagen zu viel gefüttert haben.

Χειροτέρεψαν τα πράγματα ταΐζοντας υπερβολικά τις πρώτες μέρες.

Mit jeder unvorsichtigen Ration rückte der Hungertod · näher.

Αυτό έφερνε την πείνα πιο κοντά με κάθε απρόσεκτη μερίδα.

Die neuen Hunde hatten nicht gelernt, mit sehr wenig zu überleben.

Τα καινούρια σκυλιά δεν είχαν μάθει να επιβιώνουν με ελάχιστα.

Sie aßen hungrig, ihr Appetit war zu groß für den Weg.

Έφαγαν πεινασμένοι, με όρεξη πολύ μεγάλη για το μονοπάτι.

Als Hal sah, wie die Hunde schwächer wurden, glaubte er, dass das Futter nicht ausreichte.

Βλέποντας τα σκυλιά να εξασθενούν, ο Χαλ πίστεψε ότι το φαγητό δεν ήταν αρκετό.

Er verdoppelte die Rationen und verschlimmerte damit den Fehler noch.

Διπλασίασε τις μερίδες, κάνοντας το λάθος ακόμη χειρότερο.

Mercedes verschärfte das Problem mit Tränen und leisem Flehen.

Η Μερσέντες επιδείνωσε το πρόβλημα με δάκρυα και απαλές παρακλήσεις.

Als sie Hal nicht überzeugen konnte, fütterte sie die Hunde heimlich.

Όταν δεν κατάφερε να πείσει τον Χαλ, τάισε τα σκυλιά κρυφά.

Sie stahl den Fisch aus den Säcken und gab ihn ihnen hinter seinem Rücken.

Έκλεψε από τους σάκους με τα ψάρια και τους το έδωσε πίσω από την πλάτη του.

Doch was die Hunde wirklich brauchten, war nicht mehr Futter, sondern Ruhe.

Αλλά αυτό που πραγματικά χρειάζονταν τα σκυλιά δεν ήταν περισσότερο φαγητό—ήταν ξεκούραση.

Sie kamen nur langsam voran, aber der schwere Schlitten schleppte sich trotzdem weiter.

Δεν τα κατάφερναν καλά, αλλά το βαρύ έλκηθρο συνέχιζε να σέρνεται.

Allein dieses Gewicht zehrte jeden Tag an ihrer verbleibenden Kraft.

Αυτό και μόνο το βάρος εξάντλησε τη δύναμή τους που τους είχε απομείνει κάθε μέρα.

Dann kam es zur Phase der Unterernährung, da die Vorräte zur Neige gingen.

Έπειτα ήρθε το στάδιο του υποσιτισμού καθώς οι προμήθειες λιγόστευαν.

Eines Morgens stellte Hal fest, dass die Hälfte des Hundefutters bereits weg war.

Ο Χαλ συνειδητοποίησε ένα πρωί ότι η μισή τροφή για σκύλους είχε ήδη τελειώσει.

Sie hatten nur ein Viertel der gesamten Wegstrecke zurückgelegt.

Είχαν διανύσει μόνο το ένα τέταρτο της συνολικής απόστασης του μονοπατιού.

Es konnten keine Lebensmittel mehr gekauft werden, egal zu welchem Preis.

Δεν μπορούσαν να αγοραστούν άλλα τρόφιμα, όποια τιμή κι αν προσφερόταν.

Er reduzierte die Portionen der Hunde unter die normale Tagesration.

Μείωσε τις μερίδες των σκύλων κάτω από την τυπική ημερήσια μερίδα.

Gleichzeitig forderte er längere Reisemöglichkeiten, um die Verluste auszugleichen.

Ταυτόχρονα, απαίτησε μεγαλύτερα ταξίδια για να αναπληρώσει την απώλεια.

Mercedes und Charles unterstützten diesen Plan, scheiterten jedoch bei der Umsetzung.

Η Μερσέντες και ο Κάρολος υποστήριξαν αυτό το σχέδιο, αλλά απέτυχαν στην εκτέλεσή του.

Ihr schwerer Schlitten und ihre mangelnden Fähigkeiten machten ein Vorankommen nahezu unmöglich.

Το βαρύ έλκηθρο τους και η έλλειψη δεξιοτήτων τους έκαναν την πρόοδο σχεδόν αδύνατη.

Es war einfach, weniger Futter zu geben, aber unmöglich, mehr Anstrengung zu erzwingen.

Ήταν εύκολο να δώσουν λιγότερο φαγητό, αλλά αδύνατο να επιβάλουν περισσότερη προσπάθεια.

Sie konnten weder früher anfangen, noch konnten sie Überstunden machen.

Δεν μπορούσαν να ξεκινήσουν νωρίς, ούτε μπορούσαν να ταξιδέψουν για επιπλέον ώρες.

Sie wussten nicht, wie sie mit den Hunden und überhaupt mit sich selbst arbeiten sollten.

Δεν ήξεραν πώς να χειριστούν τα σκυλιά, ούτε και τους εαυτούς τους, άλλωστε.

Der erste Hund, der starb, war Dub, der unglückliche, aber fleißige Dieb.

Ο πρώτος σκύλος που πέθανε ήταν ο Νταμπ, ο άτυχος αλλά εργατικός κλέφτης.

Obwohl Dub oft bestraft wurde, leistete er ohne zu klagen seinen Beitrag.

Αν και συχνά τιμωρούνταν, ο Νταμπ είχε κάνει το καθήκον του χωρίς παράπονα.

Seine Schulterverletzung verschlimmerte sich ohne Pflege und nötige Ruhe.

Ο τραυματισμένος ώμος του χειροτέρευε χωρίς φροντίδα ή χωρίς να χρειάζεται ξεκούραση.

Schließlich beendete Hal mit dem Revolver Dubs Leiden.

Τελικά, ο Χαλ χρησιμοποίησε το περίστροφο για να τερματίσει τα βάσανα του Νταμπ.

Ein gängiges Sprichwort besagt, dass normale Hunde an der Husky-Ration sterben.

Μια κοινή παροιμία έλεγε ότι τα κανονικά σκυλιά πεθαίνουν με μερίδες χάσκι.

Bucks sechs neue Gefährten bekamen nur die Hälfte des Futteranteils des Huskys.

Οι έξι νέοι σύντροφοι του Μπακ είχαν μόνο τη μισή μερίδα τροφής από αυτή του χάσκι.

Zuerst starb der Neufundländer, dann die drei kurzhaarigen Vorstehhunde.

Πρώτα πέθανε η Νέα Γη, και μετά οι τρεις κοντότριχες δείκτριες.

Die beiden Mischlinge hielten länger durch, kamen aber schließlich wie die anderen um.

Τα δύο μιγάδια άντεξαν περισσότερο, αλλά τελικά
χάθηκαν όπως και τα υπόλοιπα.

**Zu diesem Zeitpunkt waren alle Annehmlichkeiten und die
Sanftheit des Südens verschwunden.**

Μέχρι εκείνη τη στιγμή, όλες οι ανέσεις και η ευγένεια της
Νότιας Γης είχαν εξαφανιστεί.

**Die drei Menschen hatten die letzten Spuren ihrer
zivilisierten Erziehung abgelegt.**

Οι τρεις άνθρωποι είχαν αποβάλει τα τελευταία ίχνη της
πολιτισμένης ανατροφής τους.

**Ohne Glamour und Romantik wurde das Reisen in die
Arktis zur brutalen Realität.**

Απογυμνωμένο από αίγλη και ρομαντισμό, τα ταξίδια στην
Αρκτική έγιναν άγρια πραγματικότητα.

**Es war eine Realität, die zu hart für ihr Männlichkeits- und
Weiblichkeitsgefühl war.**

Ήταν μια πραγματικότητα πολύ σκληρή για την αίσθηση
που είχαν για τον ανδρισμό και τη γυναικεία φύση.

**Mercedes weinte nicht mehr um die Hunde, sondern nur
noch um sich selbst.**

Η Μερσέντες δεν έκλαιγε πια για τα σκυλιά, αλλά έκλαιγε
μόνο για τον εαυτό της.

**Sie verbrachte ihre Zeit damit, zu weinen und mit Hal und
Charles zu streiten.**

Περνούσε τον χρόνο της κλαίγοντας και μαλώνοντας με
τον Χαλ και τον Τσαρλς.

Streiten war das Einzige, wozu sie nie zu müde waren.

Οι καβγάδες ήταν το μόνο πράγμα που δεν κουράζονταν
ποτέ να κάνουν.

**Ihre Gereiztheit rührte vom Elend her, wuchs mit ihm und
übertraf es.**

Ο εκνευρισμός τους προερχόταν από τη δυστυχία,
μεγάλωνε μαζί της και την ξεπερνούσε.

**Die Geduld des Weges, die diejenigen kennen, die sich
abmühen und freundlich leiden, kam nie.**

Η υπομονή της διαδρομής, γνωστή σε όσους μοχθούν και
υποφέρουν με καλοσύνη, δεν ήρθε ποτέ.

Diese Geduld, die die Sprache trotz Schmerzen süß hält, war ihnen unbekannt.

Αυτή η υπομονή, που διατηρεί την ομιλία γλυκιά μέσα στον πόνο, τους ήταν άγνωστη.

Sie besaßen nicht die geringste Spur von Geduld und schöpften keine Kraft aus dem anmutigen Leiden.

Δεν είχαν ούτε ίχνος υπομονής, ούτε δύναμη που αντλούσαν από τα βάσανα με χάρη.

Sie waren steif vor Schmerz – ihre Muskeln, Knochen und ihr Herz schmerzten.

Ήταν άκαμπτοι από τον πόνο — πονούσαν στους μύες, τα κόκαλα και την καρδιά τους.

Aus diesem Grund bekamen sie eine scharfe Zunge und waren schnell im Umgang mit harten Worten.

Εξαιτίας αυτού, έγιναν οξυδερκείς και γρήγοροι με σκληρά λόγια.

Jeder Tag begann und endete mit wütenden Stimmen und bitteren Klagen.

Κάθε μέρα ξεκινούσε και τελείωνε με θυμωμένες φωνές και πικρά παράπονα.

Charles und Hal stritten sich, wann immer Mercedes ihnen eine Chance gab.

Ο Τσαρλς και ο Χαλ διαπληκτίζονταν όποτε η Μερσέντες τους έδινε ευκαιρία.

Jeder Mann glaubte, dass er mehr als seinen gerechten Anteil an der Arbeit geleistet hatte.

Κάθε άντρας πίστευε ότι έκανε περισσότερα από όσα του αναλογούσαν.

Keiner von beiden ließ es sich je entgehen, dies immer wieder zu sagen.

Κανένας από τους δύο δεν έχασε ποτέ την ευκαιρία να το πει, ξανά και ξανά.

Manchmal stand Mercedes auf der Seite von Charles, manchmal auf der Seite von Hal.

Άλλοτε η Μερσέντες τάχθηκε με το μέρος του Τσαρλς, άλλοτε με το μέρος του Χαλ.

Dies führte zu einem großen und endlosen Streit zwischen den dreien.

Αυτό οδήγησε σε μια μεγάλη και ατελείωτη διαμάχη μεταξύ των τριών.

Ein Streit darüber, wer Brennholz hacken sollte, geriet außer Kontrolle.

Μια διαμάχη για το ποιος έπρεπε να κόψει καυσόξυλα ξέφυγε από κάθε έλεγχο.

Bald wurden Väter, Mütter, Cousins und verstorbene Verwandte genannt.

Σύντομα, ονομάστηκαν πατέρες, μητέρες, ξαδέρφια και νεκροί συγγενείς.

Hal's Ansichten über Kunst oder die Theaterstücke seines Onkels wurden Teil des Kampfes.

Οι απόψεις του Χαλ για την τέχνη ή τα θεατρικά έργα του θείου του έγιναν μέρος της διαμάχης.

Auch Charles' politische Überzeugungen wurden in die Debatte einbezogen.

Οι πολιτικές πεποιθήσεις του Καρόλου εισήλθαν επίσης στη συζήτηση.

Für Mercedes schienen sogar die Gerüchte über die Schwester ihres Mannes relevant zu sein.

Στη Μερσέντες, ακόμη και τα κουτσομπολιά της αδερφής του συζύγου της φαινόντουσαν σχετικά.

Sie äußerte ihre Meinung dazu und zu vielen Fehlern in Charles' Familie.

Εξέφρασε απόψεις σχετικά με αυτό και για πολλά από τα ελαττώματα της οικογένειας του Καρόλου.

Während sie stritten, blieb das Feuer aus und das Lager war halb fertig.

Ενώ μαλώνανε, η φωτιά παρέμεινε σβησμένη και το στρατόπεδο μισοσβησμένο.

In der Zwischenzeit waren die Hunde unterkühlt und hatten nichts zu fressen.

Εν τω μεταξύ, τα σκυλιά παρέμεναν κρύα και χωρίς φαγητό.

Mercedes hegte einen Groll, den sie als zutiefst persönlich betrachtete.

Η Μερσέντες είχε ένα παράπονο που θεωρούσε βαθιά προσωπικό.

Sie fühlte sich als Frau misshandelt und fühlte sich ihrer Privilegien beraubt.

Ένιωθε ότι την κακομεταχειρίζονταν ως γυναίκα, ότι της στερούσαν τα ευγενικά της προνόμια.

Sie war hübsch und sanft und pflegte ihr ganzes Leben lang ritterliche Gesten.

Ήταν όμορφη και τρυφερή, και συνήθιζε να είναι ιππότης σε όλη της τη ζωή.

Doch ihr Mann und ihr Bruder begegneten ihr nun mit Ungeduld.

Αλλά ο σύζυγός της και ο αδελφός της τής φέρονταν τώρα με ανυπομονησία.

Sie hatte die Angewohnheit, sich hilflos zu verhalten, und sie begannen, sich zu beschweren.

Η συνήθειά της ήταν να κάνει την αβοήθητη κίνηση, και άρχισαν να παραπονιούνται.

Sie war davon beleidigt und machte ihnen das Leben noch schwerer.

Προσβεβλημένη από αυτό, έκανε τη ζωή τους ακόμη πιο δύσκολη.

Sie ignorierte die Hunde und bestand darauf, den Schlitten selbst zu fahren.

Αγνόησε τα σκυλιά και επέμεινε να ανέβει η ίδια στο έλκηθρο.

Obwohl sie von leichter Gestalt war, wog sie fünfundvierzig Kilo.

Αν και ελαφριά στην εμφάνιση, ζύγιζε εκατόν είκοσι λίβρες.

Diese zusätzliche Belastung war zu viel für die hungernden, schwachen Hunde.

Αυτό το πρόσθετο βάρος ήταν πάρα πολύ βαρύ για τα πεινασμένα, αδύναμα σκυλιά.

Trotzdem ritt sie tagelang, bis die Hunde in den Zügeln zusammenbrachen.

Παρόλα αυτά, καβάλησε για μέρες, μέχρι που τα σκυλιά κατέρρευσαν στα ηνία.

Der Schlitten stand still und Charles und Hal baten sie, zu laufen.

Το έλκηθρο έμεινε ακίνητο, και ο Τσαρλς και ο Χαλ την παρακάλεσαν να περπατήσει.

Sie flehten und flehten, aber sie weinte und nannte sie grausam.

Παρακαλούσαν και ικέτευαν, αλλά εκείνη έκλαιγε και τους αποκαλούσε σκληρούς.

Einmal zogen sie sie mit purer Kraft und Wut vom Schlitten.

Σε μια περίπτωση, την τράβηξαν από το έλκηθρο με απόλυτη δύναμη και θυμό.

Nach dem, was damals passiert ist, haben sie es nie wieder versucht.

Δεν ξαναπροσπάθησαν ποτέ μετά από αυτό που συνέβη εκείνη τη φορά.

Sie wurde schlaff wie ein verwöhntes Kind und setzte sich in den Schnee.

Έπεσε κουτσαίνοντας σαν κακομαθημένο παιδί και κάθισε στο χιόνι.

Sie gingen weiter, aber sie weigerte sich aufzustehen oder ihnen zu folgen.

Προχώρησαν, αλλά εκείνη αρνήθηκε να σηκωθεί ή να τους ακολουθήσει.

Nach drei Meilen hielten sie an, kehrten um und trugen sie zurück.

Μετά από τρία μίλια, σταμάτησαν, επέστρεψαν και την κουβάλησαν πίσω.

Sie luden sie wieder auf den Schlitten, wobei sie erneut rohe Gewalt anwandten.

Την ξαναφόρτωσαν στο έλκηθρο, χρησιμοποιώντας και πάλι ωμή δύναμη.

In ihrem tiefen Elend zeigten sie gegenüber dem Leid der Hunde keine Skrupel.

Μέσα στη βαθιά τους δυστυχία, ήταν ασυγκίνητοι απέναντι στα βάσανα των σκύλων.

Hal glaubte, man müsse sich abhärten und zwang anderen diesen Glauben auf.

Ο Χαλ πίστευε ότι κάποιος πρέπει να σκληραγωγηθεί και επιβάλλει αυτή την πεποίθηση στους άλλους.

Er versuchte zunächst, seiner Schwester seine Philosophie zu predigen

Αρχικά προσπάθησε να κηρύξει τη φιλοσοφία του στην αδερφή του

und dann predigte er erfolglos seinem Schwager.

και έπειτα, χωρίς επιτυχία, κήρυξε στον κουνιάδο του.

Bei den Hunden hatte er mehr Erfolg, aber nur, weil er ihnen weh tat.

Είχε μεγαλύτερη επιτυχία με τα σκυλιά, αλλά μόνο επειδή τα πλήγωνε.

Bei Five Fingers ist das Hundefutter komplett ausgegangen.

Στο Five Fingers, η τροφή για σκύλους τελείωσε εντελώς.

Eine zahnlose alte Squaw verkaufte ein paar Pfund gefrorenes Pferdeleder

Μια ηλικιωμένη γυναίκα χωρίς δόντια πούλησε μερικά κιλά κατεψυγμένο δέρμα αλόγου

Hal tauschte seinen Revolver gegen das getrocknete Pferdefell.

Ο Χαλ αντάλλαξε το περίστροφό του με το αποξηραμένο δέρμα αλόγου.

Das Fleisch stammte von den Pferden der Viehzüchter, die Monate zuvor verhungert waren.

Το κρέας είχε προέλθει από πεινασμένα άλογα ή κτηνοτρόφους μήνες πριν.

Gefroren war die Haut wie verzinktes Eisen: zäh und ungenießbar.

Παγωμένο, το δέρμα ήταν σαν γαλβανισμένο σίδερο· σκληρό και μη βρώσιμο.

Die Hunde mussten endlos auf dem Fell herumkauen, um es zu fressen.

Τα σκυλιά έπρεπε να μασούν ατελείωτα το τομάρι για να το φάνε.

Doch die ledrigen Fäden und das kurze Haar waren kaum Nahrung.

Αλλά οι δερμάτινες κλωστές και τα κοντά μαλλιά δεν ήταν καθόλου τροφή.

Das Fell war größtenteils irritierend und kein echtes Nahrungsmittel.

Το μεγαλύτερο μέρος του δέρματος ήταν ενοχλητικό και όχι φαγητό με την πραγματική έννοια του όρου.

Und während all dem taumelte Buck vorne herum, wie in einem Albtraum.

Και μέσα σε όλα αυτά, ο Μπακ παραπατούσε μπροστά, σαν σε εφιάλτη.

Er zog, wenn er dazu in der Lage war; wenn nicht, blieb er liegen, bis er mit einer Peitsche oder einem Knüppel hochgehoben wurde.

Τραβούσε όταν μπορούσε· όταν δεν μπορούσε, έμενε ξαπλωμένος μέχρι να τον σηκώσει μαστίγιο ή ρόπαλο.

Sein feines, glänzendes Fell hatte jegliche Steifheit und jeglichen Glanz verloren, den es einst hatte.

Το λεπτό, γυαλιστερό τρίχωμά του είχε χάσει όλη την ακαμψία και τη λάμψη που είχε κάποτε.

Sein Haar hing schlaff herunter, war zerzaust und mit getrocknetem Blut von den Schlägen verklebt.

Τα μαλλιά του κρέμονταν άτονα, σέρνονταν και ήταν πηγμένα από ξεραμένο αίμα από τα χτυπήματα.

Seine Muskeln schrumpften zu Sehnen und seine Fleischpolster waren völlig abgenutzt.

Οι μύες του συρρικνώθηκαν και οι σάρκες του είχαν φθαρεί.

Jede Rippe, jeder Knochen war deutlich durch die Falten der runzligen Haut zu sehen.

Κάθε πλευρά, κάθε οστό φαινόταν καθαρά μέσα από πτυχές του ζαρωμένου δέρματος.

Es war herzzerreißend, doch Bucks Herz konnte nicht brechen.

Ήταν σπαρακτικό, κι όμως η καρδιά του Μπακ δεν μπορούσε να ραγίσει.

Der Mann im roten Pullover hatte das getestet und vor langer Zeit bewiesen.

Ο άντρας με το κόκκινο πουλόβερ το είχε δοκιμάσει και το είχε αποδείξει προ πολλού.

So wie es bei Buck war, war es auch bei allen seinen übrigen Teamkollegen.

Όπως συνέβη με τον Μπακ, έτσι συνέβη και με όλους τους εναπομείναντες συμπαίκτες του.

Insgesamt waren es sieben, jeder einzelne ein wandelndes Skelett des Elends.

Υπήρχαν συνολικά επτά, ο καθένας ένας κινούμενος σκελετός δυστυχίας.

Sie waren gegenüber den Peitschenhieben taub geworden und spürten nur noch entfernten Schmerz.

Είχαν μουδιάσει στο βλεφαρίδα, νιώθοντας μόνο μακρινό πόνο.

Sogar Bild und Ton erreichten sie nur schwach, wie durch dichten Nebel.

Ακόμα και η όραση και ο ήχος τους έφταναν αμυδρά, σαν μέσα από πυκνή ομίχλη.

Sie waren nicht halb lebendig – es waren Knochen mit schwachen Funken darin.

Δεν ήταν μισοζώντανοι — ήταν κόκαλα με αμυδρές σπίθες μέσα.

Als sie angehalten wurden, brachen sie wie Leichen zusammen, ihre Funken waren fast erloschen.

Όταν τους σταμάτησαν, κατέρρευσαν σαν πτώματα, με τις σπίθες τους σχεδόν να έχουν εξαφανιστεί.

Und als die Peitsche oder der Knüppel erneut zuschlug, sprühten schwache Funken.

Και όταν το μαστίγιο ή το ρόπαλο ξαναχτύπησε, οι σπίθες φτερούγισαν αδύναμα.

Dann erhoben sie sich, taumelten vorwärts und schleiften ihre Gliedmaßen vor sich her.

Έπειτα σηκώθηκαν, παραπατούσαν μπροστά και έσερναν τα άκρα τους μπροστά.

Eines Tages stürzte der nette Billee und konnte überhaupt nicht mehr aufstehen.

Μια μέρα η ευγενική Μπίλι έπεσε και δεν μπορούσε πλέον να σηκωθεί καθόλου.

Hal hatte seinen Revolver eingetauscht und benutzte stattdessen eine Axt, um Billee zu töten.

Ο Χαλ είχε ανταλλάξει το περίστροφό του, οπότε χρησιμοποίησε ένα τσεκούρι για να σκοτώσει την Μπίλι.

Er schlug ihm auf den Kopf, schnitt dann seinen Körper los und schleifte ihn weg.

Τον χτύπησε στο κεφάλι, έπειτα έκοψε το σώμα του και το έσυρε μακριά.

Buck sah dies und die anderen auch; sie wussten, dass der Tod nahe war.

Ο Μπακ το είδε αυτό, όπως και οι άλλοι· ήξεραν ότι ο θάνατος ήταν κοντά.

Am nächsten Tag ging Koona und ließ nur fünf Hunde im hungernden Team zurück.

Την επόμενη μέρα η Κούνα έφυγε, αφήνοντας μόνο πέντε σκυλιά στην πεινασμένη ομάδα.

Joe war nicht länger gemein, sondern zu weit weg, um überhaupt noch viel mitzubekommen.

Ο Τζο, όχι πια κακός, ήταν πολύ ξεπερασμένος για να αντιληφθεί και πολλά.

Pike täuschte seine Verletzung nicht länger vor und war kaum bei Bewusstsein.

Ο Πάικ, που δεν προσποιούνταν πλέον τον τραυματισμό του, μόλις που είχε τις αισθήσεις του.

Solleks, der immer noch treu war, beklagte, dass er nicht mehr die Kraft hatte, etwas zu geben.

Ο Σόλεκς, ακόμα πιστός, θρήνησε που δεν είχε δύναμη να δώσει.

Teek wurde am häufigsten geschlagen, weil er frischer war, aber schnell nachließ.

Ο Τικ ηττήθηκε περισσότερο επειδή ήταν πιο φρέσκος, αλλά ξεθώριαζε γρήγορα.

Und Buck, der immer noch in Führung lag, sorgte nicht länger für Ordnung und setzte sie auch nicht durch.

Και ο Μπακ, που εξακολουθούσε να προηγείται, δεν τηρούσε πλέον την τάξη ούτε την επιβαλλόταν.

Halb blind vor Schwäche folgte Buck der Spur nur nach Gefühl.

Μισοτυφλωμένος από αδυναμία, ο Μπακ ακολούθησε το μονοπάτι νιώθοντας μόνος.

Es war schönes Frühlingswetter, aber keiner von ihnen bemerkte es.

Ήταν όμορφος ανοιξιάτικος καιρός, αλλά κανείς τους δεν τον πρόσεξε.

Jeden Tag ging die Sonne früher auf und später unter als zuvor.

Κάθε μέρα ο ήλιος ανέτειλε νωρίτερα και έδυε αργότερα από πριν.

Um drei Uhr morgens dämmerte es, die Dämmerung dauerte bis neun Uhr.

Στις τρεις το πρωί, είχε έρθει η αυγή· το λυκόφως διαρκούσε μέχρι τις εννέα.

Die langen Tage waren erfüllt von der vollen Strahlkraft des Frühlingssonnenscheins.

Οι μακριές μέρες ήταν γεμάτες με την πλήρη λάμψη του ανοιξιάτικου ήλιου.

Die gespenstische Stille des Winters hatte sich in ein warmes Murmeln verwandelt.

Η στοιχειωμένη σιωπή του χειμώνα είχε μετατραπεί σε ένα ζεστό μουρμουρητό.

Das ganze Land erwachte und war erfüllt von der Freude am Leben.

Όλη η γη ξυπνούσε, ζωντανή από τη χαρά των ζωντανών όντων.

Das Geräusch kam von etwas, das den Winter über tot und reglos dagelegen hatte.

Ο ήχος προερχόταν από κάτι που είχε ξαπλώσει νεκρό και ακίνητο κατά τη διάρκεια του χειμώνα.

Jetzt bewegten sich diese Dinger wieder und schüttelten den langen Frostschlaf ab.

Τώρα, αυτά τα πράγματα κινήθηκαν ξανά, τινάζοντας από πάνω τους τον μακρύ ύπνο του παγετού.

Saft stieg durch die dunklen Stämme der wartenden Kiefern.

Χυμός ανέβαινε μέσα από τους σκοτεινούς κορμούς των πεύκων που περίμεναν.

An jedem Zweig von Weiden und Espen treiben leuchtende junge Knospen aus.

Οι ιτιές και οι λεύκες βγάζουν φωτεινά νεαρά μπουμπούκια σε κάθε κλαδί.

Sträucher und Weinreben erstrahlten in frischem Grün, als der Wald zum Leben erwachte.

Οι θάμνοι και τα αμπέλια απέκτησαν φρέσκο πράσινο καθώς το δάσος ζωντάνεψε.

Nachts zirpten Grillen und in der Sonne krabbelten Käfer.

Τα τριζόνια κελαηδούσαν τη νύχτα και τα έντομα σέρνονταν στον ήλιο της ημέρας.

Rebhühner dröhnten und Spechte klopften tief in den Bäumen.

Οι πέρδικες βρυχήθηκαν και οι δρυοκολάπτες χτυπούσαν βαθιά μέσα στα δέντρα.

Eichhörnchen schnatterten, Vögel sangen und Gänse schnatterten über den Hunden.

Οι σκίουροι κελαηδούσαν, τα πουλιά τραγουδούσαν και οι χήνες κορνάριζαν πάνω από τα σκυλιά.

Das Wildgeflügel kam in scharfen Keilen und flog aus dem Süden heran.

Τα αγριοκότατα έρχονταν σε αιχμηρές σφήνες, πετώντας από το νότο.

Von jedem Hügel ertönte die Musik verborgener, rauschender Bäche.

Από κάθε πλαγιά του λόφου ακουγόταν η μουσική κρυφών, ορμητικών ρυακιών.

Alles taute auf, brach, bog sich und geriet wieder in Bewegung.

Όλα τα πράγματα ξεπάγωσαν και έσπασαν, λύγισαν και ξαναρχίστηκαν.

Der Yukon bemühte sich, die Kälteketten des gefrorenen Eises zu durchbrechen.

Το Γιούκον προσπάθησε να σπάσει τις ψυχρές αλυσίδες του παγωμένου πάγου.

Das Eis schmolz von unten, während die Sonne es von oben zum Schmelzen brachte.

Ο πάγος έλιωνε από κάτω, ενώ ο ήλιος τον έλιωνε από ψηλά.

Luftlöcher öffneten sich, Risse breiteten sich aus und Brocken fielen in den Fluss.

Άνοιξαν τρύπες αέρα, ρωγμές εξαπλώθηκαν και κομμάτια έπεσαν στο ποτάμι.

Inmitten dieses pulsierenden und lodernden Lebens taumelten die Reisenden.

Μέσα σε όλη αυτή την ξέφρενη και φλεγόμενη ζωή, οι ταξιδιώτες παραπατούσαν.

Zwei Männer, eine Frau und ein Rudel Huskys liefen wie die Toten.

Δύο άντρες, μια γυναίκα και μια αγέλη χάσκι περπατούσαν σαν νεκροί.

Die Hunde fielen, Mercedes weinte, fuhr aber immer noch Schlitten.

Τα σκυλιά έπεφταν, η Μερσέντες έκλαιγε, αλλά συνέχιζε να καβαλάει το έλκηθρο.

Hal fluchte schwach und Charles blinzelte mit tränenden Augen.

Ο Χαλ έβρισε αδύναμα, και ο Τσαρλς ανοιγόκλεισε τα μάτια του με δακρυσμένα μάτια.

Sie stolperten in John Thorntons Lager an der Mündung des White River.

Μπήκαν τυχαία στο στρατόπεδο του Τζον Θόρντον στις εκβολές του Γουάιτ Ρίβερ.

Als sie anhielten, fielen die Hunde flach um, als wären sie alle tot.

Όταν σταμάτησαν, τα σκυλιά έπεσαν κάτω, σαν να χτύπησαν όλα νεκρά.

Mercedes wischte sich die Tränen ab und sah zu John Thornton hinüber.

Η Μερσέντες σκούπισε τα δάκρυά της και κοίταξε τον Τζον Θόρντον.

Charles saß langsam und steif auf einem Baumstamm, mit Schmerzen vom Weg.

Ο Τσαρλς κάθισε σε ένα κούτσουρο, αργά και άκαμπτα, πονώντας από το μονοπάτι.

Hal redete, während Thornton das Ende eines Axtstiels schnitzte.

Ο Χαλ μιλούσε καθώς ο Θόρντον σκάλιζε την άκρη της λαβής ενός τσεκουριού.

Er schnitzte Birkenholz und antwortete mit kurzen, bestimmten Antworten.

Έκοψε ξύλο σημύδας και απάντησε με σύντομες, σταθερές απαντήσεις.

Wenn man ihn fragte, gab er Ratschläge, war sich jedoch sicher, dass diese nicht befolgt würden.

Όταν του ζητήθηκε, έδωσε συμβουλές, βέβαιος ότι δεν θα τις ακολουθούσε.

Hal erklärte: „Sie sagten uns, dass das Eis auf dem Weg schmelzen würde."

Ο Χαλ εξήγησε: «Μας είπαν ότι ο πάγος του μονοπατιού έπεφτε».

„Sie sagten, wir sollten bleiben, wo wir waren – aber wir haben es bis nach White River geschafft."

«Είπαν ότι έπρεπε να μείνουμε εκεί—αλλά καταφέραμε να φτάσουμε στο Γουάιτ Ρίβερ.»

Er schloss mit höhnischem Ton, als wolle er einen Sieg in der Not für sich beanspruchen.

Τελείωσε με έναν χλευαστικό τόνο, σαν να διεκδικούσε τη νίκη μέσα σε δυσκολίες.

„Und sie haben dir die Wahrheit gesagt", antwortete John Thornton Hal ruhig.

«Και σου είπαν την αλήθεια», απάντησε ήσυχα ο Τζον Θόρντον στον Χαλ.

„Das Eis kann jeden Moment nachgeben – es ist kurz davor, abzufallen."

«Ο πάγος μπορεί να υποχωρήσει ανά πάσα στιγμή — είναι έτοιμος να πέσει.»

„Nur durch blindes Glück und ein paar Narren wäre es möglich gewesen, lebend so weit zu kommen."

«Μόνο η τυφλή τύχη και οι ανόητοι θα μπορούσαν να έχουν φτάσει τόσο μακριά ζωντανοί.»

„Ich sage es Ihnen ganz offen: Ich würde mein Leben nicht für alles Gold Alaskas riskieren."

«Σας λέω ευθέως, δεν θα ρίσκαρα τη ζωή μου για όλο το χρυσάφι της Αλάσκας.»

„Das liegt wohl daran, dass Sie kein Narr sind", antwortete Hal.

«Αυτό συμβαίνει επειδή δεν είσαι ανόητος, υποθέτω», απάντησε ο Χαλ.

„Trotzdem fahren wir weiter nach Dawson." Er rollte seine Peitsche ab.

«Παρόλα αυτά, θα πάμε στο Ντόσον.» Ξετύλιξε το μαστίγιό του.

„Komm rauf, Buck! Hallo! Steh auf! Los!", rief er barsch.

«Σήκω εκεί πάνω, Μπακ! Γεια! Σήκω πάνω! Συνέχισε!» φώναξε σκληρά.

Thornton schnitzte weiter, wohl wissend, dass Narren nicht auf Vernunft hören.

Ο Θόρντον συνέχιζε να μιλάει, γνωρίζοντας ότι οι ανόητοι δεν θα ακούσουν τη λογική.

Einen Narren aufzuhalten war sinnlos – und zwei oder drei Narren änderten nichts.

Το να σταματήσεις έναν ανόητο ήταν μάταιο — και δύο ή τρεις ανόητοι δεν άλλαζαν τίποτα.

Doch als das Team Hal's Befehl hörte, bewegte es sich nicht.

Αλλά η ομάδα δεν κουνήθηκε στο άκουσμα της εντολής του Χαλ.

Jetzt konnten sie nur noch durch Schläge wieder auf die Beine kommen und weiterkommen.

Μέχρι τώρα, μόνο χτυπήματα μπορούσαν να τους κάνουν να σηκωθούν και να τραβήξουν μπροστά.

Immer wieder knallte die Peitsche über die geschwächten Hunde.

Το μαστίγιο χτυπούσε ξανά και ξανά πάνω στα αδύναμα σκυλιά.

John Thornton presste die Lippen fest zusammen und sah schweigend zu.

Ο Τζον Θόρντον έσφιξε σφιχτά τα χείλη του και παρακολουθούσε σιωπηλός.

Solleks war der Erste, der unter der Peitsche auf die Beine kam.

Ο Σόλεκς ήταν ο πρώτος που σηκώθηκε όρθιος κάτω από το μαστίγιο.

Dann folgte Teek zitternd. Joe schrie auf, als er stolperte.

Έπειτα ο Τικ τον ακολούθησε τρέμοντας. Ο Τζο ούρλιαξε καθώς σκόνταψε πάνω.

Pike versuchte aufzustehen, scheiterte zweimal und stand schließlich unsicher da.

Ο Πάικ προσπάθησε να σηκωθεί, απέτυχε δύο φορές, και τελικά στάθηκε ασταθής.

Aber Buck blieb liegen, wo er hingefallen war, und bewegte sich dieses Mal überhaupt nicht.

Αλλά ο Μπακ ήταν ξαπλωμένος εκεί που είχε πέσει, ακίνητος αυτή τη φορά.

Die Peitsche schlug immer wieder auf ihn ein, aber er gab keinen Laut von sich.

Το μαστίγιο τον χτυπούσε ξανά και ξανά, αλλά δεν έβγαζε ήχο.

Er zuckte nicht zusammen und wehrte sich nicht, sondern blieb einfach still und ruhig.

Δεν τσίμπησε ούτε αντιστάθηκε, απλώς παρέμεινε ακίνητος και σιωπηλός.

Thornton rührte sich mehr als einmal, als wolle er etwas sagen, tat es aber nicht.

Ο Θόρντον κουνήθηκε περισσότερες από μία φορές, σαν να ήθελε να μιλήσει, αλλά δεν το έκανε.

Seine Augen wurden feucht und immer noch knallte die Peitsche gegen Buck.

Τα μάτια του έβρεξαν, και το μαστίγιο εξακολουθούσε να χτυπάει πάνω στον Μπακ.

Schließlich begann Thornton langsam auf und ab zu gehen, unsicher, was er tun sollte.

Επιτέλους, ο Θόρντον άρχισε να περπατάει αργά, αβέβαιος για το τι να κάνει.

Es war das erste Mal, dass Buck versagt hatte, und Hal wurde wütend.

Ήταν η πρώτη φορά που ο Μπακ αποτύγχανε, και ο Χαλ έγινε έξαλλος.

Er warf die Peitsche weg und nahm stattdessen die schwere Keule.

Πέταξε κάτω το μαστίγιο και πήρε αντ' αυτού το βαρύ ρόπαλο.

Der Holzknüppel schlug hart auf, aber Buck stand immer noch nicht auf, um sich zu bewegen.

Το ξύλινο ρόπαλο έπεσε με δύναμη, αλλά ο Μπακ δεν σηκώθηκε ακόμα για να κουνηθεί.

Wie seine Teamkollegen war er zu schwach – aber mehr als das.

Όπως και οι συμπαίκτες του, ήταν πολύ αδύναμος — αλλά κάτι παραπάνω από αυτό.

Buck hatte beschlossen, sich nicht zu bewegen, egal was als Nächstes passieren würde.

Ο Μπακ είχε αποφασίσει να μην κουνηθεί, ό,τι και να επακολουθούσε.

Er spürte, wie etwas Dunkles und Bestimmtes direkt vor ihm schwebte.

Ένιωσε κάτι σκοτεινό και σίγουρο να αιωρείται ακριβώς μπροστά του.

Diese Angst hatte ihn ergriffen, sobald er das Flussufer erreicht hatte.

Αυτός ο τρόμος τον είχε κυριεύσει μόλις έφτασε στην όχθη του ποταμού.

Dieses Gefühl hatte ihn nicht verlassen, seit er das Eis unter seinen Pfoten dünner werden fühlte.

Το συναίσθημα δεν τον είχε εγκαταλείψει από τότε που ένιωθε τον πάγο λεπτό κάτω από τα πόδια του.

Etwas Schreckliches wartete – er spürte es gleich weiter unten auf dem Weg.

Κάτι τρομερό τον περίμενε — το ένιωσε λίγο πιο κάτω στο μονοπάτι.

Er würde nicht auf das Schreckliche vor ihm zugehen

Δεν επρόκειτο να περπατήσει προς αυτό το τρομερό πράγμα μπροστά του

Er würde keinem Befehl gehorchen, der ihn zu diesem Ding führte.

Δεν επρόκειτο να υπακούσει σε καμία εντολή που τον οδηγούσε σε εκείνο το πράγμα.

Der Schmerz der Schläge war für ihn kaum noch spürbar, er war zu weit weg.

Ο πόνος από τα χτυπήματα μόλις που τον άγγιζε τώρα — είχε εξαφανιστεί πολύ.

Der Funke des Lebens flackerte schwach und erlosch unter jedem grausamen Schlag.

Η σπίθα της ζωής τρεμόπαιζε χαμηλά, σβήνοντας κάτω από κάθε σκληρό χτύπημα.

Seine Glieder fühlten sich fremd an, sein ganzer Körper schien einem anderen zu gehören.

Τα άκρα του ένιωθαν απόμακρα· ολόκληρο το σώμα του έμοιαζε να ανήκει σε κάποιον άλλο.

Er spürte eine seltsame Taubheit, als der Schmerz vollständig nachließ.

Ένιωσε ένα παράξενο μούδιασμα καθώς ο πόνος υποχώρησε εντελώς.

Aus der Ferne spürte er, dass er geschlagen wurde, aber er wusste es kaum.

Από μακριά, ένιωθε ότι τον χτυπούσαν, αλλά μόλις που το κατάλαβε.

Er konnte die Schläge schwach hören, aber sie taten nicht mehr wirklich weh.

Άκουγε αμυδρά τους γδούπους, αλλά δεν πονούσαν πια πραγματικά.

Die Schläge trafen, aber sein Körper schien nicht mehr sein eigener zu sein.

Τα χτυπήματα έπεσαν, αλλά το σώμα του δεν έμοιαζε πια με δικό του.

Dann stieß John Thornton plötzlich und ohne Vorwarnung einen wilden Schrei aus.

Τότε ξαφνικά, χωρίς προειδοποίηση, ο Τζον Θόρντον έβγαλε μια άγρια κραυγή.

Es war unartikuliert, eher der Schrei eines Tieres als eines Menschen.

Ήταν άναρθρο, περισσότερο σαν κραυγή θηρίου παρά ανθρώπου.

Er sprang mit der Keule auf den Mann zu und stieß Hal nach hinten.

Πήδηξε πάνω στον άντρα με το ρόπαλο και έριξε τον Χαλ προς τα πίσω.

Hal flog, als wäre er von einem Baum getroffen worden, und landete hart auf dem Boden.

Ο Χαλ πέταξε σαν να τον είχε χτυπήσει δέντρο, και προσγειώθηκε με δύναμη στο έδαφος.

Mercedes schrie laut vor Panik und umklammerte ihr Gesicht.

Η Μερσέντες ούρλιαξε πανικόβλητη και άρπαξε το πρόσωπό της.

Charles sah nur zu, wischte sich die Augen und blieb sitzen.

Ο Κάρολος απλώς κοίταζε, σκούπισε τα μάτια του και έμεινε καθισμένος.

Sein Körper war vor Schmerzen zu steif, um aufzustehen oder beim Kampf mitzuhelfen.

Το σώμα του ήταν πολύ άκαμπτο από τον πόνο για να σηκωθεί ή να βοηθήσει στη μάχη.

Thornton stand über Buck, zitterte vor Wut und konnte nicht sprechen.

Ο Θόρντον στεκόταν πάνω από τον Μπακ, τρέμοντας από οργή, ανίκανος να μιλήσει.

Er zitterte vor Wut und kämpfte darum, trotz allem seine Stimme wiederzufinden.

Έτρεμε από οργή και πάλευε να βρει τη φωνή του μέσα από αυτό.

„Wenn du den Hund noch einmal schlägst, bringe ich dich um", sagte er schließlich.

«Αν ξαναχτυπήσεις αυτό τό σκυλί, θα σε σκοτώσω», είπε τελικά.

Hal wischte sich das Blut aus dem Mund und kam wieder nach vorne.

Ο Χαλ σκούπισε το αίμα από το στόμα του και ήρθε ξανά μπροστά.

„Es ist mein Hund", murmelte er. „Geh mir aus dem Weg, sonst kriege ich dich wieder in Ordnung."

«Είναι ο σκύλος μου», μουρμούρισε. «Φύγε από τη μέση, αλλιώς θα σε φτιάξω εγώ.»

„Ich gehe nach Dawson und Sie halten mich nicht auf", fügte er hinzu.

«Πάω στο Ντόσον και δεν με σταματάς», πρόσθεσε.

Thornton stand fest zwischen Buck und dem wütenden jungen Mann.

Ο Θόρντον στάθηκε σταθερός ανάμεσα στον Μπακ και τον θυμωμένο νεαρό.

Er hatte nicht die Absicht, zur Seite zu treten oder Hal vorbeizulassen.

Δεν είχε καμία πρόθεση να κάνει στην άκρη ή να αφήσει τον Χαλ να περάσει.

Hal zog sein Jagdmesser heraus, das lang und gefährlich in der Hand lag.

Ο Χαλ έβγαλε το κυνηγετικό του μαχαίρι, που το κρατούσε μακρύ και επικίνδυνο.

Mercedes schrie, dann weinte sie und lachte dann in wilder Hysterie.

Η Μερσέντες ούρλιαξε, μετά έκλαψε και μετά γέλασε με τρελή υστερία.

Thornton schlug mit dem Axtstiel hart und schnell auf Hals Hand.

Ο Θόρντον χτύπησε το χέρι του Χαλ με τη λαβή του τσεκουριού του, δυνατά και γρήγορα.

Das Messer wurde aus Hals Griff gerissen und flog zu Boden.

Το μαχαίρι έφυγε από τη λαβή του Χαλ και έπεσε στο έδαφος.

Hal versuchte, das Messer aufzuheben, und Thornton klopfte erneut auf seine Fingerknöchel.

Ο Χαλ προσπάθησε να σηκώσει το μαχαίρι, και ο Θόρντον χτύπησε ξανά τις αρθρώσεις του.

Dann bückte sich Thornton, griff nach dem Messer und hielt es fest.

Τότε ο Θόρντον έσκυψε, άρπαξε το μαχαίρι και το κράτησε.

Mit zwei schnellen Hieben des Axtstiels zerschnitt er Bucks Zügel.

Με δύο γρήγορα χτυπήματα της λαβής του τσεκουριού, έκοψε τα ηνία του Μπακ.

Hal hatte keine Kraft mehr, sich zu wehren, und trat von dem Hund zurück.

Ο Χαλ δεν είχε πια καμία μάχη μέσα του και έκανε ένα βήμα πίσω από τον σκύλο.

Außerdem brauchte Mercedes jetzt beide Arme, um aufrecht zu bleiben.

Άλλωστε, η Μερσέντες χρειαζόταν τώρα και τα δύο χέρια της για να την κρατήσει όρθια.

Buck war dem Tod zu nahe, um noch einmal einen Schlitten ziehen zu können.

Ο Μπακ ήταν πολύ κοντά στον θάνατο για να είναι ξανά χρήσιμος για να σύρει έλκηθρο.

Ein paar Minuten später legten sie ab und fuhren flussabwärts.

Λίγα λεπτά αργότερα, βγήκαν έξω, κατευθυνόμενοι προς το ποτάμι.

Buck hob schwach den Kopf und sah ihnen nach, wie sie die Bank verließen.

Ο Μπακ σήκωσε αδύναμα το κεφάλι του και τους παρακολούθησε να φεύγουν από την τράπεζα.

Pike führte das Team an, mit Solleks am Ende des Feldes.

Ο Πάικ ηγήθηκε της ομάδας, με τον Σόλεκς πίσω στη θέση του τιμονιού.

Joe und Teek gingen dazwischen, beide humpelten vor Erschöpfung.

Ο Τζο και ο Τικ περπατούσαν ανάμεσά τους, κουτσαίνοντας και οι δύο από την εξάντληση.

Mercedes saß auf dem Schlitten und Hal hielt die lange Lenkstange fest.

Η Μερσέντες κάθισε στο έλκηθρο και ο Χαλ κρατούσε σφιχτά το μακρύ κοντάρι.

Charles stolperte hinterher, seine Schritte waren unbeholfen und unsicher.

Ο Κάρολος παραπατούσε πίσω, με τα βήματά του αδέξια και αβέβαια.

Thornton kniete neben Buck und tastete vorsichtig nach gebrochenen Knochen.

Ο Θόρντον γονάτισε δίπλα στον Μπακ και έψαξε απαλά για σπασμένα κόκαλα.

Seine Hände waren rau, bewegten sich aber mit Freundlichkeit und Sorgfalt.

Τα χέρια του ήταν τραχιά αλλά κινούνταν με καλοσύνη και φροντίδα.

Bucks Körper wies Blutergüsse auf, wies jedoch keine bleibenden Verletzungen auf.

Το σώμα του Μπακ ήταν μελανιασμένο αλλά δεν έδειξε μόνιμο τραυματισμό.

Zurück blieben schrecklicher Hunger und nahezu völlige Schwäche.

Αυτό που παρέμενε ήταν τρομερή πείνα και σχεδόν ολοκληρωτική αδυναμία.

Als dies klar wurde, war der Schlitten bereits weit flussabwärts gefahren.

Μέχρι να ξεκαθαρίσει αυτό, το έλκηθρο είχε κατευθυνθεί πολύ προς τα κάτω του ποταμού.

Mann und Hund sahen zu, wie der Schlitten langsam über das knackende Eis kroch.

Ο άντρας και ο σκύλος παρακολουθούσαν το έλκηθρο να σέρνεται αργά πάνω στον σπασμένο πάγο.

Dann sahen sie, wie der Schlitten in eine Mulde sank.

Έπειτα, είδαν το έλκηθρο να βυθίζεται σε μια κοιλότητα.

Die Gee-Stange flog in die Höhe, und Hal klammerte sich immer noch vergeblich daran fest.

Το τζι-πόλος πέταξε ψηλά, με τον Χαλ να εξακολουθεί να κρέμεται πάνω του μάταια.

Mercedes' Schrei erreichte sie über die kalte Ferne.

Η κραυγή της Μερσέντες έφτασε σε αυτούς πέρα από την κρύα απόσταση.

Charles drehte sich um und trat zurück – aber er war zu spät.

Ο Τσαρλς γύρισε και έκανε ένα βήμα πίσω—αλλά ήταν πολύ αργά.

Eine ganze Eisdecke brach nach und sie alle fielen hindurch.

Ένα ολόκληρο στρώμα πάγου υποχώρησε και όλοι έπεσαν μέσα.

Hunde, Schlitten und Menschen verschwanden im schwarzen Wasser darunter.

Σκυλιά, έλκηθρα και άνθρωποι εξαφανίστηκαν στα μαύρα νερά από κάτω.

An der Stelle, an der sie vorbeigekommen waren, war nur ein breites Loch im Eis zurückgeblieben.

Μόνο μια μεγάλη τρύπα στον πάγο είχε απομείνει από εκεί που είχαν περάσει.

Der Boden des Pfades war nach unten abgesunken – genau wie Thornton gewarnt hatte.

Το κάτω μέρος του μονοπατιού είχε κατρακυλήσει— ακριβώς όπως είχε προειδοποιήσει ο Θόρντον.

Thornton und Buck sahen sich einen Moment lang schweigend an.

Ο Θόρντον και ο Μπακ κοιτάχτηκαν μεταξύ τους, σιωπηλοί για μια στιγμή.

„Du armer Teufel", sagte Thornton leise und Buck leckte ihm die Hand.

«Καημένος διάβολε», είπε απαλά ο Θόρντον, και ο Μπακ του έγλειψε το χέρι.

Aus Liebe zu einem Mann
Για την αγάπη ενός άντρα

John Thornton erfror in der Kälte des vergangenen Dezembers seine Füße.
Ο Τζον Θόρντον πάγωσε τα πόδια του στο κρύο του προηγούμενου Δεκεμβρίου.

Seine Partner machten es ihm bequem und ließen ihn allein genesen.
Οι συνεργάτες του τον έκαναν να νιώσει άνετα και τον άφησαν να αναρρώσει μόνος του.

Sie fuhren den Fluss hinauf, um ein Floß mit Sägestämmen für Dawson zu holen.
Ανέβηκαν το ποτάμι για να μαζέψουν μια σειρά από κορμούς πριονιού για τον Ντόσον.

Er humpelte noch leicht, als er Buck vor dem Tod rettete.
Κουτσαίωνε ακόμα ελαφρώς όταν έσωσε τον Μπακ από τον θάνατο.

Aber bei anhaltend warmem Wetter verschwand sogar dieses Hinken.
Αλλά με τη συνεχιζόμενη ζέστη, ακόμη και αυτή η αδράνεια εξαφανίστηκε.

Buck ruhte sich an langen Frühlingstagen am Flussufer aus.
Ξαπλωμένος στην όχθη του ποταμού κατά τη διάρκεια των μακριών ανοιξιάτικων ημερών, ο Μπακ ξεκουραζόταν.

Er beobachtete das fließende Wasser und lauschte den Vögeln und Insekten.
Παρατηρούσε το τρεχούμενο νερό και άκουγε τα πουλιά και τα έντομα.

Langsam erlangte Buck unter Sonne und Himmel seine Kraft zurück.
Σιγά σιγά, ο Μπακ ανέκτησε τις δυνάμεις του κάτω από τον ήλιο και τον ουρανό.

Nach einer Reise von dreitausend Meilen war eine Pause ein wunderbares Gefühl.
Η ξεκούραση ήταν υπέροχη μετά από ταξίδια τριών χιλιάδων μιλίων.

Buck wurde träge, als seine Wunden heilten und sein Körper an Gewicht zunahm.

Ο Μπακ έγινε τεμπέλης καθώς οι πληγές του επουλώθηκαν και το σώμα του γέμισε.

Seine Muskeln wurden fester und das Fleisch bedeckte wieder seine Knochen.

Οι μύες του σφίχτηκαν και η σάρκα επέστρεψε για να καλύψει τα κόκαλά του.

Sie ruhten sich alle aus – Buck, Thornton, Skeet und Nig.

Όλοι ξεκουράζονταν — ο Μπακ, ο Θόρντον, ο Σκιτ και ο Νιγκ.

Sie warteten auf das Floß, das sie nach Dawson bringen sollte.

Περίμεναν τη σχεδία που θα τους μετέφερε στο Ντόσον.

Skeet war ein kleiner Irish Setter, der sich mit Buck anfreundete.

Ο Σκιτ ήταν ένας μικρός Ιρλανδός σέτερ που έκανε παρέα με τον Μπακ.

Buck war zu schwach und krank, um ihr bei ihrem ersten Treffen Widerstand zu leisten.

Ο Μπακ ήταν πολύ αδύναμος και άρρωστος για να της αντισταθεί στην πρώτη τους συνάντηση.

Skeet hatte die Heilereigenschaft, die manche Hunde von Natur aus besitzen.

Ο Σκιτ είχε το χαρακτηριστικό του θεραπευτή που έχουν φυσικά κάποια σκυλιά.

Wie eine Katzenmutter leckte und reinigte sie Bucks offene Wunden.

Σαν μητέρα γάτα, έγλειψε και καθάρισε τις πληγές του Μπακ.

Jeden Morgen nach dem Frühstück wiederholte sie ihre sorgfältige Arbeit.

Κάθε πρωί μετά το πρωινό, επαναλάμβανε την προσεκτική της δουλειά.

Buck erwartete ihre Hilfe ebenso sehr wie die von Thornton.

Ο Μπακ περίμενε τη βοήθειά της όσο και του Θόρντον.

Nig war auch freundlich, aber weniger offen und weniger liebevoll.

Ο Νιγκ ήταν κι αυτός φιλικός, αλλά λιγότερο ανοιχτός και λιγότερο στοργικός.

Nig war ein großer schwarzer Hund, halb Bluthund, halb Hirschhund.

Ο Νιγκ ήταν ένα μεγάλο μαύρο σκυλί, εν μέρει λαγωνικό και εν μέρει λαγωνικό.

Er hatte lachende Augen und eine unendlich gute Seele.

Είχε γελαστά μάτια και ατελείωτη καλοσύνη στο πνεύμα του.

Zu Bucks Überraschung zeigte keiner der Hunde Eifersucht ihm gegenüber.

Προς έκπληξη του Μπακ, κανένα από τα δύο σκυλιά δεν έδειξε ζήλια απέναντί του.

Sowohl Skeet als auch Nig erfuhren die Freundlichkeit von John Thornton.

Τόσο ο Σκιτ όσο και ο Νιγκ μοιράστηκαν την καλοσύνη του Τζον Θόρντον.

Als Buck stärker wurde, verleiteten sie ihn zu albernen Hundespielen.

Καθώς ο Μπακ δυνάμωνε, τον παρασύρανε σε ανόητα παιχνίδια με σκύλους.

Auch Thornton spielte oft mit ihnen und konnte ihrer Freude nicht widerstehen.

Ο Θόρντον έπαιζε συχνά μαζί τους, ανίκανος να αντισταθεί στη χαρά τους.

Auf diese spielerische Weise gelang Buck der Übergang von der Krankheit in ein neues Leben.

Με αυτόν τον παιχνιδιάρικο τρόπο, ο Μπακ πέρασε από την ασθένεια σε μια νέα ζωή.

Endlich hatte er Liebe gefunden – wahre, brennende und leidenschaftliche Liebe.

Η αγάπη—αληθινή, φλογερή και παθιασμένη αγάπη— ήταν επιτέλους δική του.

Auf Millers Anwesen hatte er diese Art von Liebe nie erlebt.

Δεν είχε ξαναζήσει ποτέ τέτοιου είδους αγάπη στο κτήμα του Μίλερ.

Mit den Söhnen des Richters hatte er Arbeit und Abenteuer geteilt.

Με τους γιους του Δικαστή, είχε μοιραστεί δουλειά και περιπέτειες.

Bei den Enkeln sah er steifen und prahlerischen Stolz.

Με τα εγγόνια, είδε μια άκαμπτη και αλαζονική υπερηφάνεια.

Mit Richter Miller selbst verband ihn eine respektvolle Freundschaft.

Με τον ίδιο τον δικαστή Μίλερ, είχε μια σεβαστή φιλία.

Doch mit Thornton kam eine Liebe, die Feuer, Wahnsinn und Anbetung war.

Αλλά η αγάπη που ήταν φωτιά, τρέλα και λατρεία ήρθε με τον Θόρντον.

Dieser Mann hatte Bucks Leben gerettet, und das allein bedeutete sehr viel.

Αυτός ο άντρας είχε σώσει τη ζωή του Μπακ, και αυτό από μόνο του σήμαινε πολλά.

Aber darüber hinaus war John Thornton der ideale Meistertyp.

Αλλά περισσότερο από αυτό, ο Τζον Θόρντον ήταν το ιδανικό είδος δασκάλου.

Andere Männer kümmerten sich aus Pflichtgefühl oder geschäftlicher Notwendigkeit um Hunde.

Άλλοι άντρες φρόντιζαν σκυλιά από καθήκον ή για επαγγελματικές ανάγκες.

John Thornton kümmerte sich um seine Hunde, als wären sie seine Kinder.

Ο Τζον Θόρντον φρόντιζε τα σκυλιά του σαν να ήταν παιδιά του.

Er kümmerte sich um sie, weil er sie liebte und einfach nicht anders konnte.

Τους φρόντιζε επειδή τους αγαπούσε και απλά δεν μπορούσε να κάνει αλλιώς.

John Thornton sah sogar weiter, als die meisten Menschen jemals sehen konnten.

Ο Τζον Θόρντον έβλεπε ακόμη πιο μακριά από ό,τι κατάφεραν ποτέ να δουν οι περισσότεροι άντρες.

Er vergaß nie, sie freundlich zu grüßen oder ein aufmunterndes Wort zu sagen.

Ποτέ δεν ξεχνούσε να τους χαιρετά ευγενικά ή να τους λέει μια λέξη επευφημίας.

Er liebte es, mit den Hunden zusammenzusitzen und lange zu reden, oder, wie er sagte, „gasy".

Του άρεσε να κάθεται με τα σκυλιά για μεγάλες συζητήσεις, ή να «αερίζει», όπως έλεγε.

Er packte Bucks Kopf gern grob zwischen seinen starken Händen.

Του άρεσε να πιάνει απότομα το κεφάλι του Μπακ με τα δυνατά του χέρια.

Dann lehnte er seinen Kopf an Bucks und schüttelte ihn sanft.

Έπειτα ακούμπησε το κεφάλι του στο κεφάλι του Μπακ και τον κούνησε απαλά.

Die ganze Zeit über beschimpfte er Buck mit unhöflichen Namen, die für ihn Liebe bedeuteten.

Όλο αυτό το διάστημα, αποκαλούσε τον Μπακ αγενείς βρισιές που σήμαιναν αγάπη για τον Μπακ.

Buck bereiteten diese grobe Umarmung und diese Worte große Freude.

Στον Μπακ, αυτή η άγρια αγκαλιά και αυτά τα λόγια έφεραν βαθιά χαρά.

Sein Herz schien bei jeder Bewegung vor Glück zu beben.

Η καρδιά του φαινόταν να τρέμει από ευτυχία με κάθε κίνηση.

Als er anschließend aufsprang, sah sein Mund aus, als würde er lachen.

Όταν πετάχτηκε όρθιος μετά, το στόμα του έμοιαζε σαν να γέλασε.

Seine Augen leuchteten hell und seine Kehle zitterte vor unausgesprochener Freude.

Τα μάτια του έλαμπαν έντονα και ο λαιμός του έτρεμε από ανείπωτη χαρά.

Sein Lächeln blieb in diesem Zustand der Ergriffenheit und glühenden Zuneigung stehen.

Το χαμόγελό του έμεινε ακίνητο σε εκείνη την κατάσταση συγκίνησης και λαμπερής στοργής.

Dann rief Thornton nachdenklich aus: „Gott! Er kann fast sprechen!"

Τότε ο Θόρντον αναφώνησε σκεπτικά: «Θεέ μου! Μπορεί σχεδόν να μιλήσει!»

Buck hatte eine seltsame Art, Liebe auszudrücken, die beinahe Schmerzen verursachte.

Ο Μπακ είχε έναν παράξενο τρόπο να εκφράζει την αγάπη του που παραλίγο να προκαλέσει πόνο.

Er umklammerte Thorntons Hand oft sehr fest mit seinen Zähnen.

Συχνά έσφιγγε σφιχτά το χέρι του Θόρντον στα δόντια του.

Der Biss würde tiefe Spuren hinterlassen, die noch einige Zeit blieben.

Το δάγκωμα επρόκειτο να άφηνε βαθιά σημάδια που θα έμεναν για αρκετό καιρό μετά.

Buck glaubte, dass diese Eide Liebe waren, und Thornton wusste das auch.

Ο Μπακ πίστευε ότι αυτοί οι όρκοι ήταν αγάπη, και ο Θόρντον ήξερε το ίδιο.

Meistens zeigte sich Bucks Liebe in stiller, fast stummer Verehrung.

Τις περισσότερες φορές, η αγάπη του Μπακ εκδηλωνόταν με ήσυχη, σχεδόν σιωπηλή λατρεία.

Obwohl er sich freute, wenn man ihn berührte oder ansprach, suchte er nicht nach Aufmerksamkeit.

Αν και ενθουσιαζόταν όταν τον άγγιζαν ή του μιλούσαν, δεν επιδίωκε την προσοχή.

Skeet schob ihre Nase unter Thorntons Hand, bis er sie streichelte.

Η Σκιτ έβαλε τη μύτη της κάτω από το χέρι του Θόρντον μέχρι που εκείνος τη χάιδεψε.

Nig kam leise herbei und legte seinen großen Kopf auf Thorntons Knie.

Ο Νιγκ πλησίασε αθόρυβα και ακούμπησε το μεγάλο κεφάλι του στο γόνατο του Θόρντον.

Buck hingegen war zufrieden damit, aus respektvoller Distanz zu lieben.

Ο Μπακ, αντίθετα, ήταν ικανοποιημένος που αγαπούσε από μια σεβαστή απόσταση.

Er lag stundenlang zu Thorntons Füßen, wachsam und aufmerksam beobachtend.

Έμεινε ξαπλωμένος για ώρες στα πόδια του Θόρντον, σε εγρήγορση και παρακολουθώντας στενά.

Buck studierte jedes Detail des Gesichts seines Herrn und jede kleinste Bewegung.

Ο Μπακ μελέτησε κάθε λεπτομέρεια του προσώπου του αφέντη του και την παραμικρή κίνηση.

Oder er blieb weiter weg liegen und betrachtete schweigend die Gestalt des Mannes.

Ή έμεινε ξαπλωμένος πιο μακριά, μελετώντας σιωπηλά τη μορφή του άντρα.

Buck beobachtete jede kleine Bewegung, jede Veränderung seiner Haltung oder Geste.

Ο Μπακ παρακολουθούσε κάθε μικρή κίνηση, κάθε αλλαγή στη στάση του σώματος ή στη χειρονομία.

Diese Verbindung war so stark, dass sie Thorntons Blick oft auf sich zog.

Τόσο δυνατή ήταν αυτή η σύνδεση που συχνά τραβούσε το βλέμμα του Θόρντον.

Er begegnete Bucks Blick ohne Worte, Liebe schimmerte deutlich hindurch.

Κοίταξε τον Μπακ στα μάτια χωρίς λόγια, με την αγάπη να λάμπει καθαρά μέσα από αυτήν.

Nach seiner Rettung ließ Buck Thornton lange Zeit nicht aus den Augen.

Για πολύ καιρό μετά τη σωτηρία του, ο Μπακ δεν άφησε ποτέ τον Θόρντον να χαθεί από τα μάτια του.

Immer wenn Thornton das Zelt verließ, folgte Buck ihm dicht auf den Fersen.

Κάθε φορά που ο Θόρντον έφευγε από τη σκηνή, ο Μπακ τον ακολουθούσε από κοντά έξω.

All die strengen Herren im Nordland hatten Buck Angst gemacht, zu vertrauen.

Όλοι οι σκληροί αφέντες στη Βόρεια Χώρα είχαν κάνει τον Μπακ να φοβάται να εμπιστευτεί.

Er befürchtete, dass kein Mann länger als kurze Zeit sein Herr bleiben könnte.

Φοβόταν ότι κανένας άνθρωπος δεν θα μπορούσε να παραμείνει αφέντης του για περισσότερο από ένα σύντομο χρονικό διάστημα.

Er befürchtete, dass John Thornton wie Perrault und François verschwinden würde.

Φοβόταν ότι ο Τζον Θόρντον θα εξαφανιζόταν όπως ο Περώ και ο Φρανσουά.

Sogar nachts quälte die Angst, ihn zu verlieren, Buck mit unruhigem Schlaf.

Ακόμα και τη νύχτα, ο φόβος μήπως τον χάσει στοίχειωνε τον ανήσυχο ύπνο του Μπακ.

Als Buck aufwachte, kroch er in die Kälte hinaus und ging zum Zelt.

Όταν ο Μπακ ξύπνησε, βγήκε κρυφά έξω στο κρύο και πήγε στη σκηνή.

Er lauschte aufmerksam auf das leise Geräusch des Atmens in seinem Inneren.

Άκουγε προσεκτικά τον απαλό ήχο της εσωτερικής του αναπνοής.

Trotz Bucks tiefer Liebe zu John Thornton blieb die Wildnis am Leben.

Παρά τη βαθιά αγάπη του Μπακ για τον Τζον Θόρντον, η άγρια φύση παρέμεινε ζωντανή.

Dieser im Norden erwachte primitive Instinkt ist nicht verschwunden.

Αυτό το πρωτόγονο ένστικτο, που ξύπνησε στον Βορρά, δεν εξαφανίστηκε.

Liebe brachte Hingabe, Treue und die warme
Verbundenheit des Kaminfeuers.

Η αγάπη έφερε αφοσίωση, πίστη και τον ζεστό δεσμό της
πλευράς της φωτιάς.

Aber Buck behielt auch seine wilden Instinkte, scharf und
stets wachsam.

Αλλά ο Μπακ διατηρούσε επίσης τα άγρια ένστικτά του,
αιχμηρά και πάντα σε εγρήγορση.

Er war nicht nur ein gezähmtes Haustier aus den sanften
Ländern der Zivilisation.

Δεν ήταν απλώς ένα εξημερωμένο κατοικίδιο από τις ήπιες
χώρες του πολιτισμού.

Buck war ein wildes Wesen, das hereingekommen war, um
an Thorntons Feuer zu sitzen.

Ο Μπακ ήταν ένα άγριο πλάσμα που είχε μπει μέσα για να
καθίσει δίπλα στη φωτιά του Θόρντον.

Er sah aus wie ein Südlandhund, aber in ihm lebte Wildheit.

Έμοιαζε με σκύλο του Σάουθλαντ, αλλά μέσα του ζούσε η
άγρια φύση.

Seine Liebe zu Thornton war zu groß, um zuzulassen, dass
er den Mann bestohlen hätte.

Η αγάπη του για τον Θόρντον ήταν πολύ μεγάλη για να
επιτρέψει την κλοπή από τον άντρα.

Aber in jedem anderen Lager würde er dreist und ohne
Pause stehlen.

Αλλά σε οποιοδήποτε άλλο στρατόπεδο, θα έκλεβε με
τόλμη και χωρίς διακοπή.

Er war beim Stehlen so geschickt, dass ihn niemand
erwischen oder beschuldigen konnte.

Ήταν τόσο έξυπνος στην κλοπή που κανείς δεν μπορούσε
να τον πιάσει ή να τον κατηγορήσει.

Sein Gesicht und sein Körper waren mit Narben aus vielen
vergangenen Kämpfen übersät.

Το πρόσωπο και το σώμα του ήταν καλυμμένα με ουλές
από πολλούς προηγούμενους αγώνες.

Buck kämpfte immer noch erbittert, aber jetzt kämpfte er
mit mehr List.

Ο Μπακ εξακολουθούσε να πολεμάει λυσσαλέα, αλλά τώρα πολεμούσε με περισσότερη πονηριά.

Skeet und Nig waren zu sanft, um zu kämpfen, und sie gehörten Thornton.

Ο Σκιτ και ο Νιγκ ήταν πολύ ευγενικοί για να πολεμήσουν, και ήταν του Θόρντον.

Aber jeder fremde Hund, egal wie stark oder mutig, wich zurück.

Αλλά κάθε παράξενο σκυλί, όσο δυνατό ή γενναίο κι αν ήταν, υποχωρούσε.

Ansonsten kämpfte der Hund gegen Buck und um sein Leben.

Διαφορετικά, ο σκύλος βρέθηκε να παλεύει με τον Μπακ, παλεύοντας για τη ζωή του.

Buck kannte keine Gnade, wenn er sich entschied, gegen einen anderen Hund zu kämpfen.

Ο Μπακ δεν έδειξε κανένα έλεος όταν επέλεξε να πολεμήσει εναντίον ενός άλλου σκύλου.

Er hatte das Gesetz der Keule und des Reißzahns im Nordland gut gelernt.

Είχε μάθει καλά τον νόμο του κλαμπ και του κυνόδοντα στη Βόρεια Χώρα.

Er gab nie einen Vorteil auf und wich nie einer Schlacht aus.

Ποτέ δεν εγκατέλειψε το πλεονέκτημα και ποτέ δεν υποχώρησε από τη μάχη.

Er hatte Spitz und die wildesten Post- und Polizeihunde studiert.

Είχε μελετήσει τον Σπιτζ και τα πιο άγρια σκυλιά του ταχυδρομείου και της αστυνομίας.

Er wusste genau, dass es im wilden Kampf keinen Mittelweg gab.

Ήξερε ξεκάθαρα ότι δεν υπήρχε μέση οδός σε μια άγρια μάχη.

Er musste herrschen oder beherrscht werden; Gnade zu zeigen, hieße, Schwäche zu zeigen.

Έπρεπε να κυβερνά ή να κυβερνάται· το να δείχνεις έλεος σήμαινε να δείχνεις αδυναμία.

In der rauen und brutalen Welt des Überlebens kannte man keine Gnade.

Η Μέρσι ήταν άγνωστη στον ωμό και βάναυσο κόσμο της επιβίωσης.

Gnade zu zeigen wurde als Angst angesehen und Angst führte schnell zum Tod.

Η επίδειξη ελέους θεωρούνταν φόβος, και ο φόβος οδηγούσε γρήγορα στον θάνατο.

Das alte Gesetz war einfach: töten oder getötet werden, essen oder gefressen werden.

Ο παλιός νόμος ήταν απλός: σκότωσέ το ή θα σε σκοτώσουν, φάε ή θα σε φάνε.

Dieses Gesetz stammte aus längst vergangenen Zeiten und Buck befolgte es vollständig.

Αυτός ο νόμος προερχόταν από τα βάθη του χρόνου, και ο Μπακ τον ακολούθησε πλήρως.

Buck war älter als sein Alter und die Anzahl seiner Atemzüge.

Ο Μπακ ήταν μεγαλύτερος από την ηλικία του και από τον αριθμό των αναπνοών που έπαιρνε.

Er verband die ferne Vergangenheit klar mit der Gegenwart.

Συνέδεσε με σαφήνεια το αρχαίο παρελθόν με το παρόν.

Die tiefen Rhythmen der Zeitalter bewegten sich durch ihn wie die Gezeiten.

Οι βαθιοί ρυθμοί των αιώνων τον διαπερνούσαν σαν τις παλίρροιες.

Die Zeit pulsierte in seinem Blut so sicher, wie die Jahreszeiten die Erde bewegen.

Ο χρόνος πάλλονταν στο αίμα του τόσο σίγουρα όσο οι εποχές κινούσαν τη γη.

Er saß mit starker Brust und weißen Reißzähnen an Thorntons Feuer.

Κάθισε δίπλα στη φωτιά του Θόρντον, με δυνατό στήθος και άσπρα δόντια.

Sein langes Fell wehte, aber hinter ihm beobachteten ihn die Geister wilder Hunde.

Η μακριά γούνα του κυμάτιζε, αλλά πίσω του τα πνεύματα των άγριων σκύλων παρακολουθούσαν.

Halbwölfe und Vollwölfe regten sich in seinem Herzen und seinen Sinnen.

Μισοί λύκοι και γεμάτοι λύκοι αναδεύονταν μέσα στην καρδιά και τις αισθήσεις του.

Sie probierten sein Fleisch und tranken dasselbe Wasser wie er.

Δοκίμασαν το κρέας του και ήπιαν το ίδιο νερό που ήπιε κι αυτός.

Sie schnupperten neben ihm den Wind und lauschten dem Wald.

Μύρισαν τον άνεμο δίπλα του και αφουγκράστηκαν το δάσος.

Sie flüsterten die Bedeutung der wilden Geräusche in der Dunkelheit.

Ψιθύρισαν τις έννοιες των άγριων ήχων στο σκοτάδι.

Sie prägten seine Stimmungen und leiteten jede seiner stillen Reaktionen.

Διαμόρφωναν τις διαθέσεις του και καθοδήγησαν κάθε μία από τις ήσυχες αντιδράσεις του.

Sie lagen bei ihm, während er schlief, und wurden Teil seiner tiefen Träume.

Ξάπλωναν μαζί του καθώς κοιμόταν και γίνονταν μέρος των βαθιών ονείρων του.

Sie träumten mit ihm, über ihn hinaus und bildeten seinen Geist.

Ονειρευόντουσαν μαζί του, πέρα από αυτόν, και αποτελούσαν το ίδιο του το πνεύμα.

Die Geister der Wildnis riefen so stark, dass Buck sich hingezogen fühlte.

Τα πνεύματα της άγριας φύσης φώναξαν τόσο δυνατά που ο Μπακ ένιωσε να τον τραβάει η καρδιά του.

Mit jedem Tag wurden die Menschheit und ihre Ansprüche in Bucks Herzen schwächer.

Κάθε μέρα, η ανθρωπότητα και οι αξιώσεις της γινόταν όλο και πιο αδύναμες στην καρδιά του Μπακ.

Tief im Wald würde ein seltsamer und aufregender Ruf erklingen.

Βαθιά μέσα στο δάσος, ένα παράξενο και συναρπαστικό κάλεσμα επρόκειτο να ακουστεί.

Jedes Mal, wenn er den Ruf hörte, verspürte Buck einen Drang, dem er nicht widerstehen konnte.

Κάθε φορά που άκουγε το κάλεσμα, ο Μπακ ένιωθε μια παρόρμηση στην οποία δεν μπορούσε να αντισταθεί.

Er wollte sich vom Feuer und den ausgetretenen menschlichen Pfaden abwenden.

Επρόκειτο να απομακρυνθεί από τη φωτιά και από τα πεπατημένα ανθρώπινα μονοπάτια.

Er wollte in den Wald eintauchen und weitergehen, ohne zu wissen, warum.

Ετοιμαζόταν να βουτήξει στο δάσος, προχωρώντας χωρίς να ξέρει γιατί.

Er hinterfragte diese Anziehungskraft nicht, denn der Ruf war tief und kraftvoll.

Δεν αμφισβήτησε αυτή την έλξη, γιατί το κάλεσμα ήταν βαθύ και ισχυρό.

Oft erreichte er den grünen Schatten und die weiche, unberührte Erde

Συχνά, έφτανε στην πράσινη σκιά και την απαλή ανέγγιχτη γη

Doch dann zog ihn die große Liebe zu John Thornton zurück zum Feuer.

Αλλά τότε η έντονη αγάπη για τον Τζον Θόρντον τον τράβηξε πίσω στη φωτιά.

Nur John Thornton hatte Bucks wildes Herz wirklich in seiner Gewalt.

Μόνο ο Τζον Θόρντον κρατούσε πραγματικά την άγρια καρδιά του Μπακ στην αγκαλιά του.

Der Rest der Menschheit hatte für Buck keinen bleibenden Wert oder keine bleibende Bedeutung.

Η υπόλοιπη ανθρωπότητα δεν είχε καμία διαρκή αξία ή νόημα για τον Μπακ.

Fremde könnten ihn loben oder ihm mit freundlichen
Händen über das Fell streicheln.

Οι ξένοι μπορεί να τον επαινούσαν ή να χαϊδεύαν τη γούνα
του με φιλικά χέρια.

Buck blieb ungerührt und ging vor lauter Zuneigung davon.

Ο Μπακ έμεινε ασυγκίνητος και έφυγε από την
υπερβολική στοργή.

Hans und Pete kamen mit dem lange erwarteten Floß

Ο Χανς και ο Πιτ έφτασαν με τη σχεδία που περίμεναν εδώ
και καιρό

Buck ignorierte sie, bis er erfuhr, dass sie sich in der Nähe
von Thornton befanden.

Ο Μπακ τους αγνόησε μέχρι που έμαθε ότι ήταν κοντά
στον Θόρντον.

Danach tolerierte er sie, zeigte ihnen jedoch nie seine volle
Zuneigung.

Μετά από αυτό, τους ανέχτηκε, αλλά ποτέ δεν τους έδειξε
πλήρη θέρμη.

Er nahm Essen oder Freundlichkeiten von ihnen an, als täte
er ihnen einen Gefallen.

Πήρε φαγητό ή καλοσύνη από αυτούς σαν να τους έκανε
χάρη.

Sie waren wie Thornton – einfach, ehrlich und klar im
Denken.

Ήταν σαν τον Θόρντον – απλοί, ειλικρινείς και με καθαρή
σκέψη.

Gemeinsam reisten sie zu Dawsons Sägewerk und dem
großen Wirbel

Όλοι μαζί ταξίδεψαν στο πριονιστήριο του Ντόσον και στον
μεγάλο αυλάκι.

Auf ihrer Reise lernten sie Bucks Wesen tiefgründig kennen.

Στο ταξίδι τους, έμαθαν να κατανοούν σε βάθος τη φύση
του Μπακ.

Sie versuchten nicht, sich näherzukommen, wie es Skeet
und Nig getan hatten.

Δεν προσπάθησαν να έρθουν πιο κοντά όπως είχαν κάνει ο
Σκιτ και ο Νιγκ.

Doch Bucks Liebe zu John Thornton wurde mit der Zeit immer stärker.

Αλλά η αγάπη του Μπακ για τον Τζον Θόρντον μόνο βάθυνε με την πάροδο του χρόνου.

Nur Thornton könnte Buck im Sommer eine Last auf die Schultern laden.

Μόνο ο Θόρντον μπορούσε να βάλει μια αγέλη στην πλάτη του Μπακ το καλοκαίρι.

Was auch immer Thornton befahl, Buck war bereit, es uneingeschränkt zu tun.

Ό,τι και αν διέταζε ο Θόρντον, ο Μπακ ήταν πρόθυμος να το εκτελέσει πλήρως.

Eines Tages, nachdem sie Dawson in Richtung der Quellgewässer des Tanana verlassen hatten,

Μια μέρα, αφού έφυγαν από το Ντόσον για τις πηγές του ποταμού Τανάνα,

die Gruppe saß auf einer Klippe, die dreihundert Fuß bis zum nackten Fels abfiel.

Η ομάδα κάθισε σε έναν γκρεμό που έπεφτε ένα μέτρο σε γυμνό βράχο.

John Thornton saß nahe der Kante und Buck ruhte sich neben ihm aus.

Ο Τζον Θόρντον κάθισε κοντά στην άκρη και ο Μπακ ξεκουράστηκε δίπλα του.

Thornton hatte plötzlich eine Idee und rief die Männer auf sich aufmerksam.

Ο Θόρντον έκανε μια ξαφνική σκέψη και έστρεψε την προσοχή των ανδρών.

Er deutete über den Abgrund und gab Buck einen einzigen Befehl.

Έδειξε την απέναντι πλευρά του χάσματος και έδωσε στον Μπακ μια μόνο εντολή.

„Spring, Buck!", sagte er und schwang seinen Arm über den Abgrund.

«Πήδα, Μπακ!» είπε, απλώνοντας το χέρι του πάνω από την πτώση.

Einen Moment später musste er Buck packen, der sofort
lossprang, um zu gehorchen.

Σε μια στιγμή, έπρεπε να αρπάξει τον Μπακ, ο οποίος
πηδούσε να υπακούσει.

Hans und Pete eilten nach vorne und zogen beide in
Sicherheit.

Ο Χανς και ο Πιτ όρμησαν μπροστά και τράβηξαν και τους
δύο πίσω σε ασφαλές μέρος.

Nachdem alles vorbei war und sie wieder zu Atem
gekommen waren, ergriff Pete das Wort.

Αφού όλα τελείωσαν και πήραν μια ανάσα, ο Πιτ μίλησε.

„Die Liebe ist unheimlich", sagte er, erschüttert von der
wilden Hingabe des Hundes.

«Η αγάπη είναι παράξενη», είπε, συγκλονισμένος από την
άγρια αφοσίωση του σκύλου.

Thornton schüttelte den Kopf und antwortete mit ruhiger
Ernsthaftigkeit.

Ο Θόρντον κούνησε το κεφάλι του και απάντησε με ήρεμη
σοβαρότητα.

„Nein, die Liebe ist großartig", sagte er, „aber auch
schrecklich."

«Όχι, ο έρωτας είναι υπέροχος», είπε, «αλλά και τρομερός».

„Manchmal, das muss ich zugeben, macht mir diese Art von
Liebe Angst."

«Μερικές φορές, πρέπει να παραδεχτώ, αυτό το είδος
αγάπης με κάνει να φοβάμαι.»

Pete nickte und sagte: „Ich möchte nicht der Mann sein, der
dich berührt."

Ο Πιτ ένεψε καταφατικά και είπε: «Δεν θα ήθελα να είμαι
ο άντρας που θα σε αγγίξει».

Er sah Buck beim Sprechen ernst und voller Respekt an.

Κοίταξε τον Μπακ καθώς μιλούσε, σοβαρός και γεμάτος
σεβασμό.

„Py Jingo!", sagte Hans schnell. „Ich auch nicht, nein, Sir."

«Πι Τζίνγκο!» είπε γρήγορα ο Χανς. «Ούτε εγώ, όχι κύριε.»

Noch vor Jahresende wurden Petes Befürchtungen in Circle City wahr.

Πριν τελειώσει η χρονιά, οι φόβοι του Πιτ επαληθεύτηκαν στο Σέρκλ Σίτι.

Ein grausamer Mann namens Black Burton hat in der Bar eine Schlägerei angezettelt.

Ένας σκληρός άντρας ονόματι Μπλακ Μπάρτον ξεκίνησε καβγά στο μπαρ.

Er war wütend und bösartig und ging auf einen Neuling los.

Ήταν θυμωμένος και κακόβουλος, επιτιθέμενος σε ένα καινούργιο τρυφερό πόδι.

John Thornton schritt ein, ruhig und gutmütig wie immer.

Ο Τζον Θόρντον παρενέβη, ήρεμος και καλόκαρδος όπως πάντα.

Buck lag mit gesenktem Kopf in einer Ecke und beobachtete Thornton aufmerksam.

Ο Μπακ ήταν ξαπλωμένος σε μια γωνία με το κεφάλι σκυμμένο, παρακολουθώντας προσεκτικά τον Θόρντον.

Burton schlug plötzlich zu und sein Schlag ließ Thornton herumwirbeln.

Ο Μπάρτον χτύπησε ξαφνικά, η γροθιά του έκανε τον Θόρντον να περιστραφεί.

Nur die Stangenreling verhinderte, dass er hart auf den Boden stürzte.

Μόνο το κιγκλίδωμα του μπαρ τον εμπόδισε να πέσει με δύναμη στο έδαφος.

Die Beobachter hörten ein Geräusch, das weder Bellen noch Jaulen war

Οι παρατηρητές άκουσαν έναν ήχο που δεν ήταν γάβγισμα ή κραυγή

Ein tiefes Brüllen kam von Buck, als er auf den Mann zustürzte.

Ένα βαθύ βρυχηθμό ακούστηκε από τον Μπακ καθώς όρμησε προς τον άντρα.

Burton riss seinen Arm hoch und rettete nur knapp sein eigenes Leben.

Ο Μπάρτον σήκωσε το χέρι του και μόλις που έσωσε τη ζωή του.

Buck prallte gegen ihn und warf ihn flach auf den Boden.

Ο Μπακ έπεσε πάνω του, ρίχνοντάς τον στο πάτωμα.

Buck biss tief in den Arm des Mannes und stürzte sich dann auf die Kehle.

Ο Μπακ δάγκωσε βαθιά το μπράτσο του άντρα και μετά όρμησε προς το λαιμό.

Burton konnte den Angriff nur teilweise blocken und sein Hals wurde aufgerissen.

Ο Μπάρτον μπορούσε να μπλοκάρει μόνο εν μέρει και ο λαιμός του ήταν σκισμένος.

Männer stürmten mit erhobenen Knüppeln herein und vertrieben Buck von dem blutenden Mann.

Άντρες όρμησαν μέσα, σήκωσαν ρόπαλα και έδιωξαν τον Μπακ από τον αιμορραγούντα άντρα.

Ein Chirurg arbeitete schnell, um den Blutausfluss zu stoppen.

Ένας χειρουργός εργάστηκε γρήγορα για να σταματήσει την ροή του αίματος.

Buck ging auf und ab und knurrte, während er immer wieder versuchte anzugreifen.

Ο Μπακ περπατούσε και γρύλιζε, προσπαθώντας να επιτεθεί ξανά και ξανά.

Nur schwingende Knüppel hielten ihn davon ab, Burton zu erreichen.

Μόνο τα κλαμπ κούνιας τον εμπόδιζαν να φτάσει στο Μπάρτον.

Eine Bergarbeiterversammlung wurde einberufen und noch vor Ort abgehalten.

Συγκλήθηκε μια συνάντηση των ανθρακωρύχων και πραγματοποιήθηκε εκεί επί τόπου.

Sie waren sich einig, dass Buck provoziert worden war, und stimmten für seine Freilassung.

Συμφώνησαν ότι ο Μπακ είχε προκληθεί και ψήφισαν να αφεθεί ελεύθερος.

Doch Bucks wilder Name hallte nun durch jedes Lager in Alaska.

Αλλά το άγριο όνομα του Μπακ αντηχούσε τώρα σε κάθε στρατόπεδο στην Αλάσκα.

Später im Herbst rettete Buck Thornton erneut auf eine neue Art und Weise.

Αργότερα εκείνο το φθινόπωρο, ο Μπακ έσωσε ξανά τον Θόρντον με έναν νέο τρόπο.

Die drei Männer steuerten ein langes Boot durch wilde Stromschnellen.

Οι τρεις άντρες οδηγούσαν μια μακριά βάρκα σε απότομα ορμητικά νερά.

Thornton steuerte das Boot und rief Anweisungen zur Küste.

Ο Θόρντον έστρεψε το σκάφος στη θέση του, ζητώντας οδηγίες για την ακτογραμμή.

Hans und Pete rannten an Land und hielten sich an einem Seil fest, das sie von Baum zu Baum führte.

Ο Χανς και ο Πιτ έτρεξαν στη στεριά, κρατώντας ένα σχοινί από δέντρο σε δέντρο.

Buck hielt am Ufer Schritt und behielt seinen Herrn immer im Auge.

Ο Μπακ συνέχιζε να περπατάει στην όχθη, παρακολουθώντας πάντα τον αφέντη του.

An einer ungünstigen Stelle ragten Felsen aus dem schnellen Wasser hervor.

Σε ένα άσχημο σημείο, πέτρες προεξείχαν κάτω από το ορμητικό νερό.

Hans ließ das Seil los und Thornton steuerte das Boot weit.

Ο Χανς άφησε το σχοινί και ο Θόρντον άνοιξε το δρόμο για τη βάρκα.

Hans sprintete, um das Boot an den gefährlichen Felsen vorbei wieder zu erreichen.

Ο Χανς έτρεξε τρέχοντας για να προλάβει ξανά τη βάρκα, περνώντας από τα επικίνδυνα βράχια.

Das Boot passierte den Felsvorsprung, geriet jedoch in eine stärkere Strömung.

Το σκάφος πέρασε από το χείλος αλλά χτύπησε σε ένα ισχυρότερο σημείο του ρεύματος.

Hans griff zu schnell nach dem Seil und brachte das Boot aus dem Gleichgewicht.

Ο Χανς άρπαξε το σχοινί πολύ γρήγορα και έβγαλε τη βάρκα από την ισορροπία της.

Das Boot kenterte und prallte mit dem Hinterteil nach oben gegen das Ufer.

Το σκάφος ανατράπηκε και χτύπησε στην όχθη, με τον πάτο προς τα πάνω.

Thornton wurde hinausgeworfen und in den wildesten Teil des Wassers geschwemmt.

Ο Θόρντον πετάχτηκε έξω και παρασύρθηκε στο πιο άγριο σημείο του νερού.

Kein Schwimmer hätte in diesen tödlichen, reißenden Gewässern überleben können.

Κανένας κολυμβητής δεν θα μπορούσε να επιβιώσει σε εκείνα τα θανατηφόρα, αγωνιώδη νερά.

Buck sprang sofort hinein und jagte seinen Herrn den Fluss hinunter.

Ο Μπακ πήδηξε αμέσως μέσα και κυνήγησε τον αφέντη του κάτω στο ποτάμι.

Nach dreihundert Metern erreichte er endlich Thornton.

Μετά από τριακόσια μέτρα, έφτασε επιτέλους στο Θόρντον.

Thornton packte Buck am Schwanz und Buck drehte sich zum Ufer um.

Ο Θόρντον άρπαξε την ουρά του Μπακ και ο Μπακ γύρισε προς την ακτή.

Er schwamm mit voller Kraft und kämpfte gegen den wilden Sog des Wassers an.

Κολύμπησε με όλη του τη δύναμη, παλεύοντας με την άγρια αντίσταση του νερού.

Sie bewegten sich schneller flussabwärts, als sie das Ufer erreichen konnten.

Κινήθηκαν προς τα κάτω του ρεύματος πιο γρήγορα από ό,τι μπορούσαν να φτάσουν στην ακτή.

Vor ihnen toste der Fluss immer lauter und stürzte in tödliche Stromschnellen.

Μπροστά, το ποτάμι βρυχόταν πιο δυνατά καθώς έπεφτε σε θανατηφόρα ορμητικά νερά.

Felsen schnitten durch das Wasser wie die Zähne eines riesigen Kamms.

Βράχοι έκοβαν το νερό σαν τα δόντια μιας τεράστιας χτένας.

Die Anziehungskraft des Wassers in der Nähe des Tropfens war wild und unausweichlich.

Η έλξη του νερού κοντά στη σταγόνα ήταν άγρια και αναπόφευκτη.

Thornton wusste, dass sie das Ufer nie rechtzeitig erreichen würden.

Ο Θόρντον ήξερε ότι δεν θα μπορούσαν ποτέ να φτάσουν στην ακτή εγκαίρως.

Er schrammte über einen Felsen, zerschmetterte einen zweiten,

Ξύσε μια πέτρα, χτύπησε μια δεύτερη,

Und dann prallte er gegen einen dritten Felsen, den er mit beiden Händen festhielt.

Και μετά έπεσε πάνω σε έναν τρίτο βράχο, αρπάζοντάς τον και με τα δύο χέρια.

Er ließ Buck los und übertönte das Gebrüll: „Los, Buck! Los!"

Άφησε τον Μπακ να φύγει και φώναξε μέσα από τον βρυχηθμό, «Πήγαινε, Μπακ! Πήγαινε!»

Buck konnte sich nicht über Wasser halten und wurde von der Strömung mitgerissen.

Ο Μπακ δεν μπορούσε να παραμείνει στην επιφάνεια και παρασύρθηκε από το ρεύμα.

Er kämpfte hart und versuchte, sich umzudrehen, kam aber überhaupt nicht voran.

Πάλεψε σκληρά, παλεύοντας να κάνει στροφή, αλλά δεν έκανε καμία απολύτως πρόοδο.

Dann hörte er, wie Thornton den Befehl über das Tosen des Flusses hinweg wiederholte.

Τότε άκουσε τον Θόρντον να επαναλαμβάνει την εντολή πάνω από τον βρυχηθμό του ποταμού.

Buck erhob sich aus dem Wasser und hob den Kopf, als wolle er einen letzten Blick werfen.

Ο Μπακ σηκώθηκε από το νερό, σήκωσε το κεφάλι του σαν να ήθελε να ρίξει μια τελευταία ματιά.

dann drehte er sich um und gehorchte und schwamm entschlossen auf das Ufer zu.

έπειτα γύρισε και υπάκουσε, κολυμπώντας προς την όχθη με αποφασιστικότητα.

Pete und Hans zogen ihn im letzten Moment an Land.

Ο Πιτ και ο Χανς τον τράβηξαν στην ακτή την τελευταία δυνατή στιγμή.

Sie wussten, dass Thornton sich nur noch wenige Minuten am Felsen festklammern konnte.

Ήξεραν ότι ο Θόρντον μπορούσε να κρατηθεί στον βράχο μόνο για λίγα λεπτά ακόμα.

Sie rannten das Ufer hinauf zu einer Stelle weit oberhalb der Stelle, an der er hing.

Έτρεξαν στην όχθη μέχρι ένα σημείο πολύ πιο πάνω από το σημείο όπου κρεμόταν.

Sie befestigten die Bootsleine sorgfältig an Bucks Hals und Schultern.

Έδεσαν προσεκτικά το σχοινί της βάρκας στον λαιμό και τους ώμους του Μπακ.

Das Seil saß eng, war aber locker genug zum Atmen und für Bewegung.

Το σχοινί ήταν σφιχτό αλλά αρκετά χαλαρό για να αναπνέει και να κινείται.

Dann warfen sie ihn erneut in den reißenden, tödlichen Fluss.

Έπειτα τον πέταξαν ξανά στο ορμητικό, θανατηφόρο ποτάμι.

Buck schwamm mutig, verpasste jedoch seinen Winkel in die Kraft des Stroms.

Ο Μπακ κολύμπησε με τόλμη, αλλά αστόχησε στη γωνία του μέσα στη δύναμη του ρέματος.

Er sah zu spät, dass er an Thornton vorbeiziehen würde.

Κατάλαβε πολύ αργά ότι επρόκειτο να περάσει παραπατώντας δίπλα από τον Θόρντον.

Hans riss das Seil fest, als wäre Buck ein kenterndes Boot.

Ο Χανς έσφιξε το σχοινί σφιχτά, σαν να ήταν ο Μπακ βάρκα που αναποδογυρίζει.

Die Strömung zog ihn nach unten und er verschwand unter der Oberfläche.

Το ρεύμα τον τράβηξε κάτω από το νερό και εξαφανίστηκε κάτω από την επιφάνεια.

Sein Körper schlug gegen das Ufer, bevor Hans und Pete ihn herauszogen.

Το σώμα του χτύπησε στην όχθη πριν τον τραβήξουν έξω ο Χανς και ο Πιτ.

Er war halb ertrunken und sie haben das Wasser aus ihm herausgeprügelt.

Ήταν μισοπνιγμένος, και τον τράβηξαν με δύναμη για να ξεπλύνουν το νερό.

Buck stand auf, taumelte und brach erneut auf dem Boden zusammen.

Ο Μπακ σηκώθηκε, παραπάτησε και κατέρρευσε ξανά στο έδαφος.

Dann hörten sie Thorntons Stimme, die schwach vom Wind getragen wurde.

Τότε άκουσαν τη φωνή του Θόρντον να παρασύρεται αχνά από τον άνεμο.

Obwohl die Worte undeutlich waren, wussten sie, dass er dem Tode nahe war.

Αν και τα λόγια ήταν ασαφή, ήξεραν ότι ήταν κοντά στον θάνατο.

Der Klang von Thorntons Stimme traf Buck wie ein elektrischer Schlag.

Ο ήχος της φωνής του Θόρντον χτύπησε τον Μπακ σαν ηλεκτρικό τράνταγμα.

Er sprang auf, rannte das Ufer hinauf und kehrte zum Startpunkt zurück.

Πήδηξε πάνω και έτρεξε στην όχθη, επιστρέφοντας στο σημείο εκτόξευσης.

Wieder banden sie Buck das Seil fest und wieder betrat er den Bach.

Έδεσαν ξανά το σχοινί στον Μπακ, και αυτός μπήκε ξανά στο ρυάκι.

Diesmal schwamm er direkt und entschlossen in das rauschende Wasser.

Αυτή τη φορά, κολύμπησε ευθεία και σταθερά μέσα στο ορμητικό νερό.

Hans ließ das Seil langsam los, während Pete darauf achtete, dass es sich nicht verhedderte.

Ο Χανς άφησε το σχοινί σταθερά, ενώ ο Πιτ το κρατούσε μακριά από το να μπερδευτεί.

Buck schwamm schnell, bis er direkt über Thornton auf einer Linie lag.

Ο Μπακ κολύμπησε δυνατά μέχρι που βρέθηκε ακριβώς πάνω από τον Θόρντον.

Dann drehte er sich um und raste wie ein Zug mit voller Geschwindigkeit nach unten.

Έπειτα γύρισε και όρμησε προς τα κάτω σαν τρένο με ολοταχεία ταχύτητα.

Thornton sah ihn kommen, machte sich bereit und schlang die Arme um seinen Hals.

Ο Θόρντον τον είδε να έρχεται, στηρίχτηκε και αγκάλιασε τον λαιμό του.

Hans band das Seil fest um einen Baum, als beide unter Wasser gezogen wurden.

Ο Χανς έδεσε γερά το σχοινί γύρω από ένα δέντρο καθώς και οι δύο τραβήχτηκαν από κάτω.

Sie stürzten unter Wasser und zerschellten an Felsen und Flusstrümmern.

Έπεσαν κάτω από το νερό, χτυπώντας σε βράχους και συντρίμμια ποταμών.

In einem Moment war Buck oben, im nächsten erhob sich Thornton keuchend.

Τη μια στιγμή ο Μπακ ήταν από πάνω, την επόμενη ο Θόρντον σηκώθηκε λαχανιασμένος.

Zerschlagen und erstickend steuerten sie auf das Ufer zu und waren in Sicherheit.

Χτυπημένοι και πνιγμένοι, κατευθύνθηκαν προς την όχθη και την ασφάλεια.

Thornton erlangte sein Bewusstsein wieder und lag quer über einem Treibholzbaumstamm.

Ο Θόρντον ανέκτησε τις αισθήσεις του, ξαπλωμένος πάνω σε ένα κούτσουρο που παρασύρεται από το νερό.

Hans und Pete haben hart gearbeitet, um ihm Atem und Leben zurückzugeben.

Ο Χανς και ο Πιτ τον δούλεψαν σκληρά για να του επαναφέρουν την αναπνοή και τη ζωή.

Sein erster Gedanke galt Buck, der regungslos und schlaff dalag.

Η πρώτη του σκέψη ήταν για τον Μπακ, ο οποίος ήταν ξαπλωμένος ακίνητος και κουτσός.

Nig heulte über Bucks Körper und Skeet leckte sanft sein Gesicht.

Ο Νιγκ ούρλιαξε πάνω από το σώμα του Μπακ και ο Σκιτ του έγλειψε απαλά το πρόσωπο.

Thornton, wund und verletzt, untersuchte Buck mit vorsichtigen Händen.

Ο Θόρντον, πληγωμένος και μελανιασμένος, εξέτασε τον Μπακ με προσεκτικά χέρια.

Er stellte fest, dass der Hund drei Rippen gebrochen hatte, jedoch keine tödlichen Wunden aufwies.

Βρήκε τρία πλευρά σπασμένα, αλλά κανένα θανατηφόρο τραύμα στον σκύλο.

„Damit ist die Sache geklärt", sagte Thornton. „Wir zelten hier." Und das taten sie.

«Αυτό λύνει το πρόβλημα», είπε ο Θόρντον.

«Κατασκηνώνουμε εδώ». Και το έκαναν.

Sie blieben, bis Bucks Rippen verheilt waren und er wieder laufen konnte.

Έμειναν μέχρι να επουλωθούν τα πλευρά του Μπακ και να μπορέσει να περπατήσει ξανά.

In diesem Winter vollbrachte Buck eine Leistung, die seinen Ruhm noch weiter steigerte.
Εκείνο τον χειμώνα, ο Μπακ πραγματοποίησε ένα κατόρθωμα που αύξησε περαιτέρω τη φήμη του.
Es war weniger heroisch als Thornton zu retten, aber genauso beeindruckend.
Ήταν λιγότερο ηρωικό από τη σωτηρία του Θόρντον, αλλά εξίσου εντυπωσιακό.
In Dawson benötigten die Partner Vorräte für eine weite Reise.
Στο Ντόσον, οι συνεργάτες χρειάζονταν προμήθειες για ένα μακρινό ταξίδι.
Sie wollten nach Osten reisen, in unberührte Wildnisgebiete.
Ήθελαν να ταξιδέψουν ανατολικά, σε ανέγγιχτες άγριες περιοχές.
Bucks Tat im Eldorado Saloon machte diese Reise möglich.
Το συμβόλαιο του Μπακ στο Eldorado Saloon έκανε αυτό το ταξίδι δυνατό.
Es begann damit, dass Männer bei einem Drink mit ihren Hunden prahlten.
Ξεκίνησε με άντρες που καυχιόντουσαν για τα σκυλιά τους πίνοντας ποτά.
Bucks Ruhm machte ihn zur Zielscheibe von Herausforderungen und Zweifeln.
Η φήμη του Μπακ τον έκανε στόχο προκλήσεων και αμφιβολιών.
Thornton blieb stolz und ruhig und verteidigte Bucks Namen standhaft.
Ο Θόρντον, περήφανος και ήρεμος, υπερασπίστηκε σταθερά το όνομα του Μπακ.
Ein Mann sagte, sein Hund könne problemlos zweihundertsechsunddreißig kg ziehen.

Ένας άντρας είπε ότι ο σκύλος του μπορούσε να τραβήξει εύκολα διακόσια πενήντα κιλά.

Ein anderer sagte sechshundert und ein dritter prahlte mit siebenhundert.

Άλλος είπε εξακόσιοι, και ένας τρίτος καυχήθηκε επτακόσιοι.

"Pfft!", sagte John Thornton, "Buck kann einen fünfhundert kg schweren Schlitten ziehen."

«Πφφ!» είπε ο Τζον Θόρντον, «ο Μπακ μπορεί να ρυμουλκήσει έλκηθρο χιλίων λιρών».

Matthewson, ein Bonanza-König, beugte sich vor und forderte ihn heraus.

Ο Μάθιουσον, ένας Βασιλιάς της Μπόνανζα, έσκυψε μπροστά και τον προκάλεσε.

"Glauben Sie, er kann so viel Gewicht in Bewegung setzen?"

«Νομίζεις ότι μπορεί να βάλει τόσο βάρος σε κίνηση;»

"Und Sie glauben, er kann das Gewicht volle hundert Meter weit ziehen?"

«Και νομίζεις ότι μπορεί να τραβήξει το βάρος εκατό ολόκληρα μέτρα;»

Thornton antwortete kühl: "Ja. Buck ist Hund genug, um das zu tun."

Ο Θόρντον απάντησε ψύχραιμα: «Ναι. Ο Μπακ είναι αρκετά σκληρός για να το κάνει».

"Er wird tausend Pfund in Bewegung setzen und es hundert Meter weit ziehen."

«Θα βάλει σε κίνηση χίλιες λίβρες και θα τις τραβήξει εκατό μέτρα.»

Matthewson lächelte langsam und stellte sicher, dass alle Männer seine Worte hörten.

Ο Μάθιουσον χαμογέλασε αργά και βεβαιώθηκε ότι όλοι οι άντρες άκουσαν τα λόγια του.

"Ich habe tausend Dollar, die sagen, dass er es nicht kann. Da ist es."

«Έχω χίλια δολάρια που λένε ότι δεν μπορεί. Ορίστε.»

Er knallte einen Sack Goldstaub von der Größe einer Wurst auf die Theke.

Χτύπησε ένα σακί χρυσόσκονη στο μέγεθος λουκάνικου πάνω στην μπάρα.

Niemand sagte ein Wort. Die Stille um sie herum wurde drückend und angespannt.

Κανείς δεν είπε λέξη. Η σιωπή έγινε βαριά και τεταμένη γύρω τους.

Thorntons Bluff – wenn es denn einer war – war ernst genommen worden.

Η μπλόφα του Θόρντον —αν ήταν τέτοια— είχε ληφθεί σοβαρά υπόψη.

Er spürte, wie ihm die Hitze im Gesicht aufstieg und das Blut in seine Wangen schoss.

Ένιωσε τη ζέστη να ανεβαίνει στο πρόσωπό του καθώς το αίμα έτρεχε στα μάγουλά του.

In diesem Moment war seine Zunge seiner Vernunft voraus.

Η γλώσσα του είχε ξεπεράσει τη λογική του εκείνη τη στιγμή.

Er wusste wirklich nicht, ob Buck fünfhundert kg bewegen konnte.

Πραγματικά δεν ήξερε αν ο Μπακ μπορούσε να μετακινήσει χίλια κιλά.

Eine halbe Tonne! Allein die Größe ließ ihm das Herz schwer werden.

Μισό τόνο! Και μόνο το μέγεθός του έκανε την καρδιά του να βαραίνει.

Er hatte Vertrauen in Bucks Stärke und hielt ihn für fähig.

Είχε πίστη στη δύναμη του Μπακ και τον θεωρούσε ικανό.

Doch einer solchen Herausforderung war er noch nie begegnet, nicht auf diese Art und Weise.

Αλλά δεν είχε αντιμετωπίσει ποτέ τέτοιου είδους πρόκληση, όχι έτσι.

Ein Dutzend Männer beobachteten ihn still und warteten darauf, was er tun würde.

Δώδεκα άντρες τον παρακολουθούσαν σιωπηλά, περιμένοντας να δουν τι θα έκανε.

Er hatte das Geld nicht – Hans und Pete auch nicht.

Δεν είχε χρήματα — ούτε ο Χανς ούτε ο Πιτ.

„Ich habe draußen einen Schlitten", sagte Matthewson kalt und direkt.

«Έχω ένα έλκηθρο έξω», είπε ο Μάθιουσον ψυχρά και ευθέως.

„Es ist mit zwanzig Säcken zu je fünfzig Pfund beladen, alles Mehl.

«Είναι φορτωμένο με είκοσι σάκους, πενήντα λίβρες ο καθένας, όλο αλεύρι.»

Lassen Sie sich also jetzt nicht von einem fehlenden Schlitten als Ausrede ausreden", fügte er hinzu.

«Οπότε μην αφήσετε τώρα τη δικαιολογία σας για ένα χαμένο έλκηθρο», πρόσθεσε.

Thornton stand still da. Er wusste nicht, was er sagen sollte.

Ο Θόρντον έμεινε σιωπηλός. Δεν ήξερε τι λέξεις να προτείνει.

Er blickte sich die Gesichter an, ohne sie deutlich zu erkennen.

Κοίταξε γύρω του τα πρόσωπα χωρίς να τα βλέπει καθαρά.

Er sah aus wie ein Mann, der in Gedanken erstarrt war und versuchte, neu zu starten.

Έμοιαζε με άντρα παγωμένο στις σκέψεις του, που προσπαθούσε να ξαναρχίσει.

Dann sah er Jim O'Brien, einen Freund aus der Mastodon-Zeit.

Έπειτα είδε τον Τζιμ Ο'Μπράιεν, έναν φίλο του από την εποχή των Μαστόδον.

Dieses vertraute Gesicht gab ihm Mut, von dem er nicht wusste, dass er ihn hatte.

Αυτό το γνώριμο πρόσωπο του έδωσε θάρρος που δεν ήξερε ότι είχε.

Er drehte sich um und fragte mit leiser Stimme: „Können Sie mir tausend leihen?"

Γύρισε και ρώτησε χαμηλόφωνα: «Μπορείτε να μου δανείσετε χίλια;»

„Sicher", sagte O'Brien und ließ bereits einen schweren Sack neben dem Gold fallen.

«Σίγουρα», είπε ο Ο'Μπράιεν, ρίχνοντας έναν βαρύ σάκο δίπλα στο χρυσάφι.

„Aber ehrlich gesagt, John, ich glaube nicht, dass das Biest das tun kann."

«Αλλά ειλικρινά, Τζον, δεν πιστεύω ότι το θηρίο μπορεί να το κάνει αυτό.»

Alle im Eldorado Saloon strömten nach draußen, um sich die Veranstaltung anzusehen.

Όλοι στο Eldorado Saloon έτρεξαν έξω για να δουν την εκδήλωση.

Sie ließen Tische und Getränke zurück und sogar die Spiele wurden unterbrochen.

Άφησαν τραπέζια και ποτά, και ακόμη και τα παιχνίδια διακόπηκαν προσωρινά.

Dealer und Spieler kamen, um das Ende der kühnen Wette mitzuerleben.

Ντίλερ και τζογαδόροι ήρθαν για να παρακολουθήσουν το τέλος αυτού του τολμηρού στοιχήματος.

Hunderte versammelten sich auf der vereisten Straße um den Schlitten.

Εκατοντάδες άνθρωποι συγκεντρώθηκαν γύρω από το έλκηθρο στον παγωμένο ανοιχτό δρόμο.

Matthewsons Schlitten stand mit einer vollen Ladung Mehlsäcke da.

Το έλκηθρο του Μάθιουσον στεκόταν γεμάτο με σάκους αλεύρι.

Der Schlitten stand stundenlang bei Minustemperaturen.

Το έλκηθρο παρέμενε ακίνητο για ώρες σε θερμοκρασίες υπό το μηδέν.

Die Kufen des Schlittens waren fest am festgetretenen Schnee festgefroren.

Οι πίστες του έλκηθρου είχαν παγώσει σφιχτά στο συμπιεσμένο χιόνι.

Die Männer wetteten zwei zu eins, dass Buck den Schlitten nicht bewegen könne.

Οι άντρες προσέφεραν πιθανότητες δύο προς ένα ότι ο Μπακ δεν θα μπορούσε να κινήσει το έλκηθρο.

**Es kam zu einem Streit darüber, was „ausbrechen"
eigentlich bedeutet.**

Ξέσπασε μια διαμάχη σχετικά με το τι πραγματικά σήμαινε η λέξη «ξεσπάσω».

**O'Brien sagte, Thornton solle die festgefrorene Basis des
Schlittens lösen.**

Ο Ο'Μπράιεν είπε ότι ο Θόρντον θα έπρεπε να χαλαρώσει την παγωμένη βάση του έλκηθρου.

**Buck könnte dann aus einem soliden, bewegungslosen Start
„ausbrechen".**

Ο Μπακ θα μπορούσε τότε να «ξεσπάσει» από ένα σταθερό, ακίνητο ξεκίνημα.

**Matthewson argumentierte, dass der Hund auch die Läufer
befreien müsse.**

Ο Μάθιουσον υποστήριξε ότι ο σκύλος πρέπει να απελευθερώσει και τους δρομείς.

**Die Männer, die von der Wette gehört hatten, stimmten
Matthewsons Ansicht zu.**

Οι άντρες που είχαν ακούσει το στοίχημα συμφώνησαν με την άποψη του Μάθιουσον.

**Mit dieser Entscheidung stiegen die Chancen auf drei zu
eins gegen Buck.**

Με αυτή την απόφαση, οι πιθανότητες ανέβηκαν σε τρία προς ένα εναντίον του Μπακ.

**Niemand trat vor, um die wachsende Drei-zu-eins-Chance
auf sich zu nehmen.**

Κανείς δεν έκανε ένα βήμα μπροστά για να δεχτεί τις αυξανόμενες πιθανότητες τριών προς ένα.

**Kein einziger Mann glaubte, dass Buck diese große Leistung
vollbringen könnte.**

Ούτε ένας άντρας πίστευε ότι ο Μπακ θα μπορούσε να επιτύχει το σπουδαίο κατόρθωμα.

**Thornton war zu der Wette gedrängt worden, obwohl er
voller Zweifel war.**

Ο Θόρντον είχε βιαστεί να βάλει το στοίχημα, γεμάτος αμφιβολίες.

Nun blickte er auf den Schlitten und das zehnköpfige Hundegespann daneben.

Τώρα κοίταξε το έλκηθρο και την ομάδα των δέκα σκύλων δίπλα του.

Als ich die Realität der Aufgabe sah, erschien sie noch unmöglicher.

Βλέποντας την πραγματικότητα του έργου, αυτό φάνταζε ακόμα πιο αδύνατο.

Matthewson war in diesem Moment voller Stolz und Selbstvertrauen.

Ο Μάθιουσον ήταν γεμάτος υπερηφάνεια και αυτοπεποίθηση εκείνη τη στιγμή.

„Drei zu eins!", rief er. „Ich wette noch tausend, Thornton!"

«Τρία προς ένα!» φώναξε. «Ποντάρω άλλα χίλια, Θόρντον!»

Was sagst du dazu?", fügte er laut genug hinzu, dass es alle hören konnten.

«Τι λες;» πρόσθεσε, αρκετά δυνατά για να το ακούσουν όλοι.

Thorntons Gesicht zeigte seine Zweifel, aber sein Geist war aufgeblüht.

Το πρόσωπο του Θόρντον έδειχνε τις αμφιβολίες του, αλλά το ηθικό του είχε ανέβει.

Dieser Kampfgeist ignorierte alle Widrigkeiten und fürchtete sich überhaupt nicht.

Αυτό το μαχητικό πνεύμα αγνόησε τις πιθανότητες και δεν φοβόταν απολύτως τίποτα.

Er forderte Hans und Pete auf, ihr gesamtes Bargeld auf den Tisch zu bringen.

Κάλεσε τον Χανς και τον Πιτ να φέρουν όλα τα μετρητά τους στο τραπέζι.

Ihnen blieb nicht mehr viel übrig – insgesamt nur zweihundert Dollar.

Τους είχαν απομείνει λίγα—μόνο διακόσια δολάρια μαζί.

Diese kleine Summe war ihr gesamtes Vermögen in schweren Zeiten.

Αυτό το μικρό ποσό ήταν η συνολική τους περιουσία σε δύσκολες στιγμές.

Dennoch setzten sie ihr gesamtes Vermögen auf Matthewsons Wette.

Παρ' όλα αυτά, έβαλαν όλη τους την περιουσία στο στοίχημα του Matthewson.

Das zehnköpfige Hundegespann wurde abgekoppelt und vom Schlitten wegbewegt.

Η ομάδα των δέκα σκύλων αποσυνδέθηκε και απομακρύνθηκε από το έλκηθρο.

Buck wurde in die Zügel genommen und trug sein vertrautes Geschirr.

Ο Μπακ τοποθετήθηκε στα ηνία, φορώντας την οικεία του ζώνη.

Er hatte die Energie der Menge aufgefangen und die Spannung gespürt.

Είχε αντιληφθεί την ενέργεια του πλήθους και ένιωσε την ένταση.

Irgendwie wusste er, dass er etwas für John Thornton tun musste.

Κατά κάποιο τρόπο, ήξερε ότι έπρεπε να κάνει κάτι για τον Τζον Θόρντον.

Die Leute murmelten voller Bewunderung über die stolze Gestalt des Hundes.

Οι άνθρωποι μουρμούριζαν με θαυμασμό την περήφανη φιγούρα του σκύλου.

Er war schlank und stark und hatte kein einziges Gramm Fleisch zu viel.

Ήταν αδύνατος και δυνατός, χωρίς ούτε μια ουγγιά σάρκας.

Sein Gesamtgewicht von hundertfünfzig Pfund bestand nur aus Kraft und Ausdauer.

Το συνολικό βάρος του, εκατόν πενήντα λίβρες, ήταν όλο δύναμη και αντοχή.

Bucks Fell glänzte wie Seide und strotzte vor Gesundheit und Kraft.

Το παλτό του Μπακ έλαμπε σαν μετάξι, πυκνό από υγεία και δύναμη.

Das Fell an seinem Hals und seinen Schultern schien sich aufzurichten und zu sträuben.

Η γούνα κατά μήκος του λαιμού και των ώμων του φαινόταν να ανασηκώνεται και να τριχώνεται.

Seine Mähne bewegte sich leicht, jedes Haar war voller Energie.

Η χαίτη του κινούνταν ελαφρά, κάθε τρίχα του ζωντάνιαζε από τη μεγάλη του ενέργεια.

Seine breite Brust und seine starken Beine passten zu seinem schweren, robusten Körperbau.

Το πλατύ στήθος του και τα δυνατά του πόδια ταίριαζαν με το βαρύ, σκληροτράχηλο σώμα του.

Unter seinem Mantel spannten sich Muskeln, straff und fest wie geschmiedetes Eisen.

Οι μύες κυματίζονταν κάτω από το παλτό του, σφιχτοί και σταθεροί σαν δεμένο σίδερο.

Männer berührten ihn und schworen, er sei gebaut wie eine Stahlmaschine.

Οι άντρες τον άγγιζαν και έβριζαν ότι ήταν φτιαγμένος σαν ατσάλινη μηχανή.

Die Quoten sanken leicht auf zwei zu eins gegen den großen Hund.

Οι πιθανότητες έπεσαν ελαφρώς σε δύο προς ένα εναντίον του σπουδαίου σκύλου.

Ein Mann von den Skookum Benches drängte sich stotternd nach vorne.

Ένας άντρας από τα παγκάκια του Σκούκουμ προχώρησε τραυλίζοντας.

„Gut, Sir! Ich biete achthundert für ihn – vor der Prüfung, Sir!"

«Ωραία, κύριε! Προσφέρω οκτακόσια γι' αυτόν—πριν από την εξέταση, κύριε!»

„Achthundert, so wie er jetzt dasteht!", beharrte der Mann.

«Οκτακόσιὰ, όπως είναι αυτή τη στιγμή!» επέμεινε ο άντρας.

Thornton trat vor, lächelte und schüttelte ruhig den Kopf.

Ο Θόρντον έκανε ένα βήμα μπροστά, χαμογέλασε και κούνησε ήρεμα το κεφάλι του.

Matthewson schritt schnell mit warnender Stimme und einem Stirnrunzeln ein.

Ο Μάθιουσον παρενέβη γρήγορα με προειδοποιητική φωνή και συνοφρυωμένος.

„Sie müssen Abstand von ihm halten", sagte er. „Geben Sie ihm Raum."

«Πρέπει να απομακρυνθείς από αυτόν», είπε. «Δώσε του χώρο.»

Die Menge verstummte; nur die Spieler boten noch zwei zu eins.

Το πλήθος σώπασε· μόνο οι τζογαδόροι προσέφεραν ακόμα δύο προς ένα.

Alle bewunderten Bucks Körperbau, aber die Last schien zu groß.

Όλοι θαύμαζαν τη σωματική διάπλαση του Μπακ, αλλά το φορτίο φαινόταν πολύ μεγάλο.

Zwanzig Säcke Mehl – jeder fünfzig Pfund schwer – schienen viel zu viel.

Είκοσι σακιά αλεύρι —βάρους πενήντα κιλών το καθένα— φάνταζαν πάρα πολλά.

Niemand war bereit, seinen Geldbeutel zu öffnen und sein Geld zu riskieren.

Κανείς δεν ήταν πρόθυμος να ανοίξει το πουγκί του και να ρισκάρει τα χρήματά του.

Thornton kniete neben Buck und nahm seinen Kopf in beide Hände.

Ο Θόρντον γονάτισε δίπλα στον Μπακ και έπιασε το κεφάλι του και με τα δύο χέρια.

Er drückte seine Wange an Bucks und sprach in sein Ohr.

Πίεσε το μάγουλό του στο μάγουλο του Μπακ και του μίλησε στο αυτί.

Es gab jetzt kein spielerisches Schütteln oder geflüsterte liebevolle Beleidigungen.

Δεν υπήρχε πλέον παιχνιδιάρικο κούνημα ούτε ψιθυριστές αγαπητικές προσβολές.

Er murmelte nur leise: „So sehr du mich liebst, Buck."

Μουρμούρισε μόνο απαλά, «Όσο κι αν με αγαπάς, Μπακ».

Buck stieß ein leises Winseln aus, seine Begierde konnte er kaum zurückhalten.

Ο Μπακ έβγαλε ένα σιγανό κλαψούρισμα, με την ανυπομονησία του μόλις που συγκρατήθηκε.

Die Zuschauer beobachteten neugierig, wie Spannung in der Luft lag.

Οι θεατές παρακολουθούσαν με περιέργεια καθώς η ένταση γέμιζε την ατμόσφαιρα.

Der Moment fühlte sich fast unwirklich an, wie etwas jenseits der Vernunft.

Η στιγμή έμοιαζε σχεδόν εξωπραγματική, σαν κάτι πέρα από κάθε λογική.

Als Thornton aufstand, nahm Buck sanft seine Hand zwischen die Kiefer.

Όταν ο Θόρντον σηκώθηκε, ο Μπακ έπιασε απαλά το χέρι του στα σαγόνια του.

Er drückte mit den Zähnen nach unten und ließ dann langsam und sanft los.

Πίεσε προς τα κάτω με τα δόντια του και μετά το άφησε αργά και απαλά.

Es war eine stille Antwort der Liebe, nicht ausgesprochen, aber verstanden.

Ήταν μια σιωπηλή απάντηση αγάπης, όχι ειπωμένη, αλλά κατανοητή.

Thornton trat weit von dem Hund zurück und gab das Signal.

Ο Θόρντον έκανε ένα βήμα μακριά από τον σκύλο και έδωσε το σύνθημα.

„Jetzt, Buck", sagte er und Buck antwortete mit konzentrierter Ruhe.

«Λοιπόν, Μπακ», είπε, και ο Μπακ απάντησε με συγκεντρωμένη ηρεμία.

Buck spannte die Leinen und lockerte sie dann um einige Zentimeter.

Ο Μπακ έσφιξε τα ίχνη και μετά τα χαλάρωσε μερικά εκατοστά.

Dies war die Methode, die er gelernt hatte; seine Art, den Schlitten zu zerbrechen.

Αυτή ήταν η μέθοδος που είχε μάθει· ο τρόπος του να σπάει το έλκηθρο.

„Mensch!", rief Thornton mit scharfer Stimme in der schweren Stille.

«Ουάου!» φώναξε ο Θόρντον, με κοφτερή φωνή μέσα στη βαριά σιωπή.

Buck drehte sich nach rechts und stürzte sich mit seinem gesamten Gewicht nach vorn.

Ο Μπακ στράφηκε δεξιά και όρμησε με όλο του το βάρος.

Das Spiel verschwand und Bucks gesamte Masse traf die straffen Leinen.

Το χαλαρό μέρος εξαφανίστηκε και ολόκληρη η μάζα του Μπακ χτύπησε στα στενά ίχνη.

Der Schlitten zitterte und die Kufen machten ein knackendes, knisterndes Geräusch.

Το έλκηθρο έτρεμε και οι δρομείς έβγαλαν έναν τραγανό ήχο.

„Haw!", befahl Thornton und änderte erneut Bucks Richtung.

«Χα!» διέταξε ο Θόρντον, αλλάζοντας ξανά την κατεύθυνση του Μπακ.

Buck wiederholte die Bewegung und zog diesmal scharf nach links.

Ο Μπακ επανέλαβε την κίνηση, αυτή τη φορά τραβώντας απότομα προς τα αριστερά.

Das Knacken des Schlittens wurde lauter, die Kufen knackten und verschoben sich.

Το έλκηθρο κροταλούσε πιο δυνατά, οι δρομείς χτυπούσαν και μετακινούνταν.

Die schwere Last rutschte leicht seitwärts über den gefrorenen Schnee.

Το βαρύ φορτίο γλίστρησε ελαφρώς πλάγια πάνω στο παγωμένο χιόνι.

Der Schlitten hatte sich aus der Umklammerung des eisigen Pfades gelöst!

Το έλκηθρο είχε ξεφύγει από τη λαβή του παγωμένου μονοπατιού!

Die Männer hielten den Atem an, ohne zu merken, dass sie nicht einmal atmeten.

Οι άντρες κρατούσαν την αναπνοή τους, χωρίς να συνειδητοποιούν ότι δεν ανέπνεαν καν.

„Jetzt ZIEHEN!", rief Thornton durch die eisige Stille.

«Τώρα, ΤΡΑΒΗΞ!» φώναξε ο Θόρντον μέσα στην παγωμένη σιωπή.

Thorntons Befehl klang scharf wie ein Peitschenknall.

Η εντολή του Θόρντον αντήχησε κοφτή, σαν τον κρότο ενός μαστιγίου.

Buck stürzte sich mit einem heftigen und heftigen Ausfallschritt nach vorne.

Ο Μπακ όρμησε μπροστά με μια άγρια και τρανταχτή ορμή.

Sein ganzer Körper war aufgrund der enormen Belastung angespannt und verkrampft.

Όλο του το σώμα τεντώθηκε και συσπάστηκε από την τεράστια καταπόνηση.

Unter seinem Fell spannten sich Muskeln wie lebendig werdende Schlangen.

Οι μύες κυματίζονταν κάτω από τη γούνα του σαν φίδια που ζωντανεύουν.

Seine breite Brust war tief, der Kopf nach vorne zum Schlitten gestreckt.

Το μεγάλο του στήθος ήταν χαμηλό, με το κεφάλι τεντωμένο μπροστά προς το έλκηθρο.

Seine Pfoten bewegten sich blitzschnell und seine Krallen zerschnitten den gefrorenen Boden.

Τα πόδια του κινούνταν σαν αστραπή, με τα νύχια του να κόβουν το παγωμένο έδαφος.

Er kämpfte um jeden Zentimeter Bodenhaftung und hinterließ tiefe Rillen.

Οι αυλακώσεις ήταν βαθιές καθώς πάλευε για κάθε εκατοστό πρόσφυσης.

Der Schlitten schaukelte, zitterte und begann eine langsame, unruhige Bewegung.

Το έλκηθρο λικνίστηκε, έτρεμε και άρχισε μια αργή, ανήσυχη κίνηση.

Ein Fuß rutschte aus und ein Mann in der Menge stöhnte laut auf.

Το ένα πόδι γλίστρησε και ένας άντρας από το πλήθος γρύλισε δυνατά.

Dann machte der Schlitten mit einer ruckartigen, heftigen Bewegung einen Satz nach vorne.

Έπειτα το έλκηθρο όρμησε μπροστά με μια απότομη, τραχιά κίνηση.

Es hörte nicht wieder auf – noch einen halben Zoll … einen Zoll … zwei Zoll mehr.

Δεν σταμάτησε ξανά – μισή ίντσα...μια ίντσα...δύο ίντσες ακόμα.

Die Stöße wurden kleiner, als der Schlitten an Geschwindigkeit zunahm.

Τα τινάγματα μικραίνουν καθώς το έλκηθρο αρχίζει να αυξάνει την ταχύτητα.

Bald zog Buck mit sanfter, gleichmäßiger Rollkraft.

Σύντομα ο Μπακ άρχισε να τραβάει με ομαλή, ομοιόμορφη δύναμη κύλισης.

Die Männer schnappten nach Luft und erinnerten sich schließlich wieder daran zu atmen.

Οι άντρες άφησαν μια ανάσα και επιτέλους θυμήθηκαν να αναπνεύσουν ξανά.

Sie hatten nicht bemerkt, dass ihnen vor Ehrfurcht der Atem stockte.

Δεν είχαν προσέξει ότι η ανάσα τους είχε σταματήσει από δέος.

Thornton rannte hinterher und rief kurze, fröhliche Befehle.

Ο Θόρντον έτρεξε από πίσω, φωνάζοντας σύντομες, χαρούμενες εντολές.

Vor uns lag ein Stapel Brennholz, der die Entfernung markierte.

Μπροστά υπήρχε μια στοίβα από καυσόξυλα που σηματοδοτούσε την απόσταση.

Als Buck sich dem Haufen näherte, wurde der Jubel immer lauter.

Καθώς ο Μπακ πλησίαζε στη στοίβα, οι ζητωκραυγές γίνονταν όλο και πιο δυνατές.

Der Jubel schwoll zu einem Brüllen an, als Buck den Endpunkt passierte.

Οι ζητωκραυγές μετατράπηκαν σε βρυχηθμό καθώς ο Μπακ πέρασε το σημείο τερματισμού.

Männer sprangen auf und schrien, sogar Matthewson grinste.

Άντρες πετάχτηκαν και φώναξαν, ακόμη και ο Μάθιουσον ξέσπασε σε ένα χαμόγελο.

Hüte flogen durch die Luft, Fäustlinge wurden gedankenlos und ziellos herumgeworfen.

Καπέλα πετούσαν στον αέρα, γάντια πετάγονταν χωρίς σκέψη ή στόχο.

Männer packten einander und schüttelten sich die Hände, ohne zu wissen, wer es war.

Οι άντρες άρπαξαν ο ένας τον άλλον και έδωσαν τα χέρια χωρίς να ξέρουν ποιος.

Die ganze Menge war in wilder, freudiger Stimmung.

Όλο το πλήθος βουίζει σε έναν ξέφρενο, χαρούμενο εορτασμό.

Thornton fiel mit zitternden Händen neben Buck auf die Knie.

Ο Θόρντον έπεσε στα γόνατα δίπλα στον Μπακ με τρεμάμενα χέρια.

Er drückte seinen Kopf an Bucks und schüttelte ihn sanft hin und her.

Ακούμπησε το κεφάλι του στο κεφάλι του Μπακ και τον κούνησε απαλά μπρος-πίσω.

Diejenigen, die näher kamen, hörten, wie er den Hund mit stiller Liebe verfluchte.

Όσοι πλησίασαν τον άκουσαν να καταριέται τον σκύλο με σιωπηλή αγάπη.

Er beschimpfte Buck lange – leise, herzlich und emotional.

Έβριζε τον Μπακ για πολλή ώρα — απαλά, θερμά, με συγκίνηση.

„Gut, Sir! Gut, Sir!", rief der König der Skookum-Bank hastig.

«Ωραία, κύριε! Ωραία, κύριε!» φώναξε βιαστικά ο βασιλιάς του Πάγκου Σκούκουμ.

„Ich gebe Ihnen tausend – nein, zwölfhundert – für diesen Hund, Sir!"

«Θα σας δώσω χίλια—όχι, διακόσια—για αυτό το σκυλί, κύριε!»

Thornton stand langsam auf, seine Augen glänzten vor Emotionen.

Ο Θόρντον σηκώθηκε αργά όρθιος, με τα μάτια του να λάμπουν από συγκίνηση.

Tränen strömten ihm ohne jede Scham über die Wangen.

Δάκρυα κυλούσαν ανοιχτά στα μάγουλά του χωρίς καμία ντροπή.

„Sir", sagte er zum König der Skookum-Bank, ruhig und bestimmt

«Κύριε», είπε στον βασιλιά του Πάγκου Σκούκουμ, σταθερός και ακλόνητος

„Nein, Sir. Sie können zur Hölle fahren, Sir. Das ist meine endgültige Antwort."

«Όχι, κύριε. Μπορείτε να πάτε στην κόλαση, κύριε. Αυτή είναι η τελική μου απάντηση.»

Buck packte Thorntons Hand sanft mit seinen starken Kiefern.

Ο Μπακ άρπαξε απαλά το χέρι του Θόρντον με τα δυνατά του σαγόνια.

Thornton schüttelte ihn spielerisch, ihre Bindung war so tief wie eh und je.

Ο Θόρντον τον σκούντηξε παιχνιδιάρικα, ο δεσμός τους ήταν τόσο βαθύς όσο ποτέ.

Die Menge, bewegt von diesem Moment, trat schweigend zurück.

Το πλήθος, συγκινημένο από τη στιγμή, έκανε ένα βήμα πίσω σιωπηλό.

Von da an wagte es niemand mehr, diese heilige Zuneigung zu unterbrechen.

Από τότε και στο εξής, κανείς δεν τόλμησε να διακόψει μια τέτοια ιερή στοργή.

Der Klang des Rufs
Ο Ήχος της Κλήσης

Buck hatte in fünf Minuten Sechzehnhundert Dollar verdient.

Ο Μπακ είχε κερδίσει χίλια εξακόσια δολάρια σε πέντε λεπτά.

Mit dem Geld konnte John Thornton einen Teil seiner Schulden begleichen.

Τα χρήματα επέτρεψαν στον John Thornton να αποπληρώσει μέρος των χρεών του.

Mit dem restlichen Geld machte er sich mit seinen Partnern auf den Weg nach Osten.

Με τα υπόλοιπα χρήματα κατευθύνθηκε προς την Ανατολή με τους συνεργάτες του.

Sie suchten nach einer sagenumwobenen verlorenen Mine, die so alt ist wie das Land selbst.

Αναζήτησαν ένα θρυλικό χαμένο ορυχείο, τόσο παλιό όσο και η ίδια η χώρα.

Viele Männer hatten nach der Mine gesucht, aber nur wenige hatten sie je gefunden.

Πολλοί άντρες είχαν ψάξει για το ορυχείο, αλλά λίγοι το είχαν βρει ποτέ.

Während der gefährlichen Suche waren nicht wenige Männer verschwunden.

Περισσότεροι από λίγοι άντρες είχαν εξαφανιστεί κατά τη διάρκεια της επικίνδυνης αναζήτησης.

Diese verlorene Mine war sowohl in Geheimnisse als auch in eine alte Tragödie gehüllt.

Αυτό το χαμένο ορυχείο ήταν τυλιγμένο σε μυστήριο και παλιά τραγωδία.

Niemand wusste, wer der erste Mann war, der die Mine entdeckt hatte.

Κανείς δεν ήξερε ποιος ήταν ο πρώτος άνθρωπος που ανακάλυψε το ορυχείο.

In den ältesten Geschichten wird niemand namentlich erwähnt.

Οι παλαιότερες ιστορίες δεν αναφέρουν κανέναν ονομαστικά.

Dort hatte immer eine alte, baufällige Hütte gestanden.

Πάντα υπήρχε εκεί μια παλιά ετοιμόρροπη καλύβα.

Sterbende Männer hatten geschworen, dass sich neben dieser alten Hütte eine Mine befand.

Οι ετοιμοθάνατοι είχαν ορκιστεί ότι υπήρχε ένα ορυχείο δίπλα σε εκείνη την παλιά καλύβα.

Sie bewiesen ihre Geschichten mit Gold, wie es nirgendwo sonst zu finden ist.

Απέδειξαν τις ιστορίες τους με χρυσάφι που δεν υπάρχει πουθενά αλλού.

Keine lebende Seele hatte den Schatz von diesem Ort jemals geplündert.

Καμία ζωντανή ψυχή δεν είχε ποτέ λεηλατήσει τον θησαυρό από εκείνο το μέρος.

Die Toten waren tot, und Tote erzählen keine Geschichten.

Οι νεκροί ήταν νεκροί, και οι νεκροί δεν λένε ιστορίες.

Also machten sich Thornton und seine Freunde auf den Weg in den Osten.

Έτσι, ο Θόρντον και οι φίλοι του κατευθύνθηκαν προς την Ανατολή.

Pete und Hans kamen mit Buck und sechs starken Hunden.

Ο Πιτ και ο Χανς ενώθηκαν, φέρνοντας μαζί τους τον Μπακ και έξι δυνατά σκυλιά.

Sie begaben sich auf einen unbekannten Weg, an dem andere gescheitert waren.

Ξεκίνησαν σε ένα άγνωστο μονοπάτι όπου άλλοι είχαν αποτύχει.

Sie rodelten siebzig Meilen den zugefrorenen Yukon River hinauf.

Διέσχισαν με έλκηθρο εβδομήντα μίλια πάνω στον παγωμένο ποταμό Γιούκον.

Sie bogen links ab und folgten dem Pfad bis zum Stewart.

Έστριψαν αριστερά και ακολούθησαν το μονοπάτι προς τον ποταμό Στιούαρτ.

Sie passierten Mayo und McQuestion und drängten weiter.

Πέρασαν από το Mayo και το McQuestion, συνεχίζοντας.

Der Stewart schrumpfte zu einem Strom, der sich durch zerklüftete Gipfel schlängelte.

Ο Στιούαρτ συρρικνώθηκε σε ρυάκι, διασχίζοντας αιχμηρές κορυφές.

Diese scharfen Gipfel markierten das Rückgrat des Kontinents.

Αυτές οι αιχμηρές κορυφές σηματοδοτούσαν την ίδια τη ραχοκοκαλιά της ηπείρου.

John Thornton verlangte wenig von den Menschen oder der Wildnis.

Ο Τζον Θόρντον απαιτούσε ελάχιστα από τους ανθρώπους ή την άγρια γη.

Er fürchtete nichts in der Natur und begegnete der Wildnis mit Leichtigkeit.

Δεν φοβόταν τίποτα στη φύση και αντιμετώπιζε την άγρια φύση με άνεση.

Nur mit Salz und einem Gewehr konnte er reisen, wohin er wollte.

Με μόνο αλάτι και ένα τουφέκι, μπορούσε να ταξιδέψει όπου επιθυμούσε.

Wie die Eingeborenen jagte er auf seiner Reise nach Nahrung.

Όπως οι ιθαγενείς, κυνηγούσε τροφή ενώ ταξίδευε.

Wenn er nichts fing, machte er weiter und vertraute auf sein Glück.

Αν δεν έπιανε τίποτα, συνέχιζε, εμπιστευόμενος την τύχη που έβλεπε μπροστά του.

Auf dieser langen Reise war Fleisch die Hauptnahrungsquelle.

Σε αυτό το μακρύ ταξίδι, το κρέας ήταν το κύριο πράγμα που έτρωγαν.

Der Schlitten enthielt Werkzeuge und Munition, jedoch keinen strengen Zeitplan.

Το έλκηθρο περιείχε εργαλεία και πυρομαχικά, αλλά δεν είχε αυστηρό χρονοδιάγραμμα.

Buck liebte dieses Herumwandern, die endlose Jagd und das Fischen.

Ο Μπακ λάτρευε αυτή την περιπλάνηση· το ατελείωτο κυνήγι και ψάρεμα.

Wochenlang waren sie Tag für Tag unterwegs.

Επί εβδομάδες ταξίδευαν μέρα με τη μέρα.

Manchmal schlugen sie Lager auf und blieben wochenlang dort.

Άλλες φορές έφτιαχναν στρατόπεδα και έμεναν ακίνητοι για εβδομάδες.

Die Hunde ruhten sich aus, während die Männer im gefrorenen Dreck gruben.

Τα σκυλιά ξεκουράζονταν ενώ οι άντρες έσκαβαν μέσα στο παγωμένο χώμα.

Sie erwärmten Pfannen über dem Feuer und suchten nach verborgenem Gold.

Ζέσταναν τηγάνια πάνω από φωτιές και έψαχναν για κρυμμένο χρυσάφι.

An manchen Tagen hungerten sie, an anderen feierten sie Feste.

Κάποιες μέρες πεινούσαν και κάποιες άλλες έκαναν γιορτές.

Ihre Mahlzeiten hingen vom Wild und vom Jagdglück ab.

Τα γεύματά τους εξαρτιόνταν από το θηράμα και την τύχη του κυνηγιού.

Als der Sommer kam, trugen Männer und Hunde schwere Lasten auf ihren Rücken.

Όταν ήρθε το καλοκαίρι, οι άντρες και τα σκυλιά φόρτωσαν φορτία στις πλάτες τους.

Sie fuhren mit dem Floß über blaue Seen, die in Bergwäldern versteckt waren.

Έκαναν ράφτινγκ σε γαλάζιες λίμνες κρυμμένες σε ορεινά δάση.

Sie segelten in schmalen Booten auf Flüssen, die noch nie von Menschen kartiert worden waren.

Έπλεαν μικρά σκάφη σε ποτάμια που κανένας άνθρωπος δεν είχε χαρτογραφήσει ποτέ.

Diese Boote wurden aus Bäumen gebaut, die sie in der Wildnis gesägt haben.

Αυτά τα σκάφη κατασκευάστηκαν από δέντρα που πριονίστηκαν στην άγρια φύση.

Die Monate vergingen und sie schlängelten sich durch die wilden, unbekannten Länder.

Οι μήνες περνούσαν και περιπλανιόντουσαν σε άγριες, άγνωστες χώρες.

Es waren keine Männer dort, doch alte Spuren deuteten darauf hin, dass Männer dort gewesen waren.

Δεν υπήρχαν άντρες εκεί, κι όμως παλιά ίχνη υπονοούσαν ότι υπήρχαν άντρες.

Wenn die verlorene Hütte echt war, dann waren einst andere hier entlang gekommen.

Αν η Χαμένη Καλύβα ήταν αληθινή, τότε κι άλλοι είχαν έρθει κάποτε από εδώ.

Sie überquerten hohe Pässe bei Schneestürmen, sogar im Sommer.

Διέσχιζαν ψηλά περάσματα εν μέσω χιονοθύελλας, ακόμη και κατά τη διάρκεια του καλοκαιριού.

Sie zitterten unter der Mitternachtssonne auf kahlen Berghängen.

Έτρεμαν κάτω από τον ήλιο του μεσονυχτίου στις γυμνές πλαγιές των βουνών.

Zwischen der Baumgrenze und den Schneefeldern stiegen sie langsam auf.

Ανάμεσα στην οροσειρά των δέντρων και τα χιονισμένα λιβάδια, σκαρφάλωναν αργά.

In warmen Tälern schlugen sie nach Schwärmen aus Mücken und Fliegen.

Σε ζεστές κοιλάδες, χτυπούσαν σύννεφα από κουνούπια και μύγες.

Sie pflückten süße Beeren in der Nähe von Gletschern in voller Sommerblüte.

Μάζευαν γλυκά μούρα κοντά σε παγετώνες σε πλήρη καλοκαιρινή άνθιση.

Die Blumen, die sie fanden, waren genauso schön wie die im Süden.

Τα λουλούδια που βρήκαν ήταν τόσο όμορφα όσο αυτά στο Σάουθλαντ.

Im Herbst erreichten sie eine einsame Region voller stiller Seen.

Εκείνο το φθινόπωρο έφτασαν σε μια μοναχική περιοχή γεμάτη με σιωπηλές λίμνες.

Das Land war traurig und leer, einst voller Vögel und Tiere.

Η γη ήταν θλιβερή και άδεια, κάποτε γεμάτη με πουλιά και ζώα.

Jetzt gab es kein Leben mehr, nur noch den Wind und das Eis, das sich in Pfützen bildete.

Τώρα δεν υπήρχε ζωή, μόνο ο άνεμος και ο πάγος που σχηματίζονταν σε λίμνες.

Mit einem sanften, traurigen Geräusch schlugen die Wellen gegen die leeren Ufer.

Τα κύματα χτυπούσαν τις άδειες ακτές με έναν απαλό, θλιβερό ήχο.

Ein weiterer Winter kam und sie folgten erneut schwachen, alten Spuren.

Ένας ακόμη χειμώνας ήρθε και ακολούθησαν ξανά αχνά, παλιά μονοπάτια.

Dies waren die Spuren von Männern, die schon lange vor ihnen gesucht hatten.

Αυτά ήταν τα ίχνη ανδρών που είχαν ψάξει πολύ πριν από αυτούς.

Einmal fanden sie einen Pfad, der tief in den dunklen Wald hineinreichte.

Κάποτε βρήκαν ένα μονοπάτι σκαμμένο βαθιά μέσα στο σκοτεινό δάσος.

Es war ein alter Pfad und sie hatten das Gefühl, dass die verlorene Hütte ganz in der Nähe war.

Ήταν ένα παλιό μονοπάτι, και ένιωθαν ότι η χαμένη καλύβα ήταν κοντά.

Doch die Spur führte nirgendwo hin und verlor sich im dichten Wald.

Αλλά το μονοπάτι δεν οδηγούσε πουθενά και χανόταν μέσα στο πυκνό δάσος.

Wer auch immer die Spur angelegt hat und warum, das wusste niemand.

Όποιος και αν ήταν αυτός που έφτιαξε το μονοπάτι, και γιατί το έφτιαξε, κανείς δεν ήξερε.

Später fanden sie das Wrack einer Hütte, versteckt zwischen den Bäumen.

Αργότερα, βρήκαν τα ερείπια ενός καταλύματος κρυμμένα ανάμεσα στα δέντρα.

Verrottende Decken lagen verstreut dort, wo einst jemand geschlafen hatte.

Σαπισμένες κουβέρτες ήταν σκορπισμένες εκεί που κάποιος κάποτε κοιμόταν.

John Thornton fand darin ein Steinschlossgewehr mit langem Lauf.

Ο Τζον Θόρντον βρήκε ένα μακρύκαρο πυρόλιθο θαμμένο μέσα.

Er wusste, dass es sich um eine Waffe von Hudson Bay aus den frühen Handelstagen handelte.

Ήξερε ότι αυτό ήταν ένα όπλο του Χάντσον Μπέι από τις πρώτες μέρες του εμπορίου.

Damals wurden solche Gewehre gegen Stapel von Biberfellen eingetauscht.

Εκείνες τις μέρες, τέτοια όπλα ανταλλάσσονταν με στοίβες από δέρματα κάστορα.

Das war alles – von dem Mann, der die Hütte gebaut hatte, gab es keine Spur mehr.

Αυτό ήταν όλο—δεν είχε απομείνει καμία ένδειξη για τον άνθρωπο που έχτισε το καταφύγιο.

Der Frühling kam wieder und sie fanden keine Spur von der verlorenen Hütte.

Η άνοιξη ήρθε ξανά, και δεν βρήκαν κανένα ίχνος της Χαμένης Καλύβας.

Stattdessen fanden sie ein breites Tal mit einem seichten
Bach.

Αντ' αυτού βρήκαν μια πλατιά κοιλάδα με ένα ρηχό ρυάκι.

Gold lag wie glatte, gelbe Butter auf dem Pfannenboden.

Χρυσός βρισκόταν στον πάτο του τηγανιού σαν λείο,
κίτρινο βούτυρο.

Sie hielten dort an und suchten nicht weiter nach der Hütte.

Σταμάτησαν εκεί και δεν έψαξαν άλλο για την καλύβα.

Jeden Tag arbeiteten sie und fanden Tausende in Goldstaub.

Κάθε μέρα δούλευαν και έβρισκαν χιλιάδες σε χρυσόσκονη.

Sie packten das Gold in Säcke aus Elchhaut, jeder Fünfzig
Pfund schwer.

Συσκευάσανε το χρυσάφι σε σακούλες με δέρμα άλκης,
πενήντα λίρες η καθεμία.

Die Säcke waren wie Brennholz vor ihrer kleinen Hütte
gestapelt.

Οι τσάντες ήταν στοιβαγμένες σαν καυσόξυλα έξω από το
μικρό τους καταφύγιο.

Sie arbeiteten wie Giganten und die Tage vergingen wie im
Flug.

Δούλευαν σαν γίγαντες, και οι μέρες περνούσαν σαν
γρήγορα όνειρα.

Sie häuften Schätze an, während die endlosen Tage schnell
vorbeizogen.

Συσσώρευαν θησαυρούς καθώς οι ατελείωτες μέρες
κυλούσαν γρήγορα.

Außer ab und zu Fleisch zu schleppen, gab es für die Hunde
nicht viel zu tun.

Δεν υπήρχαν πολλά να κάνουν τα σκυλιά εκτός από το να
κουβαλούν κρέας πού και πού.

Thornton jagte und tötete das Wild, und Buck lag am Feuer.

Ο Θόρντον κυνηγούσε και σκότωνε το θήραμα, και ο Μπακ
έμεινε ξαπλωμένος δίπλα στη φωτιά.

Er verbrachte viele Stunden schweigend, versunken in
Gedanken und Erinnerungen.

Πέρασε πολλές ώρες σιωπηλός, χαμένος στις σκέψεις και
τις αναμνήσεις.

Das Bild des haarigen Mannes kam Buck immer häufiger in den Sinn.

Η εικόνα του τριχωτού άντρα ερχόταν πιο συχνά στο μυαλό του Μπακ.

Jetzt, wo es kaum noch Arbeit gab, träumte Buck, während er ins Feuer blinzelte.

Τώρα που η δουλειά ήταν λιγοστή, ο Μπακ ονειρεύτηκε ενώ ανοιγοκλείνει τα μάτια του κοιτάζοντας τη φωτιά.

In diesen Träumen wanderte Buck mit dem Mann in eine andere Welt.

Σε εκείνα τα όνειρα, ο Μπακ περιπλανήθηκε με τον άντρα σε έναν άλλο κόσμο.

Angst schien das stärkste Gefühl in dieser fernen Welt zu sein.

Ο φόβος φαινόταν το πιο δυνατό συναίσθημα σε εκείνον τον μακρινό κόσμο.

Buck sah, wie der haarige Mann mit gesenktem Kopf schlief.

Ο Μπακ είδε τον τριχωτό άντρα να κοιμάται με το κεφάλι σκυμμένο χαμηλά.

Seine Hände waren gefaltet und sein Schlaf war unruhig und unterbrochen.

Τα χέρια του ήταν ενωμένα και ο ύπνος του ήταν ανήσυχος και διαταραγμένος.

Er wachte immer ruckartig auf und starrte ängstlich in die Dunkelheit.

Συνήθιζε να ξυπνάει απότομα και να κοιτάζει φοβισμένος στο σκοτάδι.

Dann warf er mehr Holz ins Feuer, um die Flamme hell zu halten.

Έπειτα έριχνε κι άλλα ξύλα στη φωτιά για να κρατήσει τη φλόγα φωτεινή.

Manchmal spazierten sie an einem Strand entlang, der an einem grauen, endlosen Meer entlangführte.

Μερικές φορές περπατούσαν κατά μήκος μιας παραλίας δίπλα σε μια γκρίζα, ατελείωτη θάλασσα.

Der haarige Mann sammelte Schalentiere und aß sie im Gehen.

Ο τριχωτός άντρας μάζευε οστρακοειδή και τα έτρωγε καθώς περπατούσε.

Seine Augen suchten immer nach verborgenen Gefahren in den Schatten.

Τα μάτια του έψαχναν πάντα για κρυμμένους κινδύνους στις σκιές.

Seine Beine waren immer bereit, beim ersten Anzeichen einer Bedrohung loszusprinten.

Τα πόδια του ήταν πάντα έτοιμα να τρέξουν τρέχοντας με το πρώτο σημάδι απειλής.

Sie schlichen still und vorsichtig Seite an Seite durch den Wald.

Σέρνονταν μέσα στο δάσος, σιωπηλοί και επιφυλακτικοί, ο ένας δίπλα στον άλλον.

Buck folgte ihm auf den Fersen und beide blieben wachsam.

Ο Μπακ τον ακολούθησε από πίσω, και οι δύο παρέμειναν σε εγρήγορση.

Ihre Ohren zuckten und bewegten sich, ihre Nasen schnüffelten in der Luft.

Τα αυτιά τους τρεμόπαιζαν και κινούνταν, οι μύτες τους μύριζαν τον αέρα.

Der Mann konnte den Wald genauso gut hören und riechen wie Buck.

Ο άντρας μπορούσε να ακούσει και να μυρίσει το δάσος τόσο έντονα όσο ο Μπακ.

Der haarige Mann schwang sich mit plötzlicher Geschwindigkeit durch die Bäume.

Ο τριχωτός άντρας περπάτησε μέσα από τα δέντρα με ξαφνική ταχύτητα.

Er sprang von Ast zu Ast, ohne jemals den Halt zu verlieren.

Πηδούσε από κλαδί σε κλαδί, χωρίς ποτέ να χάνει τη λαβή του.

Er bewegte sich über dem Boden genauso schnell wie auf ihm.

Κινούνταν τόσο γρήγορα πάνω από το έδαφος όσο και πάνω σε αυτό.

Buck erinnerte sich an lange Nächte, in denen er unter den Bäumen Wache hielt.

Ο Μπακ θυμόταν τις μακριές νύχτες κάτω από τα δέντρα, παρακολουθώντας.

Der Mann schlief auf seiner Stange in den Zweigen und klammerte sich fest.

Ο άντρας κοιμόταν κουρνιάζοντας στα κλαδιά, κρατώντας τον σφιχτά.

Diese Vision des haarigen Mannes war eng mit dem tiefen Ruf verbunden.

Αυτό το όραμα του τριχωτού άντρα ήταν στενά συνδεδεμένο με το βαθύ κάλεσμα.

Der Ruf klang noch immer mit eindringlicher Kraft durch den Wald.

Το κάλεσμα εξακολουθούσε να αντηχεί μέσα στο δάσος με στοιχειωτική δύναμη.

Der Anruf erfüllte Buck mit Sehnsucht und einem rastlosen Gefühl der Freude.

Το τηλεφώνημα γέμισε τον Μπακ με λαχτάρα και ένα αίσθημα ανήσυχης χαράς.

Er spürte seltsame Triebe und Regungen, die er nicht benennen konnte.

Ένιωθε παράξενες παρορμήσεις και αναταραχές που δεν μπορούσε να ονομάσει.

Manchmal folgte er dem Ruf tief in die Stille des Waldes.

Μερικές φορές ακολουθούσε το κάλεσμα βαθιά μέσα στο ήσυχο δάσος.

Er suchte nach dem Ruf und bellte dabei leise oder scharf.

Έψαχνε για το κάλεσμα, γαβγίζοντας απαλά ή κοφτά καθώς έφευγε.

Er roch am Moos und der schwarzen Erde, wo die Gräser wuchsen.

Μύρισε τα βρύα και το μαύρο χώμα όπου φύτρωναν τα χόρτα.

Er schnaubte entzückt über den reichen Geruch der tiefen Erde.

Φυσούσε από ευχαρίστηση στις πλούσιες μυρωδιές της βαθιάς γης.

Er hockte stundenlang hinter pilzbefallenen Baumstämmen.

Έμεινε κουλουριασμένος για ώρες πίσω από κορμούς καλυμμένους με μύκητες.

Er blieb still und lauschte mit großen Augen jedem noch so kleinen Geräusch.

Έμεινε ακίνητος, ακούγοντας με μάτια ορθάνοιχτα κάθε παραμικρό ήχο.

Vielleicht hoffte er, das Wesen, das den Ruf auslöste, zu überraschen.

Μπορεί να ήλπιζε να αιφνιδιάσει αυτό που έδωσε το κάλεσμα.

Er wusste nicht, warum er so handelte – er tat es einfach.

Δεν ήξερε γιατί ενεργούσε με αυτόν τον τρόπο — απλώς το έκανε.

Die Triebe kamen aus der Tiefe, jenseits von Denken und Vernunft.

Οι παρορμήσεις προέρχονταν από βαθιά μέσα μου, πέρα από τη σκέψη ή τη λογική.

Unwiderstehliche Triebe überkamen Buck ohne Vorwarnung oder Grund.

Ακαταμάχητες παρορμήσεις κατέλαβαν τον Μπακ χωρίς προειδοποίηση ή λόγο.

Manchmal döste er träge im Lager in der Mittagshitze.

Κατά καιρούς κοιμόταν νωχελικά στο στρατόπεδο κάτω από τη ζέστη του μεσημεριού.

Plötzlich hob er den Kopf und stellte aufmerksam die Ohren auf.

Ξαφνικά, το κεφάλι του σήκωσε και τα αυτιά του σηκώθηκαν σε εγρήγορση.

Dann sprang er auf und stürmte ohne Pause in die Wildnis.

Έπειτα πετάχτηκε πάνω και όρμησε στην άγρια φύση χωρίς διακοπή.

Er rannte stundenlang durch Waldwege und offene Flächen.

Έτρεχε για ώρες μέσα από δασικά μονοπάτια και ανοιχτούς χώρους.

Er liebte es, trockenen Bachläufen zu folgen und Vögel in den Bäumen zu beobachten.

Του άρεσε να ακολουθεί τις ξερές κοίτες των ρυακιών και να κατασκοπεύει πουλιά στα δέντρα.

Er könnte den ganzen Tag versteckt liegen und den Rebhühnern beim Herumstolzieren zusehen.

Μπορούσε να είναι κρυμμένος όλη μέρα, παρακολουθώντας τις πέρδικες να περπατούν τριγύρω.

Sie trommelten und marschierten, ohne Bucks Anwesenheit zu bemerken.

Χτύπαγαν τύμπανα και παρέλασαν, αγνοώντας την ακίνητη παρουσία του Μπακ.

Doch am meisten liebte er das Laufen in der Sommerdämmerung.

Αλλά αυτό που αγαπούσε περισσότερο ήταν να τρέχει το λυκόφως το καλοκαίρι.

Das schwache Licht und die schläfrigen Waldgeräusche erfüllten ihn mit Freude.

Το αμυδρό φως και οι νυσταγμένοι ήχοι του δάσους τον γέμισαν χαρά.

Er las die Zeichen des Waldes so deutlich, wie ein Mann ein Buch liest.

Διάβασε τις πινακίδες του δάσους τόσο καθαρά όσο ένας άνθρωπος διαβάζει ένα βιβλίο.

Und er suchte immer nach dem seltsamen Ding, das ihn rief.

Και έψαχνε πάντα για το παράξενο πράγμα που τον καλούσε.

Dieser Ruf hörte nie auf – er erreichte ihn im Wachzustand und im Schlaf.

Αυτό το κάλεσμα δεν σταματούσε ποτέ — τον έφτανε είτε ξύπνιος είτε κοιμισμένος.

Eines Nachts erwachte er mit einem Ruck, die Augen waren scharf und die Ohren gespitzt.

Ένα βράδυ, ξύπνησε απότομα, με μάτια κοφτερά και αυτιά ψηλά.

Seine Nasenlöcher zuckten, während seine Mähne in Wellen sträubte.

Τα ρουθούνια του συσπάστηκαν καθώς η χαίτη του σχηματιζόταν σε κύματα.

Aus der Tiefe des Waldes ertönte erneut der alte Ruf.

Από βαθιά μέσα στο δάσος ακούστηκε ξανά ο ήχος, το παλιό κάλεσμα.

Diesmal war der Ton klar und deutlich zu hören, ein langes, eindringliches, vertrautes Heulen.

Αυτή τη φορά ο ήχος αντήχησε καθαρά, ένα μακρόσυρτο, στοιχειωτικό, οικείο ουρλιαχτό.

Es klang wie der Schrei eines Huskys, aber mit einem seltsamen und wilden Ton.

Ήταν σαν κραυγή χάσκι, αλλά με παράξενο και άγριο τόνο.

Buck erkannte das Geräusch sofort – er hatte das genaue Geräusch vor langer Zeit gehört.

Ο Μπακ αναγνώρισε αμέσως τον ήχο — είχε ακούσει τον ίδιο ακριβώς ήχο πριν από πολύ καιρό.

Er sprang durch das Lager und verschwand schnell im Wald.

Πήδηξε μέσα από το στρατόπεδο και εξαφανίστηκε γρήγορα στο δάσος.

Als er sich dem Geräusch näherte, wurde er langsamer und bewegte sich vorsichtig.

Καθώς πλησίαζε τον ήχο, επιβράδυνε και κινήθηκε με προσοχή.

Bald erreichte er eine Lichtung zwischen dichten Kiefern.

Σύντομα έφτασε σε ένα ξέφωτο ανάμεσα σε πυκνά πεύκα.

Dort saß aufrecht auf seinen Hinterbeinen ein großer, schlanker Timberwolf.

Εκεί, όρθιος στα οπίσθιά του, καθόταν ένας ψηλός, αδύνατος δασόβιος λύκος.

Die Nase des Wolfes zeigte zum Himmel und hallte noch immer den Ruf wider.

Η μύτη του λύκου έδειξε τον ουρανό, αντηχώντας ακόμα το κάλεσμα.

Buck hatte keinen Laut von sich gegeben, doch der Wolf blieb stehen und lauschte.

Ο Μπακ δεν είχε βγάλει κανέναν ήχο, κι όμως ο λύκος σταμάτησε και άκουσε.

Der Wolf spürte etwas, spannte sich an und suchte die Dunkelheit ab.

Νιώθοντας κάτι, ο λύκος τεντώθηκε, ψάχνοντας στο σκοτάδι.

Buck schlich ins Blickfeld, mit gebeugtem Körper und ruhigen Füßen auf dem Boden.

Ο Μπακ εμφανίστηκε ύπουλα, με το σώμα του χαμηλά και τα πόδια του ήσυχα στο έδαφος.

Sein Schwanz war gerade, sein Körper vor Anspannung zusammengerollt.

Η ουρά του ήταν ίσια, το σώμα του κουλουριασμένο σφιχτά από την ένταση.

Er zeigte sowohl eine bedrohliche als auch eine Art raue Freundschaft.

Έδειξε τόσο απειλή όσο και ένα είδος σκληρής φιλίας.

Es war die vorsichtige Begrüßung, die wilde Tiere einander entgegenbrachten.

Ήταν ο επιφυλακτικός χαιρετισμός που μοιράζονταν τα θηρία της άγριας φύσης.

Aber der Wolf drehte sich um und floh, sobald er Buck sah.

Αλλά ο λύκος γύρισε και έφυγε τρέχοντας μόλις είδε τον Μπακ.

Buck nahm die Verfolgung auf und sprang wild um sich, begierig darauf, es einzuholen.

Ο Μπακ τον καταδίωξε, πηδώντας άγρια, ανυπόμονος να το προσπεράσει.

Er folgte dem Wolf in einen trockenen Bach, der durch einen Holzstau blockiert war.

Ακολούθησε τον λύκο σε ένα ξερό ρυάκι που είχε μπλοκαριστεί από ένα ξυλεία.

In die Enge getrieben, wirbelte der Wolf herum und blieb stehen.

Στραβωμένος στη γωνία, ο λύκος γύρισε και στάθηκε στη θέση του.

Der Wolf knurrte und schnappte wie ein gefangener Husky im Kampf.

Ο λύκος γρύλισε και κράξατε σαν παγιδευμένο χάσκι σκυλί σε καβγά.

Die Zähne des Wolfes klickten schnell, sein Körper strotzte vor wilder Wut.

Τα δόντια του λύκου έκαναν ένα γρήγορο κλικ, και το σώμα του έσφυζε από άγρια οργή.

Buck griff nicht an, sondern umkreiste den Wolf mit vorsichtiger Freundlichkeit.

Ο Μπακ δεν επιτέθηκε, αλλά περικύκλωσε τον λύκο με προσεκτική φιλικότητα.

Durch langsame, harmlose Bewegungen versuchte er, seine Flucht zu verhindern.

Προσπάθησε να εμποδίσει τη διαφυγή του με αργές, ακίνδυνες κινήσεις.

Der Wolf war vorsichtig und verängstigt – Buck war dreimal so schwer wie er.

Ο λύκος ήταν επιφυλακτικός και φοβισμένος – ο Μπακ τον ξεπέρασε τρεις φορές.

Der Kopf des Wolfes reichte kaum bis zu Bucks massiver Schulter.

Το κεφάλι του λύκου μόλις που έφτανε μέχρι τον τεράστιο ώμο του Μπακ.

Der Wolf hielt Ausschau nach einer Lücke, rannte los und die Jagd begann von neuem.

Παρατηρώντας για ένα κενό, ο λύκος έφυγε τρέχοντας και το κυνήγι ξεκίνησε ξανά.

Buck drängte ihn mehrere Male in die Enge und der Tanz wiederholte sich.

Αρκετές φορές ο Μπακ τον στρίμωξε στη γωνία και ο χορός επαναλήφθηκε.

Der Wolf war dünn und schwach, sonst hätte Buck ihn nicht fangen können.

Ο λύκος ήταν αδύνατος και αδύνατος, αλλιώς ο Μπακ δεν θα μπορούσε να τον είχε πιάσει.

Jedes Mal, wenn Buck näher kam, wirbelte der Wolf herum und sah ihn voller Angst an.

Κάθε φορά που ο Μπακ πλησίαζε, ο λύκος γύριζε και τον κοίταζε φοβισμένος.

Dann rannte er bei der ersten Gelegenheit erneut in den Wald.

Έπειτα, με την πρώτη ευκαιρία, έτρεξε ξανά στο δάσος.

Aber Buck gab nicht auf und schließlich fasste der Wolf Vertrauen zu ihm.

Αλλά ο Μπακ δεν τα παράτησε και τελικά ο λύκος τον εμπιστεύτηκε.

Er schnüffelte an Bucks Nase und die beiden wurden verspielt und aufmerksam.

Μύρισε τη μύτη του Μπακ, και οι δυο τους έγιναν παιχνιδιάρικοι και σε εγρήγορση.

Sie spielten wie wilde Tiere, wild und doch schüchtern in ihrer Freude.

Έπαιζαν σαν άγρια ζώα, άγρια αλλά ντροπαλά στη χαρά τους.

Nach einer Weile trabte der Wolf zielstrebig und ruhig davon.

Μετά από λίγο, ο λύκος έφυγε τρέχοντας με ήρεμη αποφασιστικότητα.

Er machte Buck deutlich, dass er beabsichtigte, verfolgt zu werden.

Έδειξε ξεκάθαρα στον Μπακ ότι σκόπευε να τον ακολουθήσουν.

Sie rannten Seite an Seite durch die Dämmerung.

Έτρεχαν δίπλα-δίπλα μέσα στο λυκόφως.

Sie folgten dem Bachbett hinauf in die felsige Schlucht.

Ακολούθησαν την κοίτη του ρυακιού μέχρι το βραχώδες φαράγγι.

Sie überquerten eine kalte Wasserscheide, wo der Bach entsprungen war.

Διέσχισαν ένα κρύο χώρισμα από το σημείο που είχε ξεκινήσει το ρέμα.

Am gegenüberliegenden Hang fanden sie ausgedehnte Wälder und viele Bäche.

Στην μακρινή πλαγιά βρήκαν ένα πλατύ δάσος και πολλά ρυάκια.

Durch dieses weite Land rannten sie stundenlang ohne Pause.

Μέσα από αυτή την απέραντη γη, έτρεχαν για ώρες ασταμάτητα.

Die Sonne stieg höher, die Luft wurde wärmer, aber sie rannten weiter.

Ο ήλιος ανέβαινε ψηλότερα, ο αέρας ζέσταινε, αλλά αυτοί συνέχιζαν να τρέχουν.

Buck war voller Freude – er wusste, dass er seiner Berufung folgte.

Ο Μπακ ήταν γεμάτος χαρά — ήξερε ότι ανταποκρινόταν στο κάλεσμά του.

Er rannte neben seinem Waldbruder her, näher an die Quelle des Rufs.

Έτρεξε δίπλα στον αδερφό του από το δάσος, πιο κοντά στην πηγή του καλέσματος.

Alte Gefühle kehrten zurück, stark und schwer zu ignorieren.

Τα παλιά συναισθήματα επέστρεψαν, δυνατά και δύσκολο να τα αγνοήσεις.

Dies waren die Wahrheiten hinter den Erinnerungen aus seinen Träumen.

Αυτές ήταν οι αλήθειες πίσω από τις αναμνήσεις από τα όνειρά του.

All dies hatte er schon einmal in einer fernen, schattenhaften Welt getan.

Τα είχε κάνει όλα αυτά και πριν σε έναν μακρινό και σκιώδη κόσμο.

Jetzt tat er es wieder und rannte wild herum, während der Himmel über ihm frei war.

Τώρα το έκανε ξανά, τρέχοντας ξέφρενα με τον ανοιχτό ουρανό από πάνω του.

Sie hielten an einem Bach an, um aus dem kalten, fließenden Wasser zu trinken.

Σταμάτησαν σε ένα ρυάκι για να πιουν από το κρύο τρεχούμενο νερό.

Während er trank, erinnerte sich Buck plötzlich an John Thornton.

Καθώς έπινε, ο Μπακ θυμήθηκε ξαφνικά τον Τζον Θόρντον.

Er saß schweigend da, hin- und hergerissen zwischen der Anziehungskraft der Loyalität und der Berufung.

Κάθισε σιωπηλός, σπαρασσόμενος από την έλξη της αφοσίωσης και του καλέσματος.

Der Wolf trabte weiter, kam aber zurück, um Buck anzutreiben.

Ο λύκος συνέχισε να τρέχει, αλλά επέστρεψε για να σπρώξει τον Μπάκ να προχωρήσει.

Er rümpfte die Nase und versuchte, ihn mit sanften Gesten zu beruhigen.

Μύρισε τη μύτη του και προσπάθησε να τον πείσει με απαλές χειρονομίες.

Aber Buck drehte sich um und machte sich auf den Rückweg.

Αλλά ο Μπακ γύρισε και ξεκίνησε να επιστρέφει από τον δρόμο που είχε έρθει.

Der Wolf lief lange Zeit neben ihm her und winselte leise.

Ο λύκος έτρεξε δίπλα του για πολλή ώρα, κλαψουρίζοντας σιγανά.

Dann setzte er sich hin, hob die Nase und stieß ein langes Heulen aus.

Έπειτα κάθισε, σήκωσε τη μύτη του και έβγαλε ένα μακρόσυρτο ουρλιαχτό.

Es war ein trauriger Schrei, der leiser wurde, als Buck wegging.

Ήταν μια θλιβερή κραυγή, που μαλάκωσε καθώς ο Μπακ
απομακρύνθηκε.

**Buck lauschte, als der Schrei langsam in der Stille des
Waldes verklang.**

Ο Μπακ άκουγε καθώς ο ήχος της κραυγής χανόταν αργά
στη σιωπή του δάσους.

**John Thornton aß gerade zu Abend, als Buck ins Lager
stürmte.**

Ο Τζον Θόρντον έτρωγε δείπνο όταν ο Μπακ εισέβαλε
τρέχοντας στο στρατόπεδο.

Buck sprang wild auf ihn zu, leckte, biss und warf ihn um.

Ο Μπακ πήδηξε πάνω του άγρια, γλείφοντάς τον,
δαγκώνοντάς τον και ανατρέποντάς τον.

Er warf ihn um, kletterte darauf und küsste sein Gesicht.

Τον έριξε κάτω, σκαρφάλωσε από πάνω και τον φίλησε στο
πρόσωπο.

**Thornton nannte dies liebevoll „den allgemeinen Narren
spielen".**

Ο Θόρντον το αποκάλεσε αυτό «παίζοντας τον γενικό
βλάκα» με στοργή.

**Die ganze Zeit verfluchte er Buck sanft und schüttelte ihn
hin und her.**

Όλο αυτό το διάστημα, έβριζε απαλά τον Μπακ και τον
κουνούσε πέρα δώθε.

**Zwei ganze Tage und Nächte lang verließ Buck das Lager
kein einziges Mal.**

Για δύο ολόκληρες μέρες και δύο νύχτες, ο Μπακ δεν έφυγε
ούτε μία φορά από το στρατόπεδο.

Er blieb in Thorntons Nähe und ließ ihn nie aus den Augen.

Έμεινε κοντά στον Θόρντον και δεν τον άφηνε ποτέ από τα
μάτια του.

**Er folgte ihm bei der Arbeit und beobachtete ihn beim
Essen.**

Τον ακολουθούσε καθώς δούλευε και τον παρακολουθούσε
ενώ έτρωγε.

**Er begleitete Thornton abends in seine Decken und jeden
Morgen wieder heraus.**

Έβλεπε τον Θόρντον τυλιγμένο στις κουβέρτες του τη νύχτα και έξω κάθε πρωί.

Doch bald kehrte der Ruf des Waldes zurück, lauter als je zuvor.

Αλλά σύντομα το κάλεσμα του δάσους επέστρεψε, πιο δυνατό από ποτέ.

Buck wurde wieder unruhig, aufgewühlt von Gedanken an den wilden Wolf.

Ο Μπακ έγινε ξανά ανήσυχος, αναστατωμένος από τις σκέψεις του άγριου λύκου.

Er erinnerte sich an das offene Land und daran, wie sie Seite an Seite gelaufen waren.

Θυμόταν την ανοιχτή γη και το τρέξιμο δίπλα-δίπλα.

Er begann erneut, allein und wachsam in den Wald zu wandern.

Άρχισε να περιπλανιέται ξανά στο δάσος, μόνος και σε εγρήγορση.

Aber der wilde Bruder kam nicht zurück und das Heulen war nicht zu hören.

Αλλά ο άγριος αδερφός δεν επέστρεψε και το ουρλιαχτό δεν ακούστηκε.

Buck begann, draußen zu schlafen und blieb tagelang weg.

Ο Μπακ άρχισε να κοιμάται έξω, μένοντας μακριά για μέρες ολόκληρες.

Einmal überquerte er die hohe Wasserscheide, wo der Bach entsprungen war.

Μόλις διέσχισε το ψηλό διαχωριστικό από όπου ξεκινούσε το ρυάκι.

Er betrat das Land des dunklen Waldes und der breiten, fließenden Ströme.

Μπήκε στη γη των σκοτεινών δασών και των πλατιών ρεμάτων.

Eine Woche lang streifte er umher und suchte nach Spuren seines wilden Bruders.

Για μια εβδομάδα περιπλανήθηκε, ψάχνοντας για σημάδια του άγριου αδελφού.

Er tötete sein eigenes Fleisch und reiste mit langen, unermüdlichen Schritten.

Σκότωνε το κρέας του και ταξίδευε με μακριά, ακούραστα βήματα.

Er fischte in einem breiten Fluss, der bis ins Meer reichte, nach Lachs.

Ψάρευε σολομό σε ένα πλατύ ποτάμι που έφτανε μέχρι τη θάλασσα.

Dort kämpfte er gegen einen von Insekten verrückt gewordenen Schwarzbären und tötete ihn.

Εκεί, πάλεψε και σκότωσε μια μαύρη αρκούδα που την είχαν τρελάνει έντομα.

Der Bär war beim Angeln und rannte blind durch die Bäume.

Η αρκούδα ψάρευε και έτρεχε στα τυφλά μέσα από τα δέντρα.

Der Kampf war erbittert und weckte Bucks tiefen Kampfgeist.

Η μάχη ήταν σφοδρή, ξυπνώντας το βαθύ μαχητικό πνεύμα του Μπακ.

Als Buck zwei Tage später zurückkam, fand er Vielfraße an seiner Beute vor.

Δύο μέρες αργότερα, ο Μπακ επέστρεψε για να βρει αδηφάγους στο θήραμά του.

Ein Dutzend von ihnen stritten sich lautstark und wütend um das Fleisch.

Μια ντουζίνα από αυτούς μάλωναν για το κρέας με θορυβώδη μανία.

Buck griff an und zerstreute sie wie Blätter im Wind.

Ο Μπακ όρμησε και τους σκόρπισε σαν φύλλα στον άνεμο.

Zwei Wölfe blieben zurück – still, leblos und für immer regungslos.

Δύο λύκοι έμειναν πίσω—σιωπηλοί, άψυχοι και ακίνητοι για πάντα.

Der Blutdurst wurde stärker denn je.

Η δίψα για αίμα γινόταν πιο δυνατή από ποτέ.

Buck war ein Jäger, ein Killer, der sich von Lebewesen ernährte.

Ο Μπακ ήταν κυνηγός, δολοφόνος, που τρεφόταν με ζωντανά πλάσματα.

Er überlebte allein und verließ sich auf seine Kraft und seine scharfen Sinne.

Επέζησε μόνος, βασιζόμενος στη δύναμη και τις οξυμένες αισθήσεις του.

Er gedieh in der Wildnis, wo nur die Zähesten überleben konnten.

Ευδοκιμούσε στην άγρια φύση, όπου μόνο οι πιο σκληροτράχηλοι μπορούσαν να ζήσουν.

Daraus erwuchs ein großer Stolz, der Bucks ganzes Wesen erfüllte.

Από αυτό, μια μεγάλη υπερηφάνεια ξεπήδησε και γέμισε ολόκληρο το είναι του Μπακ.

Sein Stolz war in jedem seiner Schritte und in der Anspannung jedes einzelnen Muskels zu erkennen.

Η υπερηφάνειά του φαινόταν σε κάθε του βήμα, στο κυματισμό κάθε μυός του.

Sein Stolz war so deutlich wie seine Sprache und spiegelte sich in seiner Haltung wider.

Η υπερηφάνειά του ήταν τόσο καθαρή όσο η ομιλία, που φαινόταν στον τρόπο που συμπεριφερόταν.

Sogar sein dickes Fell sah majestätischer aus und glänzte heller.

Ακόμα και το πυκνό παλτό του φαινόταν πιο μεγαλοπρεπές και έλαμπε πιο φωτεινά.

Man hätte Buck mit einem riesigen Timberwolf verwechseln können.

Ο Μπακ θα μπορούσε να είχε περάσει για γιγάντιο λύκο των δασών.

Außer dem Braun an seiner Schnauze und den Flecken über seinen Augen.

Εκτός από το καφέ στο ρύγχος του και τις κηλίδες πάνω από τα μάτια του.

**Und der weiße Fellstreifen, der mitten auf seiner Brust
verlief.**

Και η άσπρη λωρίδα γούνας που έτρεχε στη μέση του
στήθους του.

Er war sogar größer als der größte Wolf dieser wilden Rasse.

Ήταν ακόμη μεγαλύτερος από τον μεγαλύτερο λύκο
εκείνης της άγριας ράτσας.

**Sein Vater, ein Bernhardiner, verlieh ihm Größe und einen
schweren Körperbau.**

Ο πατέρας του, ένας Άγιος Βερνάρδος, του έδωσε μέγεθος
και βαρύ σώμα.

**Seine Mutter, eine Schäferin, formte diesen Körper zu einer
wolfsähnlichen Gestalt.**

Η μητέρα του, μια βοσκή, διαμόρφωσε αυτόν τον όγκο σε
μορφή λύκου.

**Er hatte die lange Schnauze eines Wolfes, war allerdings
schwerer und breiter.**

Είχε το μακρύ ρύγχος ενός λύκου, αν και βαρύτερο και
πλατύτερο.

**Sein Kopf war der eines Wolfes, aber von massiver,
majestätischer Gestalt.**

Το κεφάλι του ήταν λύκου, αλλά είχε μια τεράστια,
μεγαλοπρεπή κλίμακα.

Bucks List war die List des Wolfes und der Wildnis.

Η πονηριά του Μπακ ήταν η πονηριά του λύκου και της
άγριας φύσης.

**Seine Intelligenz hat er sowohl vom Deutschen Schäferhund
als auch vom Bernhardiner.**

Η νοημοσύνη του προερχόταν τόσο από τον Γερμανικό
Ποιμενικό όσο και από τον Άγιο Βερνάρδο.

**All dies und harte Erfahrungen machten ihn zu einer
furchterregenden Kreatur.**

Όλα αυτά, σε συνδυασμό με τις σκληρές εμπειρίες, τον
έκαναν ένα τρομακτικό πλάσμα.

**Er war so furchterregend wie jedes andere Tier, das in der
Wildnis des Nordens umherstreifte.**

Ήταν τόσο τρομερός όσο οποιοδήποτε θηρίο που περιπλανιόταν στην άγρια φύση του βορρά.

Buck ernährte sich ausschließlich von Fleisch und erreichte den Höhepunkt seiner Kraft.

Τρέφοντας μόνο με κρέας, ο Μπακ έφτασε στο απόγειο της δύναμής του.

Jede Faser seines Körpers strotzte vor Kraft und männlicher Stärke.

Ξεχείλιζε από δύναμη και ανδρική δύναμη σε κάθε του ίνα.

Als Thornton seinen Rücken streichelte, funkelten seine Haare vor Energie.

Όταν ο Θόρντον χάιδεψε την πλάτη του, οι τρίχες άστραψαν από ενέργεια.

Jedes Haar knisterte, aufgeladen durch die Berührung lebendigen Magnetismus.

Κάθε τρίχα έτριζε, φορτισμένη με το άγγιγμα ενός ζωντανού μαγνητισμού.

Sein Körper und sein Gehirn waren auf die höchstmögliche Tonhöhe eingestellt.

Το σώμα και το μυαλό του ήταν συντονισμένα στον καλύτερο δυνατό τόνο.

Jeder Nerv, jede Faser und jeder Muskel arbeitete in perfekter Harmonie.

Κάθε νεύρο, ίνα και μυς λειτουργούσαν σε τέλεια αρμονία.

Auf jedes Geräusch oder jeden Anblick, der eine Aktion erforderte, reagierte er sofort.

Σε κάθε ήχο ή θέαμα που χρειαζόταν δράση, ανταποκρινόταν αμέσως.

Wenn ein Husky zum Angriff ansetzte, konnte Buck doppelt so schnell springen.

Αν ένα χάσκι πηδούσε για να επιτεθεί, ο Μπακ μπορούσε να πηδήξει δύο φορές πιο γρήγορα.

Er reagierte schneller, als andere es sehen oder hören konnten.

Αντέδρασε πιο γρήγορα από όσο μπορούσαν να δουν ή να ακούσουν οι άλλοι.

Wahrnehmung, Entscheidung und Handlung erfolgten alle in einem fließenden Moment.

Η αντίληψη, η απόφαση και η δράση ήρθαν όλα σε μια ρευστή στιγμή.

Tatsächlich geschahen diese Handlungen getrennt voneinander, aber zu schnell, um es zu bemerken.

Στην πραγματικότητα, αυτές οι πράξεις ήταν ξεχωριστές, αλλά πολύ γρήγορες για να γίνουν αντιληπτές.

Die Abstände zwischen diesen Akten waren so kurz, dass sie wie ein einziger Akt wirkten.

Τόσο σύντομα ήταν τα κενά μεταξύ αυτών των πράξεων, που έμοιαζαν με μία.

Seine Muskeln und sein Körper waren wie straff gespannte Federn.

Οι μύες και η ύπαρξή του ήταν σαν σφιχτά κουλουριασμένα ελατήρια.

Sein Körper strotzte vor Leben, wild und freudig in seiner Kraft.

Το σώμα του έσφυζε από ζωή, άγριο και χαρούμενο στη δύναμή του.

Manchmal hatte er das Gefühl, als würde die Kraft völlig aus ihm herausbrechen.

Κατά καιρούς ένιωθε ότι η δύναμη θα ξεσπούσε εντελώς από μέσα του.

„So einen Hund hat es noch nie gegeben", sagte Thornton eines ruhigen Tages.

«Ποτέ δεν υπήρξε τέτοιο σκυλί», είπε ο Θόρντον μια ήσυχη μέρα.

Die Partner sahen zu, wie Buck stolz aus dem Lager schritt.

Οι σύντροφοι παρακολουθούσαν τον Μπακ να απομακρύνεται περήφανα από το στρατόπεδο.

„Als er erschaffen wurde, veränderte er, was ein Hund sein kann", sagte Pete.

«Όταν δημιουργήθηκε, άλλαξε αυτό που μπορεί να είναι ένας σκύλος», είπε ο Πιτ.

„Bei Gott! Das glaube ich auch", stimmte Hans schnell zu.

«Μα τον Ιησού! Κι εγώ έτσι νομίζω», συμφώνησε γρήγορα ο Χανς.

Sie sahen ihn abmarschieren, aber nicht die Veränderung, die danach kam.

Τον είδαν να απομακρύνεται, αλλά όχι την αλλαγή που ακολούθησε.

Sobald er den Wald betrat, verwandelte sich Buck völlig.

Μόλις μπήκε στο δάσος, ο Μπακ μεταμορφώθηκε εντελώς.

Er marschierte nicht mehr, sondern bewegte sich wie ein wilder Geist zwischen den Bäumen.

Δεν περπατούσε πια, αλλά κινούνταν σαν άγριο φάντασμα ανάμεσα σε δέντρα.

Er wurde still, katzenpfotenartig, ein Flackern, das durch die Schatten huschte.

Έγινε σιωπηλός, σαν να είχε τα πόδια της γάτας, μια λάμψη που περνούσε μέσα από σκιές.

Er nutzte die Deckung geschickt und kroch wie eine Schlange auf dem Bauch.

Χρησιμοποιούσε την κάλυψη με επιδεξιότητα, σέρνοντας με την κοιλιά του σαν φίδι.

Und wie eine Schlange konnte er lautlos nach vorne springen und zuschlagen.

Και σαν φίδι, μπορούσε να πηδήξει μπροστά και να χτυπήσει σιωπηλά.

Er könnte ein Schneehuhn direkt aus seinem versteckten Nest stehlen.

Θα μπορούσε να κλέψει έναν βοτάνικα κατευθείαν από την κρυμμένη φωλιά του.

Er tötete schlafende Kaninchen, ohne ein einziges Geräusch zu machen.

Σκότωνε κοιμισμένα κουνέλια χωρίς να κάνει ούτε έναν ήχο.

Er konnte Streifenhörnchen mitten in der Luft fangen, wenn sie zu langsam flohen.

Μπορούσε να πιάσει τα σκιουράκια στον αέρα καθώς έφευγαν πολύ αργά.

Selbst Fische in Teichen konnten seinen plötzlichen
Angriffen nicht entkommen.

Ούτε τα ψάρια στις πισίνες δεν μπορούσαν να ξεφύγουν
από τα ξαφνικά χτυπήματά του.

Nicht einmal schlaue Biber, die Dämme reparierten, waren
vor ihm sicher.

Ούτε καν οι έξυπνοι κάστορες που έφτιαχναν φράγματα
δεν ήταν ασφαλείς από αυτόν.

Er tötete, um Nahrung zu bekommen, nicht zum Spaß – aber
seine eigene Beute gefiel ihm am besten.

Σκότωνε για φαγητό, όχι για διασκέδαση — αλλά του
άρεσαν περισσότερο τα δικά του θύματα.

Dennoch war bei manchen seiner stillen Jagden ein
hintergründiger Humor spürbar.

Παρόλα αυτά, ένα πονηρό χιούμορ διαπερνούσε μερικά
από τα σιωπηλά του κυνήγια.

Er schlich sich dicht an Eichhörnchen heran, ließ sie aber
dann entkommen.

Σύρθηκε κοντά σε σκίουρους, μόνο και μόνο για να τους
αφήσει να ξεφύγουν.

Sie wollten in die Bäume fliehen und schnatterten voller
Angst und Empörung.

Επρόκειτο να φύγουν προς τα δέντρα, φλυαρώντας με
τρομακτική οργή.

Mit dem Herbst kamen immer mehr Elche.

Καθώς ερχόταν το φθινόπωρο, οι άλκες άρχισαν να
εμφανίζονται σε μεγαλύτερους αριθμούς.

Sie zogen langsam in die tiefer gelegenen Täler, um dem
Winter entgegenzukommen.

Κινήθηκαν αργά στις χαμηλές κοιλάδες για να
αντιμετωπίσουν τον χειμώνα.

Buck hatte bereits ein junges, streunendes Kalb erlegt.

Ο Μπακ είχε ήδη σκοτώσει ένα νεαρό, αδέσποτο
μοσχαράκι.

Doch er sehnte sich danach, einer größeren, gefährlicheren
Beute gegenüberzutreten.

Αλλά λαχταρούσε να αντιμετωπίσει μεγαλύτερο, πιο επικίνδυνο θήραμα.

Eines Tages fand er an der Wasserscheide, an der Quelle des Baches, seine Chance.

Μια μέρα στο διαχωριστικό όριο, στην αρχή του ρυακιού, βρήκε την ευκαιρία του.

Eine Herde von zwanzig Elchen war aus bewaldeten Gebieten herübergekommen.

Ένα κοπάδι από είκοσι άλκες είχε περάσει από δασωμένες εκτάσεις.

Unter ihnen war ein mächtiger Stier, der Anführer der Gruppe.

Ανάμεσά τους ήταν ένας πανίσχυρος ταύρος· ο αρχηγός της ομάδας.

Der Bulle war über ein Meter achtzig Meter groß und sah grimmig und wild aus.

Ο ταύρος είχε ύψος πάνω από δύο μέτρα και φαινόταν άγριος και άγριος.

Er warf sein breites Geweih hin und her, dessen vierzehn Enden sich nach außen verzweigten.

Κούνησε τα φαρδιά του κέρατα, με δεκατέσσερις αιχμές να διακλαδίζονται προς τα έξω.

Die Spitzen dieser Geweihe hatten einen Durchmesser von sieben Fuß.

Οι άκρες αυτών των κεράτων εκτείνονταν σε πλάτος επτά πόδια.

Seine kleinen Augen brannten vor Wut, als er Buck in der Nähe entdeckte.

Τα μικρά του μάτια έκαιγαν από οργή όταν εντόπισε τον Μπακ εκεί κοντά.

Er stieß ein wütendes Brüllen aus und zitterte vor Wut und Schmerz.

Έβγαλε μια μανιασμένη βρυχηθμό, τρέμοντας από οργή και πόνο.

Nahe seiner Flanke ragte eine gefiederte und scharfe Pfeilspitze hervor.

Μια άκρη βέλους προεξείχε κοντά στο πλευρό του, φτερωτή και αιχμηρή.

Diese Wunde trug dazu bei, seine wilde, verbitterte Stimmung zu erklären.

Αυτή η πληγή βοήθησε να εξηγηθεί η άγρια, πικρή διάθεσή του.

Buck, geleitet von seinem uralten Jagdinstinkt, machte seinen Zug.

Ο Μπακ, καθοδηγούμενος από ένα αρχαίο κυνηγετικό ένστικτο, έκανε την κίνησή του.

Sein Ziel war es, den Bullen vom Rest der Herde zu trennen.

Στόχος του ήταν να ξεχωρίσει τον ταύρο από το υπόλοιπο κοπάδι.

Dies war keine leichte Aufgabe – es erforderte Schnelligkeit und messerscharfe List.

Αυτό δεν ήταν εύκολο έργο — χρειαζόταν ταχύτητα και απίστευτη πονηριά.

Er bellte und tanzte in der Nähe des Stiers, gerade außerhalb seiner Reichweite.

Γάβγιζε και χόρευε κοντά στον ταύρο, ακριβώς εκτός εμβέλειας.

Der Elch stürzte sich mit riesigen Hufen und tödlichem Geweih auf ihn.

Η άλκη όρμησε με τεράστιες οπλές και θανατηφόρα κέρατα.

Ein Schlag hätte Bucks Leben im Handumdrehen beenden können.

Ένα χτύπημα θα μπορούσε να είχε δώσει τέλος στη ζωή του Μπακ στη στιγμή.

Der Stier konnte die Bedrohung nicht hinter sich lassen und wurde wütend.

Μη μπορώντας να αφήσει πίσω του την απειλή, ο ταύρος τρελάθηκε.

Er stürmte wütend auf ihn zu, doch Buck entkam ihm jedes Mal.

Όρμησε με μανία, αλλά ο Μπακ πάντα ξεγλιστρούσε μακριά.

Buck täuschte Schwäche vor und lockte ihn weiter von der Herde weg.

Ο Μπακ προσποιήθηκε αδυναμία, παρασύροντάς τον πιο μακριά από το κοπάδι.

Doch die jungen Bullen wollten zurückstürmen, um den Anführer zu beschützen.

Αλλά νεαροί ταύροι επρόκειτο να ορμήσουν πίσω για να προστατεύσουν τον αρχηγό.

Sie zwangen Buck zum Rückzug und den Bullen, sich wieder der Gruppe anzuschließen.

Ανάγκασαν τον Μπακ να υποχωρήσει και τον ταύρο να επανενταχθεί στην ομάδα.

In der Wildnis herrscht eine tiefe und unaufhaltsame Geduld.

Υπάρχει μια υπομονή στην άγρια φύση, βαθιά και ασταμάτητη.

Eine Spinne wartet unzählige Stunden bewegungslos in ihrem Netz.

Μια αράχνη περιμένει ακίνητη στον ιστό της αμέτρητες ώρες.

Eine Schlange rollt sich ohne zu zucken zusammen und wartet, bis es Zeit ist.

Ένα φίδι κουλουριάζεται χωρίς να τινάζεται και περιμένει μέχρι να έρθει η ώρα.

Ein Panther liegt auf der Lauer, bis der Moment gekommen ist.

Ένας πάνθηρας βρίσκεται σε ενέδρα, μέχρι να φτάσει η κατάλληλη στιγμή.

Dies ist die Geduld von Raubtieren, die jagen, um zu überleben.

Αυτή είναι η υπομονή των αρπακτικών που κυνηγούν για να επιβιώσουν.

Dieselbe Geduld brannte in Buck, als er in seiner Nähe blieb.

Η ίδια υπομονή έκαιγε και μέσα στον Μπακ καθώς έμενε κοντά του.

Er blieb in der Nähe der Herde, verlangsamte ihren Marsch und schürte Angst.

Έμεινε κοντά στο κοπάδι, επιβραδύνοντας την πορεία του και σπέρνοντας φόβο.

Er ärgerte die jungen Bullen und schikanierte die Mutterkühe.

Πείραζε τους νεαρούς ταύρους και παρενοχλούσε τις μητέρες αγελάδες.

Er trieb den verwundeten Stier in eine noch tiefere, hilflose Wut.

Έφερε τον τραυματισμένο ταύρο σε μια βαθύτερη, αβοήθητη οργή.

Einen halben Tag lang zog sich der Kampf ohne Pause hin.

Για μισή μέρα, η μάχη συνεχίστηκε χωρίς καμία ανάπαυλα.

Buck griff aus jedem Winkel an, schnell und wild wie der Wind.

Ο Μπακ επιτέθηκε από κάθε γωνία, γρήγορος και σφοδρός σαν άνεμος.

Er hinderte den Stier daran, sich auszuruhen oder sich bei seiner Herde zu verstecken.

Εμπόδισε τον ταύρο να ξεκουραστεί ή να κρυφτεί με το κοπάδι του.

Buck zermürbte den Willen des Elchs schneller als seinen Körper.

Ο Μπακ εξάντλησε τη θέληση της άλκης πιο γρήγορα από το σώμα της.

Der Tag verging und die Sonne sank tief am nordwestlichen Himmel.

Η μέρα πέρασε και ο ήλιος έδυσε χαμηλά στον βορειοδυτικό ουρανό.

Die jungen Bullen kehrten langsamer zurück, um ihrem Anführer zu helfen.

Οι νεαροί ταύροι επέστρεψαν πιο αργά για να βοηθήσουν τον αρχηγό τους.

Die Herbstnächte waren zurückgekehrt und die Dunkelheit dauerte nun sechs Stunden.

Οι φθινοπωρινές νύχτες είχαν επιστρέψει και το σκοτάδι διαρκούσε τώρα έξι ώρες.

Der Winter drängte sie bergab in sicherere, wärmere Täler.

Ο χειμώνας τους πίεζε να κατηφορίσουν προς ασφαλέστερες, θερμότερες κοιλάδες.

Aber sie konnten dem Jäger, der sie zurückhielt, immer noch nicht entkommen.

Αλλά και πάλι δεν μπορούσαν να ξεφύγουν από τον κυνηγό που τους κρατούσε πίσω.

Es stand nur ein Leben auf dem Spiel – nicht das der Herde, sondern nur das ihres Anführers.

Μόνο μία ζωή διακυβευόταν — όχι του κοπαδιού, μόνο του αρχηγού τους.

Dadurch wurde die Bedrohung in weite Ferne gerückt und ihre dringende Sorge wurde aufgehoben.

Αυτό έκανε την απειλή μακρινή και όχι επείγουσα ανησυχία τους.

Mit der Zeit akzeptierten sie diesen Preis und überließen Buck die Übernahme des alten Bullen.

Με τον καιρό, αποδέχτηκαν αυτό το κόστος και άφησαν τον Μπακ να πάρει τον γέρο-ταύρο.

Als die Dämmerung hereinbrach, stand der alte Bulle mit gesenktem Kopf da.

Καθώς έπεφτε το σούρουπο, ο γέρος ταύρος στάθηκε με το κεφάλι σκυμμένο.

Er sah zu, wie die Herde, die er geführt hatte, im schwindenden Licht verschwand.

Παρακολουθούσε το κοπάδι που είχε οδηγήσει να εξαφανίζεται στο φως που έσβηνε.

Es gab Kühe, die er gekannt hatte, Kälber, deren Vater er einst gewesen war.

Υπήρχαν αγελάδες που γνώριζε, μοσχάρια που είχε κάποτε γεννήσει.

Es gab jüngere Bullen, gegen die er in vergangenen Saisons gekämpft und die er beherrscht hatte.

Υπήρχαν νεότεροι ταύροι με τους οποίους είχε πολεμήσει και είχε κυβερνήσει σε προηγούμενες εποχές.

Er konnte ihnen nicht folgen, denn vor ihm kauerte Buck wieder.

Δεν μπορούσε να τους ακολουθήσει—γιατί μπροστά του σκυμμένος ήταν ξανά ο Μπακ.

Der gnadenlose Schrecken mit den Reißzähnen versperrte ihm jeden Weg.

Ο ανελέητος, τρομερός τρόμος εμπόδιζε κάθε μονοπάτι που θα μπορούσε να ακολουθήσει.

Der Bulle brachte mehr als drei Zentner geballte Kraft auf die Waage.

Ο ταύρος ζύγιζε περισσότερο από τριακόσια βάρη πυκνής δύναμης.

Er hatte ein langes Leben geführt und in einer Welt voller Kämpfe hart gekämpft.

Είχε ζήσει πολύ και είχε αγωνιστεί σκληρά σε έναν κόσμο γεμάτο αγώνες.

Doch nun, am Ende, kam der Tod von einem Tier, das weit unter ihm stand.

Κι όμως, στο τέλος, ο θάνατος ήρθε από ένα θηρίο πολύ κατώτερό του.

Bucks Kopf erreichte nicht einmal die riesigen, mit Knöcheln besetzten Knie des Bullen.

Το κεφάλι του Μπακ δεν υψωνόταν καν στα τεράστια, σφιγμένα γόνατα του ταύρου.

Von diesem Moment an blieb Buck Tag und Nacht bei dem Bullen.

Από εκείνη τη στιγμή και μετά, ο Μπακ έμεινε με τον ταύρο νύχτα μέρα.

Er gönnte ihm keine Ruhe, erlaubte ihm nie zu grasen oder zu trinken.

Δεν του έδινε ποτέ ανάπαυση, δεν του επέτρεπε ποτέ να βόσκει ή να πίνει.

Der Stier versuchte, junge Birkentriebe und Weidenblätter zu fressen.

Ο ταύρος προσπάθησε να φάει νεαρούς βλαστούς σημύδας και φύλλα ιτιάς.

Aber Buck verjagte ihn, immer wachsam und immer angreifend.

Αλλά ο Μπακ τον έδιωχνε, πάντα σε εγρήγορση και πάντα επιθετικός.

Sogar an plätschernden Bächen blockte Buck jeden durstigen Versuch ab.

Ακόμα και στα ρυάκια που έπεφταν γρήγορα, ο Μπακ εμπόδιζε κάθε διψασμένη προσπάθεια.

Manchmal floh der Stier aus Verzweiflung mit voller Geschwindigkeit.

Μερικές φορές, μέσα στην απελπισία του, ο ταύρος έφευγε τρέχοντας με τρομερή ταχύτητα.

Buck ließ ihn laufen und lief ruhig direkt hinter ihm her, nie weit entfernt.

Ο Μπακ τον άφησε να τρέξει, περνώντας ήρεμα ακριβώς από πίσω, ποτέ μακριά.

Als der Elch innehielt, legte sich Buck hin, blieb aber bereit.

Όταν η άλκη σταμάτησε, ο Μπακ ξάπλωσε, αλλά παρέμεινε έτοιμος.

Wenn der Bulle versuchte zu fressen oder zu trinken, schlug Buck mit voller Wut zu.

Αν ο ταύρος προσπαθούσε να φάει ή να πιει, ο Μπακ χτυπούσε με πλήρη οργή.

Der große Kopf des Stiers sank tiefer unter sein gewaltiges Geweih.

Το μεγάλο κεφάλι του ταύρου έπεσε χαμηλότερα κάτω από τα τεράστια κέρατά του.

Sein Tempo verlangsamte sich, der Trab wurde schwerfällig, ein stolpernder Schritt.

Το βήμα του επιβραδύνθηκε, ο τροχασμός έγινε βαρύς· ένα παραπατώντας βήμα.

Er stand oft still mit hängenden Ohren und der Nase am Boden.

Συχνά στεκόταν ακίνητος με τα αυτιά και τη μύτη πεσμένα στο έδαφος.

In diesen Momenten nahm sich Buck Zeit zum Trinken und Ausruhen.

Εκείνες τις στιγμές, ο Μπακ αφιέρωσε χρόνο για να πιει και να ξεκουραστεί.

Mit heraushängender Zunge und starrem Blick spürte Buck, wie sich das Land veränderte.

Με τη γλώσσα έξω, τα μάτια καρφωμένα, ο Μπακ ένιωσε ότι η γη άλλαζε.

Er spürte, wie sich etwas Neues durch den Wald und den Himmel bewegte.

Ένιωσε κάτι καινούργιο να κινείται μέσα στο δάσος και τον ουρανό.

Mit der Rückkehr der Elche kehrten auch andere Wildtiere zurück.

Καθώς επέστρεφαν οι άλκες, το ίδιο έκαναν και άλλα πλάσματα της άγριας φύσης.

Das Land fühlte sich lebendig an, mit einer Präsenz, die man nicht sieht, aber deutlich wahrnimmt.

Η γη έμοιαζε ζωντανή με παρουσία, αόρατη αλλά έντονα γνωστή.

Buck wusste dies weder am Geräusch, noch am Anblick oder am Geruch.

Ο Μπακ δεν το γνώριζε αυτό ούτε από τον ήχο, ούτε από την όραση, ούτε από την οσμή.

Ein tieferes Gefühl sagte ihm, dass neue Kräfte im Gange waren.

Μια βαθύτερη αίσθηση του έλεγε ότι νέες δυνάμεις ήταν εν κινήσει.

In den Wäldern und entlang der Bäche herrschte seltsames Leben.

Παράξενη ζωή αναδεύτηκε μέσα στα δάση και κατά μήκος των ρυακιών.

Er beschloss, diesen Geist zu erforschen, nachdem die Jagd beendet war.

Αποφάσισε να εξερευνήσει αυτό το πνεύμα, αφού είχε ολοκληρωθεί το κυνήγι.

Am vierten Tag erlegte Buck endlich den Elch.

Την τέταρτη μέρα, ο Μπακ κατέβασε επιτέλους την άλκη.

Er blieb einen ganzen Tag und eine ganze Nacht bei der Beute, fraß und ruhte sich aus.

Έμεινε κοντά στο θήραμα μια ολόκληρη μέρα και μια νύχτα, τρεφόμενος και ξεκουραζόμενος.

Er aß, schlief dann und aß dann wieder, bis er stark und satt war.

Έφαγε, μετά κοιμήθηκε, και μετά έφαγε ξανά, μέχρι που έγινε δυνατός και χορτάτος.

Als er fertig war, kehrte er zum Lager und nach Thornton zurück.

Όταν ήταν έτοιμος, γύρισε πίσω προς το στρατόπεδο και το Θόρντον.

Mit gleichmäßigem Tempo begann er die lange Heimreise.

Με σταθερό ρυθμό, ξεκίνησε το μακρύ ταξίδι της επιστροφής.

Er rannte in seinem unermüdlichen Galopp Stunde um Stunde, ohne auch nur ein einziges Mal vom Weg abzukommen.

Έτρεχε ακούραστος ρυθμός, ώρα με την ώρα, χωρίς να παρεκκλίνει ούτε μια φορά.

Durch unbekannte Länder bewegte er sich schnurgerade wie eine Kompassnadel.

Μέσα από άγνωστες χώρες, κινούνταν ευθεία σαν βελόνα πυξίδας.

Sein Orientierungssinn ließ Mensch und Karte im Vergleich schwach erscheinen.

Η αίσθηση του προσανατολισμού του έκανε τον άνθρωπο και τον χάρτη να φαίνονται αδύναμοι σε σύγκριση.

Während Buck rannte, spürte er die Bewegung in der Wildnis stärker.

Καθώς ο Μπακ έτρεχε, ένιωθε πιο έντονα την αναταραχή στην άγρια γη.

Es war eine neue Art zu leben, anders als in den ruhigen Sommermonaten.

Ήταν ένα νέο είδος ζωής, σε αντίθεση με εκείνη των ήρεμων καλοκαιρινών μηνών.

Dieses Gefühl kam nicht länger als subtile oder entfernte Botschaft.

Αυτό το συναίσθημα δεν ερχόταν πλέον ως ένα ανεπαίσθητο ή μακρινό μήνυμα.

Nun sprachen die Vögel von diesem Leben und Eichhörnchen plapperten darüber.

Τώρα τα πουλιά μιλούσαν για αυτή τη ζωή, και οι σκίουροι φλυαρούσαν γι' αυτήν.

Sogar die Brise flüsterte Warnungen durch die stillen Bäume.

Ακόμα και το αεράκι ψιθύριζε προειδοποιήσεις μέσα από τα σιωπηλά δέντρα.

Mehrmals blieb er stehen und schnupperte die frische Morgenluft.

Σταμάτησε αρκετές φορές και μύρισε τον καθαρό πρωινό αέρα.

Dort las er eine Nachricht, die ihn schneller nach vorne springen ließ.

Διάβασε ένα μήνυμα εκεί που τον έκανε να πηδήξει μπροστά πιο γρήγορα.

Ein starkes Gefühl der Gefahr erfüllte ihn, als wäre etwas schiefgelaufen.

Ένα έντονο αίσθημα κινδύνου τον κατέκλυσε, σαν κάτι να είχε πάει στραβά.

Er befürchtete, dass ein Unglück bevorstünde – oder bereits eingetreten war.

Φοβόταν ότι η συμφορά ερχόταν—ή είχε ήδη έρθει.

Er überquerte den letzten Bergrücken und betrat das darunterliegende Tal.

Διέσχισε την τελευταία κορυφογραμμή και μπήκε στην κοιλάδα από κάτω.

Er bewegte sich langsamer und war bei jedem Schritt aufmerksamer und vorsichtiger.

Κινούνταν πιο αργά, πιο σε εγρήγορση και προσεκτικός με κάθε βήμα.

Drei Meilen weiter fand er eine frische Spur, die ihn erstarren ließ.

Τρία μίλια μακριά βρήκε ένα φρέσκο ίχνος που τον έκανε να νιώσει άκαμπτος.

Die Haare in seinem Nacken stellten sich auf und sträubten sich vor Schreck.

Τα μαλλιά κατά μήκος του λαιμού του κυματίζονταν και φουσκώνονταν από ανησυχία.

Die Spur führte direkt zum Lager, wo Thornton wartete.

Το μονοπάτι οδηγούσε κατευθείαν προς το στρατόπεδο όπου περίμενε ο Θόρντον.

Buck bewegte sich jetzt schneller, seine Schritte waren lautlos und schnell zugleich.

Ο Μπακ κινούνταν πιο γρήγορα τώρα, με το βήμα του σιωπηλό και γρήγορο.

Seine Nerven lagen blank, als er Zeichen las, die andere übersehen würden.

Τα νεύρα του σφίχτηκαν καθώς διάβαζε σημάδια που άλλοι θα προσπερνούσαν.

Jedes Detail der Spur erzählte eine Geschichte – außer dem letzten Stück.

Κάθε λεπτομέρεια στο μονοπάτι έλεγε μια ιστορία — εκτός από το τελευταίο κομμάτι.

Seine Nase erzählte ihm von dem Leben, das hier vorbeigezogen war.

Η μύτη του τού έλεγε για τη ζωή που είχε περάσει με αυτόν τον τρόπο.

Der Duft vermittelte ihm ein wechselndes Bild, als er dicht hinter ihm folgte.

Η μυρωδιά του έδωσε μια μεταβαλλόμενη εικόνα καθώς τον ακολουθούσε από κοντά.

Doch im Wald selbst war es still geworden, unnatürlich still.

Αλλά το ίδιο το δάσος είχε ηρεμήσει· αφύσικα ακίνητο.

Die Vögel waren verschwunden, die Eichhörnchen hatten sich versteckt, waren still und ruhig.

Τα πουλιά είχαν εξαφανιστεί, οι σκίουροι ήταν κρυμμένοι, σιωπηλοί και ακίνητοι.

Er sah nur ein einziges Grauhörnchen, das flach auf einem toten Baum lag.

Είδε μόνο έναν γκρίζο σκίουρο, πεσμένο πάνω σε ένα ξερό δέντρο.

Das Eichhörnchen fügte sich steif und reglos in den Wald ein.

Ο σκίουρος ενσωματώθηκε, άκαμπτος και ακίνητος σαν ένα κομμάτι του δάσους.

Buck bewegte sich wie ein Schatten, lautlos und sicher durch die Bäume.

Ο Μπακ κινούνταν σαν σκιά, σιωπηλός και σίγουρος μέσα από τα δέντρα.

Seine Nase zuckte zur Seite, als würde sie von einer unsichtbaren Hand gezogen.

Η μύτη του τινάχτηκε στο πλάι σαν να την τράβηξε κάποιο αόρατο χέρι.

Er drehte sich um und folgte der neuen Spur tief in ein Dickicht hinein.

Γύρισε και ακολούθησε τη νέα μυρωδιά βαθιά μέσα σε ένα πυκνό δάσος.

Dort fand er Nig tot daliegend, von einem Pfeil durchbohrt.

Εκεί βρήκε τον Νιγκ, ξαπλωμένο νεκρό, τρυπημένο από ένα βέλος.

Der Schaft durchdrang seinen Körper, die Federn waren noch zu sehen.

Το βέλος πέρασε καθαρά μέσα από το σώμα του, με τα φτερά να φαίνονται ακόμα.

Nig hatte sich dorthin geschleppt, war jedoch gestorben, bevor er Hilfe erreichen konnte.

Ο Νιγκ είχε φτάσει εκεί συρόμενος, αλλά πέθανε πριν φτάσει σε βοήθεια.

Hundert Meter weiter fand Buck einen weiteren Schlittenhund.

Εκατό μέτρα πιο πέρα, ο Μπακ βρήκε ένα άλλο σκυλί για έλκηθρο.

Es war ein Hund, den Thornton in Dawson City gekauft hatte.

Ήταν ένας σκύλος που ο Θόρντον είχε αγοράσει πίσω στο Ντόσον Σίτι.

Der Hund befand sich in einem tödlichen Kampf und schlug heftig auf dem Weg um sich.

Ο σκύλος πάλευε με τον θάνατο, σπαρταρώντας με δύναμη στο μονοπάτι.

Buck ging um ihn herum, blieb nicht stehen und richtete den Blick nach vorne.

Ο Μπακ πέρασε από δίπλα του, χωρίς να σταματήσει, με τα μάτια καρφωμένα μπροστά.

Aus Richtung des Lagers ertönte in der Ferne ein rhythmischer Gesang.

Από την κατεύθυνση του στρατοπέδου ακουγόταν μια μακρινή, ρυθμική ψαλμωδία.

Die Stimmen schwoll in einem seltsamen, unheimlichen Singsangton an und ab.

Οι φωνές υψώνονταν και χαμήλωναν σε έναν παράξενο, απόκοσμο, τραγουδιστό τόνο.

Buck kroch schweigend zum Rand der Lichtung.

Ο Μπακ σύρθηκε σιωπηλός προς την άκρη του ξέφωτου.

Dort sah er Hans mit dem Gesicht nach unten liegen, von vielen Pfeilen durchbohrt.

Εκεί είδε τον Χανς να είναι ξαπλωμένος μπρούμυτα, τρυπημένος με πολλά βέλη.

Sein Körper sah aus wie der eines Stachelschweins und war mit gefiederten Schäften bestückt.

Το σώμα του έμοιαζε με ακανθόχοιρο, γεμάτο φτερωτά στελέχη.

Im selben Moment blickte Buck in Richtung der zerstörten Hütte.

Την ίδια στιγμή, ο Μπακ κοίταξε προς το ερειπωμένο καταφύγιο.

Bei diesem Anblick stellten sich ihm die Nacken- und Schulterhaare auf.

Το θέαμα έκανε τις τρίχες να σηκώνονται άκαμπτες στον λαιμό και τους ώμους του.

Ein Sturm wilder Wut durchfuhr Bucks ganzen Körper.

Μια θύελλα άγριας οργής σάρωσε ολόκληρο το σώμα του Μπακ.

Er knurrte laut, obwohl er nicht wusste, dass er es getan hatte.

Γρύλισε δυνατά, αν και δεν ήξερε ότι το είχε κάνει.

Der Klang war rau, erfüllt von furchterregender, wilder Wut.

Ο ήχος ήταν ωμός, γεμάτος τρομακτική, άγρια οργή.

Zum letzten Mal in seinem Leben verlor Buck den Verstand und die Gefühle.

Για τελευταία φορά στη ζωή του, ο Μπακ έχασε τη λογική του προς όφελος του συναισθήματος.

Es war die Liebe zu John Thornton, die seine sorgfältige Kontrolle brach.

Ήταν η αγάπη για τον Τζον Θόρντον που έσπασε τον προσεκτικό του έλεγχο.

Die Yeehats tanzten um die zerstörte Fichtenhütte.

Οι Γίχατς χόρευαν γύρω από το κατεστραμμένο σπιτάκι από έλατα.

Dann ertönte ein Brüllen – und ein unbekanntes Tier stürmte auf sie zu.

Τότε ακούστηκε ένα βρυχηθμό—και ένα άγνωστο θηρίο όρμησε προς το μέρος τους.

Es war Buck, eine aufbrausende Furie, ein lebendiger Sturm der Rache.

Ήταν ο Μπακ· μια οργή σε κίνηση· μια ζωντανή θύελλα εκδίκησης.

Wahnsinnig vor Tötungsdrang stürzte er sich mitten unter sie.

Ρίχτηκε ανάμεσά τους, τρελός από την ανάγκη να σκοτώσει.

Er sprang auf den ersten Mann, den Yeehat-Häuptling, und traf zielsicher.

Όρμησε πάνω στον πρώτο άντρα, τον αρχηγό των Γίχατ, και χτύπησε άψογα.

Seine Kehle war aufgerissen und Blut spritzte in einem Strom.

Ο λαιμός του ήταν σκισμένος και το αίμα έτρεχε σαν ρυάκι.

Buck blieb nicht stehen, sondern riss dem nächsten Mann mit einem Sprung die Kehle durch.

Ο Μπακ δεν σταμάτησε, αλλά έσκισε το λαιμό του διπλανού άντρα με ένα πήδημα.

Er war nicht aufzuhalten – er riss, schlug und machte nie eine Pause, um sich auszuruhen.

Ήταν ασταμάτητος—ξεσκίζοντας, κόβοντας κομμάτια, χωρίς να σταματά ποτέ για να ξεκουραστεί.

Er schoss und sprang so schnell, dass ihre Pfeile ihn nicht treffen konnten.

Πήδηξε και όρμησε τόσο γρήγορα που τα βέλη τους δεν μπορούσαν να τον αγγίξουν.

Die Yeehats waren in ihrer eigenen Panik und Verwirrung gefangen.

Οι Γίχατς είχαν παγιδευτεί στον πανικό και τη σύγχυση τους.

Ihre Pfeile verfehlten Buck und trafen stattdessen einander.

Τα βέλη τους αστόχησαν στον Μπακ και αντ' αυτού χτυπήθηκαν το ένα το άλλο.

Ein Jugendlicher warf einen Speer nach Buck und traf einen anderen Mann.

Ένας νεαρός πέταξε ένα δόρυ στον Μπακ και χτύπησε έναν άλλο άντρα.

Der Speer durchbohrte seine Brust und die Spitze durchbohrte seinen Rücken.

Το δόρυ διαπέρασε το στήθος του, με την αιχμή του να διαπερνά την πλάτη του.

Die Yeehats wurden von Panik erfasst und zogen sich umgehend zurück.

Ο τρόμος κατέκλυσε τους Γίχατς και οπισθοχώρησαν πλήρως.

Sie schrien vor dem bösen Geist und flohen in die Schatten des Waldes.

Φώναξαν για το Κακό Πνεύμα και έφυγαν τρέχοντας στις σκιές του δάσους.

Buck war wirklich wie ein Dämon, als er die Yeehats jagte.

Πραγματικά, ο Μπακ ήταν σαν δαίμονας καθώς κυνηγούσε τους Γίχατς.

Er raste hinter ihnen durch den Wald her und erlegte sie wie Rehe.

Τους κυνηγούσε τρέχοντας μέσα στο δάσος, φέρνοντάς τους κάτω σαν ελάφια.

Für die verängstigten Yeehats wurde es ein Tag des Schicksals und des Terrors.

Έγινε μια μέρα μοίρας και τρόμου για τους φοβισμένους Γίχατς.

Sie zerstreuten sich über das Land und flohen in alle Richtungen.

Σκορπίστηκαν σε όλη τη γη, τρέχοντας μακριά προς κάθε κατεύθυνση.

Eine ganze Woche verging, bevor sich die letzten Überlebenden in einem Tal trafen.

Πέρασε μια ολόκληρη εβδομάδα προτού οι τελευταίοι επιζώντες συναντηθούν σε μια κοιλάδα.

Erst dann zählten sie ihre Verluste und sprachen über das Geschehene.

Μόνο τότε μέτρησαν τις απώλειές τους και μίλησαν για το τι συνέβη.

Nachdem Buck die Jagd satt hatte, kehrte er zum zerstörten Lager zurück.

Ο Μπακ, αφού κουράστηκε από την καταδίωξη, επέστρεψε στο ερειπωμένο στρατόπεδο.

Er fand Pete, noch in seine Decken gehüllt, getötet beim ersten Angriff.

Βρήκε τον Πιτ, ακόμα σκεπασμένο με τις κουβέρτες του, νεκρό στην πρώτη επίθεση.

Spuren von Thorntons letztem Kampf waren im Dreck in der Nähe zu sehen.

Σημάδια της τελευταίας μάχης του Θόρντον ήταν εμφανή στο χώμα κοντά.

Buck folgte jeder Spur und erschnüffelte jede Markierung bis zum letzten Punkt.

Ο Μπακ ακολούθησε κάθε ίχνος, μυρίζοντας κάθε σημάδι μέχρι το τελευταίο σημείο.

Am Rand eines tiefen Teichs fand er den treuen Skeet, der still dalag.

Στην άκρη μιας βαθιάς λίμνης, βρήκε τον πιστό Σκιτ, ξαπλωμένο ακίνητο.

Skeets Kopf und Vorderpfoten lagen regungslos im Wasser, er lag tot da.

Το κεφάλι και τα μπροστινά πόδια του Σκιτ ήταν μέσα στο νερό, ακίνητα μέσα στον θάνατο.

Der Teich war schlammig und durch das Abwasser aus den Schleusenkästen verunreinigt.

Η πισίνα ήταν λασπωμένη και μολυσμένη με τα νερά των υδροφράκτων.

Seine trübe Oberfläche verbarg, was darunter lag, aber Buck kannte die Wahrheit.

Η θολή επιφάνειά του έκρυβε ό,τι βρισκόταν από κάτω, αλλά ο Μπακ ήξερε την αλήθεια.

Er folgte Thorntons Spur bis in den Pool – doch die Spur führte nirgendwo anders hin.

Ακολούθησε τη μυρωδιά του Θόρντον μέσα στην πισίνα – αλλά η μυρωδιά δεν οδηγούσε πουθενά αλλού.

Es gab keinen Geruch, der hinausführte – nur die Stille des tiefen Wassers.

Δεν υπήρχε καμία μυρωδιά που να προεξείχε — μόνο η σιωπή του βαθιού νερού.

Den ganzen Tag blieb Buck in der Nähe des Teichs und ging voller Trauer im Lager auf und ab.

Όλη μέρα ο Μπακ έμεινε κοντά στην πισίνα, περπατώντας μέσα στο στρατόπεδο με θλίψη.

Er wanderte ruhelos umher oder saß regungslos da, in tiefe Gedanken versunken.

Περιπλανιόταν ανήσυχα ή καθόταν ακίνητος, χαμένος σε βαριές σκέψεις.

Er kannte den Tod, das Ende des Lebens, das Verschwinden aller Bewegung.

Γνώριζε τον θάνατο· το τέλος της ζωής· την εξαφάνιση κάθε κίνησης.

Er verstand, dass John Thornton weg war und nie wieder zurückkehren würde.

Κατάλαβε ότι ο Τζον Θόρντον είχε φύγει και δεν θα επέστρεφε ποτέ.

Der Verlust hinterließ eine Leere in ihm, die wie Hunger pochte.

Η απώλεια άφησε μέσα του ένα κενό που πάλλονταν σαν πείνα.

Doch dieser Hunger konnte durch Essen nicht gestillt werden, egal, wie viel er aß.

Αλλά αυτή ήταν μια πείνα που η τροφή δεν μπορούσε να καταπραΰνει, όσο κι αν έτρωγε.

Manchmal, wenn er die toten Yeehats ansah, ließ der Schmerz nach.

Κατά καιρούς, καθώς κοίταζε τους νεκρούς Γίχατς, ο πόνος υποχωρούσε.

Und dann stieg ein seltsamer Stolz in ihm auf, wild und vollkommen.

Και τότε μια παράξενη υπερηφάνεια ανέβηκε μέσα του, άγρια και ολοκληρωτική.

Er hatte den Menschen getötet, das höchste und gefährlichste Wild von allen.

Είχε σκοτώσει τον άνθρωπο, το πιο ύπουλο και επικίνδυνο παιχνίδι από όλα.

Er hatte unter Missachtung des alten Gesetzes von Keule und Reißzahn getötet.

Είχε σκοτώσει παραβιάζοντας τον αρχαίο νόμο του μπαστουνιού και του κυνόδοντα.

Buck schnüffelte neugierig und nachdenklich an ihren leblosen Körpern.

Ο Μπακ μύρισε τα άψυχα σώματά τους, περίεργος και σκεπτικός.

Sie waren so leicht gestorben – viel leichter als ein Husky in einem Kampf.

Είχαν πεθάνει τόσο εύκολα—πολύ πιο εύκολα από ένα χάσκι σε μια μάχη.

Ohne ihre Waffen waren sie weder wirklich stark noch stellten sie eine Bedrohung dar.

Χωρίς τα όπλα τους, δεν είχαν καμία πραγματική δύναμη ή απειλή.

Buck würde sie nie wieder fürchten, es sei denn, sie wären bewaffnet.

Ο Μπακ δεν επρόκειτο να τους φοβηθεί ποτέ ξανά, εκτός κι αν ήταν οπλισμένοι.

Nur wenn sie Keulen, Speere oder Pfeile trugen, war er vorsichtig.

Μόνο όταν κουβαλούσαν ρόπαλα, δόρατα ή βέλη θα πρόσεχε.

Die Nacht brach herein und ein Vollmond stieg hoch über die Baumwipfel.

Η νύχτα έπεσε και ένα ολόγιομο φεγγάρι ανέβηκε ψηλά πάνω από τις κορυφές των δέντρων.

Das blasse Licht des Mondes tauchte das Land in einen sanften, geisterhaften Schein wie am Tag.

Το χλωμό φως του φεγγαριού έλουζε τη γη με μια απαλή, φαντασματική λάμψη σαν μέρα.

Als die Nacht hereinbrach, trauerte Buck noch immer am stillen Teich.

Καθώς η νύχτα βάθυνε, ο Μπακ εξακολουθούσε να θρηνεί δίπλα στη σιωπηλή λίμνη.

Dann bemerkte er eine andere Regung im Wald.

Τότε αντιλήφθηκε μια διαφορετική αναταραχή στο δάσος.

Die Aufregung kam nicht von den Yeehats, sondern von etwas Älterem und Tieferem.

Η αναστάτωση δεν προερχόταν από τους Γιχατς, αλλά από κάτι παλαιότερο και βαθύτερο.

Er stand auf, spitzte die Ohren und prüfte vorsichtig mit der Nase die Brise.

Σηκώθηκε όρθιος, με τα αυτιά σηκωμένα και τη μύτη του να δοκιμάζει προσεκτικά το αεράκι.

Aus der Ferne ertönte ein schwacher, scharfer Aufschrei, der die Stille durchbrach.

Από μακριά ακούστηκε ένα αχνό, κοφτό ουρλιαχτό που διέκοψε τη σιωπή.

Dann folgte dicht auf den ersten ein Chor ähnlicher Schreie.

Έπειτα, μια χορωδία παρόμοιων κραυγών ακολούθησε από κοντά την πρώτη.

Das Geräusch kam näher und wurde mit jedem Augenblick lauter.

Ο ήχος πλησίαζε όλο και πιο κοντά, δυναμώνοντας με κάθε λεπτό που περνούσε.

Buck kannte diesen Schrei – er kam aus dieser anderen Welt in seiner Erinnerung.

Ο Μπακ ήξερε αυτή την κραυγή — προερχόταν από εκείνον τον άλλο κόσμο που θυμόταν.

Er ging in die Mitte des offenen Platzes und lauschte aufmerksam.

Περπάτησε μέχρι το κέντρο του ανοιχτού χώρου και άκουσε προσεκτικά.

Der Ruf ertönte vielstimmig und kraftvoller denn je.

Το κάλεσμα αντήχησε, πολύ γνωστό και πιο ισχυρό από ποτέ.

Und jetzt war Buck mehr denn je bereit, seiner Berufung zu folgen.

Και τώρα, περισσότερο από ποτέ, ο Μπακ ήταν έτοιμος να ανταποκριθεί στο κάλεσμά του.

John Thornton war tot und hatte keine Bindung mehr an die Menschheit.

Ο Τζον Θόρντον ήταν νεκρός και κανένας δεσμός με τον άνθρωπο δεν είχε απομείνει μέσα του.

Der Mensch und alle menschlichen Ansprüche waren verschwunden – er war endlich frei.

Ο άνθρωπος και όλες οι ανθρώπινες αξιώσεις είχαν εξαφανιστεί—ήταν επιτέλους ελεύθερος.

Das Wolfsrudel jagte Fleisch, wie es einst die Yeehats getan hatten.

Η αγέλη λύκων κυνηγούσε κρέας όπως κάποτε οι Γίχατς.

Sie waren Elchen aus den Waldgebieten gefolgt.

Είχαν ακολουθήσει άλκες κάτω από τις δασώδεις εκτάσεις.

Nun überquerten sie, wild und hungrig nach Beute, sein Tal.

Τώρα, άγριοι και πεινασμένοι για θήραμα, διέσχισαν την κοιλάδα του.

Sie kamen auf die mondbeschienene Lichtung und flossen wie silbernes Wasser.

Μπήκαν στο φεγγαρόλουστο ξέφωτο, ρέοντας σαν ασημένιο νερό.

Buck stand regungslos in der Mitte und wartete auf sie.

Ο Μπακ έμεινε ακίνητος στο κέντρο, ακίνητος και τους περίμενε.

Seine ruhige, große Präsenz versetzte das Rudel in Erstaunen und ließ es kurz verstummen.

Η ήρεμη, μεγαλοπρεπής παρουσία του άφησε την αγέλη άναυδη και σε μια σύντομη σιωπή.

Dann sprang der kühnste Wolf ohne zu zögern direkt auf ihn zu.

Τότε ο πιο τολμηρός λύκος όρμησε κατευθείαν πάνω του χωρίς δισταγμό.

Buck schlug schnell zu und brach dem Wolf mit einem einzigen Schlag das Genick.

Ο Μπακ χτύπησε γρήγορα και έσπασε τον λαιμό του λύκου με ένα μόνο χτύπημα.

Er stand wieder regungslos da, während der sterbende Wolf sich hinter ihm wand.

Στάθηκε ξανά ακίνητος καθώς ο ετοιμοθάνατος λύκος στριφογύριζε πίσω του.

Drei weitere Wölfe griffen schnell nacheinander an.

Τρεις ακόμη λύκοι επιτέθηκαν γρήγορα, ο ένας μετά τον άλλον.

Jeder von ihnen zog sich blutend zurück, die Kehle oder die Schultern waren aufgeschlitzt.

Ο καθένας υποχωρούσε αιμορραγώντας, με κομμένους τους λαιμούς ή τους ώμους.

Das reichte aus, um das ganze Rudel zu einem wilden Angriff zu provozieren.

Αυτό ήταν αρκετό για να πυροδοτήσει ολόκληρη την αγέλη σε μια άγρια επιδρομή.

Sie stürmten gemeinsam hinein, waren zu eifrig und zu dicht gedrängt, um einen guten Schlag zu erzielen.

Όρμησαν όλοι μαζί, πολύ πρόθυμοι και συνωστισμένοι για να χτυπήσουν καλά.

Dank seiner Schnelligkeit und Geschicklichkeit war Buck in der Lage, dem Angriff immer einen Schritt voraus zu sein.

Η ταχύτητα και η επιδεξιότητα του Μπακ του επέτρεψαν να προηγείται της επίθεσης.

Er drehte sich auf seinen Hinterbeinen und schnappte und schlug in alle Richtungen.

Γυρίστηκε στα πίσω του πόδια, σπάζοντας και χτυπώντας προς όλες τις κατευθύνσεις.

Für die Wölfe schien es, als ob seine Verteidigung nie geöffnet oder ins Wanken geraten wäre.

Στους λύκους, αυτό φαινόταν σαν η άμυνά του να μην άνοιξε ποτέ ή να μην έχασε.

Er drehte sich um und schlug so schnell zu, dass sie nicht hinter ihn gelangen konnten.

Γύρισε και χτύπησε τόσο γρήγορα που δεν μπορούσαν να τον ακολουθήσουν.

Dennoch zwang ihn ihre Übermacht zum Nachgeben und Zurückweichen.

Παρ᾽ όλα αυτά, ο αριθμός τους τον ανάγκασε να υποχωρήσει και να υποχωρήσει.

Er ging am Teich vorbei und hinunter in das steinige Bachbett.

Πέρασε την πισίνα και κατέβηκε στην βραχώδη κοίτη του ρυακιού.

Dort stieß er auf eine steile Böschung aus Kies und Erde.

Εκεί συνάντησε μια απότομη πλαγιά από χαλίκια και χώμα.

Er ist bei den alten Grabungen der Bergleute in einen Eckeinschnitt geraten.

Έπεσε σε μια γωνιακή τομή κατά τη διάρκεια του παλιού σκάψιματος των ανθρακωρύχων.

Jetzt war Buck von drei Seiten geschützt und stand nur noch dem vorderen Wolf gegenüber.

Τώρα, προστατευμένος από τρεις πλευρές, ο Μπακ αντιμετώπιζε μόνο τον μπροστινό λύκο.

Dort stand er in der Enge, bereit für die nächste Angriffswelle.

Εκεί, στεκόταν σε απόσταση, έτοιμος για το επόμενο κύμα επίθεσης.

Buck blieb so hartnäckig standhaft, dass die Wölfe zurückwichen.

Ο Μπακ κράτησε τη θέση του τόσο σθεναρά που οι λύκοι υποχώρησαν.

Nach einer halben Stunde waren sie erschöpft und sichtlich besiegt.

Μετά από μισή ώρα, ήταν εξαντλημένοι και εμφανώς ηττημένοι.

Ihre Zungen hingen heraus, ihre weißen Reißzähne glänzten im Mondlicht.

Οι γλώσσες τους κρέμονταν έξω, τα λευκά τους δόντια έλαμπαν στο φως του φεγγαριού.

Einige Wölfe legten sich mit erhobenem Kopf hin und spitzten die Ohren in Richtung Buck.

Μερικοί λύκοι ξάπλωσαν, με τα κεφάλια σηκωμένα, τα αυτιά τεντωμένα προς τον Μπακ.

Andere standen still, waren wachsam und beobachteten jede seiner Bewegungen.

Άλλοι στέκονταν ακίνητοι, σε εγρήγορση και παρακολουθούσαν κάθε του κίνηση.

Einige gingen zum Pool und schlürften kaltes Wasser.

Μερικοί περιπλανήθηκαν στην πισίνα και ήπιαν κρύο νερό.

Dann schlich ein großer, schlanker grauer Wolf sanft heran.

Τότε ένας ψηλός, αδύνατος γκρίζος λύκος σέρθηκε μπροστά με απαλό τρόπο.

Buck erkannte ihn – es war der wilde Bruder von vorhin.

Ο Μπακ τον αναγνώρισε — ήταν ο άγριος αδερφός από πριν.

Der graue Wolf winselte leise und Buck antwortete mit einem Winseln.

Ο γκρίζος λύκος γκρίνιαξε απαλά, και ο Μπακ απάντησε με ένα γκρίνια.

Sie berührten ihre Nasen, leise und ohne Drohung oder Angst.

Άγγιξαν μύτες, αθόρυβα και χωρίς απειλή ή φόβο.

Als nächstes kam ein älterer Wolf, hager und von vielen Kämpfen gezeichnet.

Στη συνέχεια ήρθε ένας μεγαλύτερος σε ηλικία λύκος, αδύνατος και σημαδεμένος από πολλές μάχες.

Buck wollte knurren, hielt aber inne und schnüffelte an der Nase des alten Wolfes.

Ο Μπακ άρχισε να γρυλίζει, αλλά σταμάτησε και μύρισε τη μύτη του γέρου λύκου.

Der Alte setzte sich, hob die Nase und heulte den Mond an.

Ο γέρος κάθισε, σήκωσε τη μύτη του και ούρλιαξε στο φεγγάρι.

Der Rest des Rudels setzte sich und stimmte in das langgezogene Heulen ein.

Η υπόλοιπη αγέλη κάθισε και συμμετείχε στο μακρύ ουρλιαχτό.

Und nun ertönte der Ruf an Buck, unmissverständlich und stark.

Και τώρα το κάλεσμα ήρθε στον Μπακ, αλάνθαστο και δυνατό.

Er setzte sich, hob den Kopf und heulte mit den anderen.

Κάθισε, σήκωσε το κεφάλι του και ούρλιαξε μαζί με τους άλλους.

Als das Heulen aufhörte, trat Buck aus seinem felsigen Unterschlupf.

Όταν σταμάτησαν τα ουρλιαχτά, ο Μπακ βγήκε από το βραχώδες καταφύγιό του.

Das Rudel umringte ihn und beschnüffelte ihn zugleich freundlich und vorsichtig.

Η αγέλη σφίχτηκε γύρω του, οσφραίνοντάς τον ευγενικά και επιφυλακτικά.

Dann stießen die Anführer einen lauten Schrei aus und rannten in den Wald.

Τότε οι αρχηγοί έβγαλαν μια κραυγή και έτρεξαν στο δάσος.

Die anderen Wölfe folgten und jaulten im Chor, wild und schnell in der Nacht.

Οι άλλοι λύκοι ακολούθησαν, ουρλιάζοντας σε χορωδία, άγριοι και γρήγοροι μέσα στη νύχτα.

Buck rannte mit ihnen, neben seinem wilden Bruder her, und heulte dabei.

Ο Μπακ έτρεξε μαζί τους, δίπλα στον άγριο αδερφό του, ουρλιάζοντας καθώς έτρεχε.

Hier geht die Geschichte von Buck gut zu Ende.

Εδώ, η ιστορία του Μπακ φτάνει για τα καλά στο τέλος της.

In den folgenden Jahren bemerkten die Yeehats seltsame Wölfe.

Στα χρόνια που ακολούθησαν, οι Yeehats παρατήρησαν παράξενους λύκους.

Einige hatten braune Flecken auf Kopf und Schnauze und weiße Flecken auf der Brust.

Κάποιοι είχαν καφέ χρώμα στο κεφάλι και τη μουσούδα τους, άσπρο στο στήθος.

Doch noch mehr fürchteten sie sich vor einer geisterhaften Gestalt unter den Wölfen.

Αλλά ακόμη περισσότερο, φοβόντουσαν μια φαντασματική φιγούρα ανάμεσα στους λύκους.

Sie sprachen flüsternd vom Geisterhund, dem Anführer des Rudels.

Μιλούσαν ψιθυριστά για τον Σκύλο-Φάντασμα, τον αρχηγό της αγέλης.

Dieser Geisterhund war schlauer als der kühnste Yeehat-Jäger.

Αυτό το Σκυλί-Φάντασμα είχε περισσότερη πονηριά από τον πιο τολμηρό κυνηγό Γίχατ.

Der Geisterhund stahl im tiefsten Winter aus Lagern und riss ihre Fallen auseinander.

Το σκυλί-φάντασμα έκλεβε από καταυλισμούς μέσα στο βαθύ χειμώνα και έσκιζε τις παγίδες τους.

Der Geisterhund tötete ihre Hunde und entkam ihren Pfeilen spurlos.

Το σκυλί-φάντασμα σκότωσε τα σκυλιά τους και ξέφυγε από τα βέλη τους χωρίς να αφήσει ίχνη.

Sogar ihre tapfersten Krieger hatten Angst, diesem wilden Geist gegenüberzutreten.

Ακόμα και οι πιο γενναίοι πολεμιστές τους φοβόντουσαν να αντιμετωπίσουν αυτό το άγριο πνεύμα.

Nein, die Geschichte wird im Laufe der Jahre in der Wildnis immer düsterer.

Όχι, η ιστορία γίνεται ακόμη πιο σκοτεινή, καθώς τα χρόνια περνούν στην άγρια φύση.

Manche Jäger verschwinden und kehren nie in ihre entfernten Lager zurück.

Μερικοί κυνηγοί εξαφανίζονται και δεν επιστρέφουν ποτέ στα μακρινά τους στρατόπεδα.

Andere werden mit aufgerissener Kehle erschlagen im Schnee gefunden.

Άλλοι βρίσκονται με ανοιχτούς τους λαιμούς, σκοτωμένοι στο χιόνι.

Um ihren Körper herum sind Spuren – größer als sie ein Wolf hinterlassen könnte.

Γύρω από τα σώματά τους υπάρχουν ίχνη—μεγαλύτερα από όσα θα μπορούσε να κάνει οποιοσδήποτε λύκος.

Jeden Herbst folgen die Yeehats der Spur des Elchs.

Κάθε φθινόπωρο, οι Yeehats ακολουθούν τα ίχνη της άλκης.

Aber ein Tal meiden sie, weil ihnen die Angst tief im Herzen eingegraben ist.

Αλλά αποφεύγουν μια κοιλάδα με τον φόβο χαραγμένο βαθιά στην καρδιά τους.

Man sagt, dass der böse Geist dieses Tal als seine Heimat ausgewählt hat.

Λένε ότι η κοιλάδα έχει επιλεγεί από το Κακό Πνεύμα για το σπίτι του.

Und wenn die Geschichte erzählt wird, weinen einige Frauen am Feuer.

Και όταν λέγεται η ιστορία, μερικές γυναίκες κλαίνε δίπλα στη φωτιά.

Aber im Sommer kommt ein Besucher in dieses ruhige, heilige Tal.

Αλλά το καλοκαίρι, ένας επισκέπτης έρχεται σε εκείνη την ήσυχη, ιερή κοιλάδα.

Die Yeehats wissen nichts von ihm und können es auch nicht verstehen.

Οι Γίχατς δεν τον γνωρίζουν, ούτε μπορούν να τον καταλάβουν.

Der Wolf ist großartig und mit einer Pracht überzogen wie kein anderer seiner Art.

Ο λύκος είναι ένας σπουδαίος λύκος, ντυμένος με δόξα, σαν κανέναν άλλον του είδους του.

Er allein überquert den grünen Wald und betritt die Waldlichtung.

Μόνος του διασχίζει ένα καταπράσινο δάσος και μπαίνει στο ξέφωτο του δάσους.

Dort sickert goldener Staub aus Elchhautsäcken in den Boden.

Εκεί, χρυσή σκόνη από σάκους από δέρμα άλκης εισχωρεί στο χώμα.

Gras und alte Blätter haben das Gelb vor der Sonne verborgen.

Το γρασίδι και τα παλιά φύλλα έχουν κρύψει το κίτρινο από τον ήλιο.

Hier steht der Wolf still, denkt nach und erinnert sich.

Εδώ, ο λύκος στέκεται σιωπηλός, σκεπτόμενος και θυμούμενος.

Er heult einmal – lang und traurig – bevor er sich zum Gehen umdreht.

Ουρλιάζει μια φορά —μακριά και θλιμμένη— πριν γυρίσει να φύγει.

Doch er ist nicht immer allein im Land der Kälte und des Schnees.

Ωστόσο, δεν είναι πάντα μόνος στη χώρα του κρύου και του χιονιού.

Wenn lange Winternächte über die tiefer gelegenen Täler hereinbrechen.

Όταν οι μακριές χειμωνιάτικες νύχτες πέφτουν στις χαμηλότερες κοιλάδες.

Wenn die Wölfe dem Wild durch Mondlicht und Frost folgen.

Όταν οι λύκοι ακολουθούν το θήραμα μέσα στο φως του φεγγαριού και τον παγετό.

Dann rennt er mit großen, wilden Sprüngen an der Spitze des Rudels entlang.

Έπειτα τρέχει επικεφαλής της αγέλης, πηδώντας ψηλά και ξέφρενα.

Seine Gestalt überragt die anderen, aus seiner Kehle erklingt Gesang.

Το σχήμα του υψώνεται πάνω από τους άλλους, ο λαιμός του ζει από το τραγούδι.

Es ist das Lied der jüngeren Welt, die Stimme des Rudels.

Είναι το τραγούδι του νεότερου κόσμου, η φωνή της αγέλης.

Er singt, während er rennt – stark, frei und für immer wild.

Τραγουδάει καθώς τρέχει—δυνατός, ελεύθερος και για πάντα άγριος.